雅学堂丛书——刘进宝 主编

坐井观天

Zuojing Guantian

方志远 著

读者出版传媒股份有限公司
甘 肃 文 化 出 版 社

图书在版编目（CIP）数据

坐井观天 / 方志远著. -- 兰州 : 甘肃文化出版社，2023.7
（雅学堂丛书 / 刘进宝主编）
ISBN 978-7-5490-2730-9

Ⅰ. ①坐… Ⅱ. ①方… Ⅲ. ①中国历史－明清时代－文集 Ⅳ. ①K248.07-53

中国国家版本馆CIP数据核字(2023)第103084号

坐井观天
ZUOJING-GUANTIAN
方志远 | 著

策　　划 | 郧军涛　周乾隆　贾　莉
项目负责 | 鲁小娜
责任编辑 | 周桂珍
装帧设计 | 石　璞

出版发行 | 甘肃文化出版社
网　　址 | http://www.gswenhua.cn
投稿邮箱 | gswenhuapress@163.com
地　　址 | 兰州市城关区曹家巷1号 | 730030(邮编)

营销中心 | 贾　莉　王　俊
电　　话 | 0931-2131306

印　　刷 | 广西昭泰子隆彩印有限责任公司
开　　本 | 880毫米×1250毫米　1/32
字　　数 | 216千
印　　张 | 10
版　　次 | 2023年7月第1版
印　　次 | 2023年7月第1次
书　　号 | ISBN 978-7-5490-2730-9
定　　价 | 68.00元

这一代学人的使命与担当（代序）

一

“这一代学人”是指以新三级学人（77、78、79级大学生和78、79级研究生）为代表的跨越时代和年龄的学人群。他们的年龄可能相差比较大，有的出生于20世纪40年代中后期，有的出生于60年代初，中间相差十几年——如果从年龄看，可说是两代人。从社会阅历看，有的插过队，有的当过兵，有的是工人，有的是农民，还有的是刚刚毕业或在校的中学生，可以说是40后、50后和60后在一起上课、讨论。正因为差别很大，他们对社会的感受和认识不一致，对未来的期待也有异，各种不同的思想碰撞交流，有时在某些问题上争论很激烈。那时还有许多自办的刊物，虽然是学生们自掏腰包，印制也比较粗糙，但包含许多真知灼见。“这一代学人”就是在这样的时代环境下成长起来的。

这代学人学术养成期的社会氛围，诚如中华书局原总编辑傅璇琮先生所说：“‘文革’结束后最初几年，我们这些学者都有一种兴奋的心情，觉得一场噩梦已成过去，我们已经失去得太多，我们要用自己的努力追回失去的一切。而我们又相信，只要靠勤奋，我们肯定会重新获得。”由此可知，虽然他们的年龄和社会阅历不同，但从他们成长的环境来看，又属于同一代学人。

“雅学堂丛书”的10位作者，年龄最大的方志远、王子今教授，是1950年出生，已经73岁了；孙继民、王学典教授出生于1955、1956年，也都超过了65周岁；中间年龄的荣新江、卜宪群、李红岩，都出生于60年代初；年龄最小的鲁西奇、林文勋教授，出生于1965、1966年，将近60岁。年龄最大和最小的相差十五六岁，但大都是“文革”后恢复高考的本科生和研究生，是“科学的春天”到来后，步入学术殿堂的新一代学人。

这些学人，都学有所成，甚至是某一方面的杰出代表。按照常人的眼光来看，他们已功成名就，根本不需要再追求名誉和地位，应该颐养天年，享受生活了。但为何还非常用功？还在夜以继日地不断探索，不断产出新成果，辛勤耕耘在学术前沿？有次和朋友们聊到学界和学人时，说到王子今、荣新江等人，我表达了这种看法，当时有人就问我，他们为什么还如此用功呢？这是什么原因？我突然冒出了一个词——“使命”，即他们不是为了名和利，而是有一种使命意识。

这一代学人将学术视为生命，甚至可以说就是为学术而生的。当他们把学问当成毕生奋斗的事业时，就会时时意气风发、孜孜以求，不再考虑是否退休，更不会为了金钱、名誉和地位，而是为了做这一代学人应该做的事。

时代在他们身上打下了深深的烙印。这一代学人的学术养成期是在20世纪70年代末80年代初，那是一个充满希望的时代，当时的青年学子都怀有远大的志向，将个人的追求与国家的需要紧密结合。在强烈的爱国主义感召下，他们不仅要将失去的时间夺回来，还要将个人的命运与国家的前途紧密结合在一起，要“团结起来，振兴中华”，就要“从自己做起，从小事做起，从现在做起”，力争为国家的发展贡献自己一份微薄之力。正如荣新江在追念邓广铭先生时说：“北大往年的辉煌，并不能映照今日的校园；邓先生等一代鸿儒带走的不仅仅是他们个人的学问，而是北大在学林的许多‘第一’……追念往哲，痛定思痛，微薄小子，岂可闲哉！”

二

“雅学堂丛书”的作者，都是很有成就的专家，他们的学术论著，我基本上都阅读过一些，有的读了还不止一遍。他们在从事高深学问研究的同时，还撰写了一些面向大众的学术短文、书序、书评和纪念文章等。数学家华罗庚在西南联大授课时，曾说过这样的话：高水平的教师总能把复杂的东西讲简单，把难的东西讲容易。反之，如果把简单的东西讲复杂了，把容易的东西讲难了，那就是低水平的表现。从“雅学堂丛书”的内容可知，这些文章没有太多的史料引文，语言通俗易懂，适合大众阅读。即这些作者是真正把所关注或研究的问题搞懂弄通了，并咀嚼消化为自己知识的一部分，从而才能化难为易化繁为简，用浅显易懂的语言将高深的理论和丰富的内容表达出来。

各位作者拟定的书名，本身就是学术史的一部分，也可感受到这些学者的意志、视野和思想。王学典先生的书名是本套丛书中最为宏大的——《当代中国学术走向观察》，因为王老师的学术兴趣是“追踪当代学术的演变，探索其间的起伏之迹，解释每次变动由以发生的原因或背景”。从1988年的《新时期十年的历史学评估》开始，几乎每隔十年，有时更短，他“都要总结归纳一番，回顾展望一番。起初是个人兴趣使然，后来则是几家报刊在特定时间节点的约稿”。方志远先生的书名是《坐井观天》。他说：“这个集子之所以取名为《坐井观天》，是因为迄今为止，除了一年半载的短期外出求学及讲学，我的一生都是在江西度过的……从这个角度说，我的一生都是在江西这口‘井’中。但是，虽说是‘坐井’，却时时想着要‘观天’。”“我想，这些无目的、非功利的阅读，某种意义上奠定了我后来‘观天’的基础。”“这个集子收录的30篇文章，几乎都想‘坐井观天’。”荣新江先生的是《三升斋三笔》，荣老师在读大学时，听到老师讲《汉书·食货志》，其中有“治田勤谨，则亩益三升；不勤，损亦如之”，认为用以比拟治学，也十分合适，便根据古代文人学士起斋名的习惯，将自己的斋号取名为“三升斋”。此前，他已将自己学术论文之外的学术短文、会议发言和书评等汇集为《三升斋随笔》（“凤凰枝文丛”，凤凰出版社，2020年）、《三升斋续笔》（“问学丛书”，浙江古籍出版社，2021年）。荣先生的这两本随笔集出版后，“颇受读者欢迎”，“今择取三四年来所写综述、感言、书评等杂文，以及若干讲演稿，辑为《三笔》”。收入本书的文章，“代表了我近年来对相关学科发展的看法，也有一些自己研究成果的表述和经验之谈，还有一些学术史或学林掌故的记录”。这样的学术随笔，既有可读性，又有学术性，肯定能受到读者的喜欢。

有些书名则是作者生活轨迹的反映，如孙继民先生的是《邯郸学步辑存》。“《庄子·秋水》的‘邯郸学步’是知名度和使用率极高的成语典故，其中有云寿陵余子‘学行于邯郸，未得国能而失其故行’。笔者生在邯郸长在邯郸，1955年出生，1963年上小学，1971年初中毕业，入职邯郸肥皂厂务工，因为比一般工友多读了几本书，曾有师傅戏称‘孙教授’。”1977年恢复高考后才离开邯郸。他的人生起点是从邯郸开始的，而又有著名的成语“邯郸学步”，就将书名定为《邯郸学步辑存》。林文勋先生的书名是《东陆琐谈》，这是因为“云南大学最早名东陆大学，这些文章是我在云大读书求学的点滴记录，故名《东陆琐谈》”。笔者的书名是《从陇上到吴越》，这是因为笔者出生并长期生活在甘肃，1983年大学毕业后即留校工作。甘肃简称“陇”，由于受雄厚的陇文化熏陶，在甘肃（陇上）学习、工作期间，选择以敦煌学、隋唐史和西北史地为研究和教学的重点。在兰州学习、工作了23年后，于2002年调入南京师范大学，2013年又从南京师大调入浙江大学。江苏、浙江原为吴、越之地，文化底蕴非常深厚，从宋代以来，经济发展也一直走在前列。从西北到了东南，从陇上到了吴越，虽然自然环境和文化截然不同，但仍然坚守当年的选择，即教学、研究的重点还是敦煌学、隋唐史、丝绸之路与西北史地。

有的则是自己感情的真实流露，如王子今先生的书名是《天马来：早期丝路交通》，为什么是“天马来”？我去年11月向子今先生约稿时，他正在成都，其间恰好生病，“相继在成都经历了两次心血管手术”，回到北京休养期间整理的书稿，2022年12月9日交稿。去年恰是子今先生的本命年，所以他才写道：“今晚交稿。希望‘天马来’这一体现积极意义的象征，也可以给执笔的已届衰年的老人提供某种激励。”卜宪群先生为何将书名定为《悦己集》？他认为，自己“所撰写的文章，无论水平高低，都是内心世界的真实表达，集子取名‘悦己’，就是认为几十年所从事的史学工作，是自己最热爱最喜欢的一项工作，是取悦于己的工作，没有后悔，至今依然”。

虽然这些作者成果丰硕，成就突出，但又非常谦虚，如李红岩先生解释自己的书名《史学的光与影》时说，“收在这里的文章，大部分是我年轻时撰写的。浮光掠影，波影光阴，不堪拂拭，但大体以史学为核心”，故定为《史学的光与影》。鲁西奇先生将书名定为《拾草》，更是让我们看到了一位学人的坦诚和谦虚：“我出生在苏北农村。20世纪六七十年代，农村里缺少柴薪。冬天天冷，烧饭烤火都需要柴草。孩子们下午放学后，就会带着搂草的耙和筐，到田旁路边和荒地上去捡拾枯草或树叶，叫作‘拾草’。虽然河岸渠道上也有一些灌木，但那是‘公家’的，不可以砍。《诗·小雅·车舝》云：‘陟彼高冈，析其柞薪。析其柞薪，其叶湑兮。’我既无高冈可陟，亦无柞木可析作薪，连枯叶都不多，更无以蔽山冈。只有一些散乱的杂草。那就收拾一下吧。烧了，也许可以给自己取一会儿暖。故题为《拾草》。”

地处西北的甘肃文化出版社，近年来在西夏学、丝绸之路、简牍和西北地方文献等方面的学术著作出版中成绩卓著，多次获得国家出版基金资助，取得了社会效益和经济效益的双丰收。在此基础上，他们又计划出版面向大众的高品位、高质量普及著作。郧军涛社长多次与我联系，希望组织一套著名学者的学术随笔，我被军涛社长的执着而感动，于是商量编辑一套“雅学堂丛书”，并从2022年11月19日开始陆续向各位先生约稿。虽然中间遇上新冠感染潮，我本人也因感染病毒而一个月未能工作，但各位专家还是非常认真并及时地编妥了书稿。

在此，我非常感谢方志远、王子今、孙继民、王学典、荣新江、卜宪群、李红岩、鲁西奇、林文勋等诸位先生的信任，同意将他们的大作纳入“雅学堂丛书”；感谢甘肃文化出版社郧军涛社长的信任与支持，感谢甘肃文化出版社副社长周乾隆和编辑部主任鲁小娜领导的编辑团队认真、负责、高效的工作。希望读者朋友能够喜欢这套书。

刘进宝

2023年5月11日

自　序

一

去年12月中旬，收到刘进宝老师的微信，说甘肃文化出版社拟出一套学者随笔，我欣然从命，既是出于感谢进宝老师的盛情，也是因为对甘肃历史文化的向往、对美好甘肃的记忆。

汉唐时代的甘肃，是何等的威武雄壮，又是何等的人才辈出，一条“河西走廊”、一座祁连山山脉，演绎出多少惊天动地的故事。改革开放后推出的《读者》杂志，在“陕军东进”之前，就以开风气之先而风靡全国，成为引领思潮第一刊。

大概是在2008年或2009年的“两会”期间，江西代表团的几个朋友在一起闲聊，不知怎么说起广告和宣传，我说在短信（那时还没有微信）上看到甘肃的宣传，很有新意：我们没有什么文化，只有一本《读者》；我们没有什么科技，只有一座航天城；我们没有什么资源，只有一条黄河；我们没有什么美食，只有一碗拉面。众人一致称赞，说这个有意思。这时，一位领导微微笑道：“你们知不知道这是谁的主意?”大家没回过神来，问：“谁的?”领导有些得意：“区区在下。”原来，是这位领导在甘肃时集中大家的智慧琢磨出来的。于是大家祝贺、喝酒。

说到拉面，有一段掌故和大家分享。2005年8月，西北师大田澍教授受中国明史学会的委托，主办中国明史国际学术会。散会的那天，我们一行八人坐下午的航班，闲着没事，出去看看兰州的市容市貌。走着走着，有人提议，中午一起去吃马家牛肉面。那时大概11点刚过，田澍安排陪同的小伙子说，这个时候去，拿号排队，估计要等到下午两点才能吃得上。这么牛？那就不去了。又有人提议，既然到了兰州，吃不上马家牛肉面，总得吃碗牛肉面吧？大家一致赞成。有人右手一指，说：“那里不是有一家牛肉面馆吗？门面好像蛮干净的。”

来到牛肉面馆，外面的装饰并不豪华，但很清爽，第一感觉很好。我们八人和陪同的小伙子，一行九人鱼贯而入。整个面馆空间不大，窗明几净，大约十来张四人座或两人座的桌子，整整齐齐地排列着，而且墙上有提示：本店不提供酒类。好像还有一句，意思是不得在本店饮酒，但用词比较委婉。第二感觉也很好。由于来得早，面馆里的客人只有我们九个，每人预约一碗。一边等，一边聊，有人去前台转悠，然后很快返回，极为兴奋地悄声说道，前台那收银的女孩真漂亮！大家闻声而动，包括去而返回的那位，不动声色地轮流离席去看美女。一群人中，好像我的年龄最大，所以故作矜持，最后一个出动，先向右走到侧面，然后向收银台走去，这样，既可掩饰真实目的，观赏的时间也可以更长一些。走近收银台时，我假装不经意地扫了一眼，小女孩抬起头来，也看了我一眼，微微一笑。我大吃一惊，天底下真有这样的小美女？那不是一般的漂亮，绝对秒杀风靡一时的热播剧中的女主角，如《红楼梦》《天龙八部》等。

牛肉面上来了，不知是因为环境、美女的原因，还是因为这个面、面里的牛肉，还有面的汤料，真的好吃，第一口的感觉是，此品只应天上有。这个时候，陆续有人进来，我连忙申请再来一碗，接着又有两人申请，好像是郭培贵、何孝荣（记得不是太清）。最终结账的是张英聘教授，一碗面一元五角，每碗有二两牛肉，三元，整个一碗四元五角，张英聘花了不到五十元，让我们留下了近二十年乃至永生都难以忘怀的记忆。

出来之后，有两位年轻人（应该也都有三四十岁）返回面馆，估计是上厕所，我们移步到人行道等候，一上人行道，两位就出来了。说不是上厕所，而是想再回去看一眼小美女，但是换了一位收银员，感到十分遗憾。难怪这么快就出来了。

回到南昌后的一段时间，我只要见到兰州牛肉面馆，不管是否到了饭点，就要进去吃一碗，但每次都失望。一次吃完后我对老板说："你的这个兰州牛肉面不正宗，是牛肉不行还是面不行？"老板说："我这个牛肉是专门从兰州空运来的，是你们南昌的水不好。"这个我就不同意了，谁说我们江西的水没你们甘肃的水好？他说："你们喝的是自来水，是河水，我们在兰州喝的是泉水，是祁连山冰雪融化后的水。”原来如此，我服了。

十年后，田澍教授邀请我去学校讲课，为了弥补上一次的遗憾，提前预约，带我去吃马家牛肉面，每人一大一小两碗，感觉却没有十年前在街边店的兰州牛肉面好吃。但十分感谢田澍，让我吃了正宗的马家牛肉面，又安排去了有小江南之称的天水，这里是马超、姜维的故乡，去了向往已久的麦积山，有生以来第一次吃了正宗的羊羔肉。后来我想，每次来客陪吃面，也不知道这些年来田澍到底吃了多少次马家牛肉面，犹如我不知游了多少次南昌滕王阁一样。

二

也许文学界对当代“随笔”有特定的定义，但根据我的理解，所谓“随笔”，就是不必故弄玄虚，就是字面的意思。“随”即自由，目之所及、闻之所止、念之所至，都可以写。怎么写，并无一定之规。也就是说，写什么、怎么写，一切随意。如果这个理解不是过于离谱，我想历代的笔记，皆可以视为“随笔”。如明代陆容的《菽园杂记》、王鏊的《震泽长语》《震泽纪闻》、王士性的《广志绎》、张瀚的《松窗梦语》、朱国桢的《涌幢小品》、沈德符的《万历野获编》，明清之际张岱的《陶庵梦忆》《快园道古》、叶梦珠的《阅世编》，清代王士祯的《池北偶谈》、钱泳的《履园丛话》、梁章钜的《归田琐记》，等等，皆是。

南宋洪迈《容斋随笔》的开篇，有一个简短的说明，也可以说是“小序”。洪迈的这个“小序”，给“随笔”下了这样的定义：“意之所之，随即纪录，因其后先，无复诠次，故目之曰‘随笔’。”洪迈对“随笔”的解释，深合我意，心中不禁有些得意。因为我是在写下前面那段对“随笔”的理解之后，才在电脑上调出洪迈的《容斋随笔》及这个“小序”的。

从小学到中学，后来恢复高考，后来读研究生，最不愿意做的事情就是“作文”。所以，尽管1981年研究生毕业，到1986年才发表第一篇论文，说来十分惭愧。但也有挡箭牌，先师欧阳琛教授第一次召见我的时候说了一番话：先读十年书，十年之内，不要急于发表论文。当然，对于这篇论文，我自己还是比较得意的，发表后被人大资料中心《明清史》复印、被《高校文科学报文摘》转载，还获得江西省社科成果三等奖。特别是接着在《中国史研究》《南开学报》和《文史》发表论文，于是觉得有了点底气，开始了“随笔”的写作。

那是在1989年，为了帮一位朋友在《南昌晚报》副刊上发文章，我去报社找到大学同一个宿舍并睡在我下铺的同学、副刊的主编。那小子说，发你朋友的文章可以，但你得给我写稿子。这就有点为难了。因为就在不久前，同门师弟曹国庆在《江西日报》副刊上发了一篇短文，也可以说是“随笔”。老师对此有些不满，问我看没看那个“豆腐块”，我说没看。事后问国庆，国庆说那还是多年前读研时的事情，被几个中文系的研究生鼓捣，写了一篇《管仲论相》。他已经有了“前科”，而且不知老师是否在给我打预防针。

怎么办？于是我想，如果做，就做点名堂出来，挨骂就挨骂吧。于是说，可以给他们写稿子，但不是单篇，而是开个“专栏”。他们很高兴，说副刊有开专栏的先例，但主要是知名作家的散文，一直想开历史方面的专栏，只是没找到合适的人，没想到你撞进门来。双方议定：“专栏”的名称定为“闲话古今”，两周一篇。当然，只是话古，并不论今。

随着一篇又一篇一两千字的“豆腐块”的刊出，那个专栏逐渐有点火了，连带副刊也有更多的人读了。赞扬的人很多，说是写得好；批评的人也不少，说为何不多说几句呢？在我的印象中，那段时间先后发了五六十篇。《江西日报》副刊的朋友看到《南昌晚报》的副刊有新动作，找了我几次，希望我把这个“闲话古今”挪到他们那里去，稿费是《南昌晚报》的三倍。这种事我当然不能做，当然，对稿费也是有点动心的，那个时候真是缺钱用。于是和《江西日报》副刊商量，《南昌晚报》的“闲话古今”是不能动的，否则我对不住朋友，但是可以再约两位朋友，给他们另辟一个专栏。为这个事，我好像找了邵鸿和有写“豆腐块”“前科”的曹国庆。因为后来大家都忙，这个事还没正式启动就熄火了。我在《南昌晚报》的专栏也变成一个月一篇，后来实在没时间，无疾而终。但我十分感谢我的同学马林和责任编辑张步蓉，给他们的稿子除了一篇因故未发外，全部刊出，而且没要求我修改。

在这个过程中的某天，老师让人带来一张两寸宽的“手谕”，让我去他家一趟。因为我们分别住在江西师大的本部和南区，中间隔着一条“北京西路”。老师过马路不安全，

方志远和导师欧阳琛教授（中）、同门师弟曹国庆教授（左）

那个时候家里没有电话，有什么吩咐，都是隔三岔五让住在南区的同事上班时带着纸条交给住在校本部的我。很后悔的是，这些纸条都没有留下来（突然想到，明朝皇帝的“手谕”，就是用两寸宽的纸条写的）。去了之后，一眼就看到茶几上有一摞《南昌晚报》，我想，完了，东窗事发。于是摸着后脑壳傻笑。老师说：“有人告诉我，隔周的周六一篇，我让他们每期都给我买了。”我没敢吭声，等着挨批。当然，即使批，他也从来不对学生说重话。见我不吭声，老师继续说，这些文章读下来，发现文字还是过了关的，以后每篇都给我送来，省得我让别人去买。这就算“大赦”了。

后来我把这个事告诉曹国庆，国庆笑死了，说再告诉你一件事。读研期间，他写了一篇作业（好像是说明代的“廷杖”），自认为有所创见，向一家刊物（现在的等级是CSS-

CI）投稿，还真被刊发了，心中激动，迫不及待送到老师家里，想得到表扬。没想到挨了批："路还没走稳，不要想着跑。学生时代读书有限，习作是用来练笔的，不要急于发表。"他说到这个事情，让我想起老师第一次召见我时说的一番话："先读十年书，十年之内，不要想着发表论文。"那个时候对学生的要求，和当下完全不一样。告诫学生多读书，不急于发表论文，书读多了，发表论文就是水到渠成的事情，这才是对学生的真正培养和爱护。

这种爱护不仅仅是对学生，也对其他系里的老师。那个时候评职称已经要考外语，老师出题并阅卷，一位教世界史的老师被判了40多分，取消了评副教授的资格。知道这件事情之后，我劝老师别那么较真。老师说，这么浅显的英文都看不懂，教什么"世界史"？这就有点固执了，我心中不免有些腹诽。他自己大学是在清华读的，研究生在西南联大毕业，导师是邵循正先生，硕士论文是《明末购募西炮葡兵始末考》，引用了诸多的英文、葡文资料，并且向郑天挺、方豪、尹达诸师请教，与何炳棣一起参加了留美考试（据《郑天挺日记》，当时只有一个指标，何炳棣名列第一，去了美国，欧阳琛名列第二，连同后面的，都没能去成）。有这样的经历，外文不好都不行。再看看那位被判了40多分的老师，中学、大学就没机会好好读书，毕业正是20世纪60年代中期，还能记得住一点点、能够考40多分也就算不错了。但是，正是因为受老师给的40多分的激励，那位教世界史的老师知耻而后勇，两年后申报职称时，英文考了70多分，命题和阅卷的，还是老师。

可以说，我的“随笔”写作，就是从1989年在《南昌晚报》开辟“闲话古今”开始的，并且得到老师的首肯。同时悟出一个道理，即使是“豆腐块”文章，如果能够坚持下来，把它做到有一定的影响，就从毫无意义变得有点意义了。所以我想，老师对师弟“豆腐块”和对师兄“豆腐块”的不同态度，原因或许在这里，谁让他写一篇就收手了？

此后，“随笔”写得长了，报纸无法容纳，于是放到刊物上，以《文史知识》刊发得最多，大概有十多篇。感谢张荷、胡友鸣、于涛诸友，只要是寄过去的“随笔”，都是随发随刊。2000年、2002年，好像是吉安市委宣传部、江西省社科分别和《文史知识》合作，刊出“庐陵文化”专辑和“宋代文化”专辑，胡友鸣兄发话，希望你们邀请方某某写稿，提高档次。因为是“北京”的刊物负责人点名，弄得我在家乡文人中特别有面子，也在江西社科院的圈子里小小风光了一把。现在回头一想，那个时候也是五十岁出头的人了，实在是没什么面子。从此以后，对于写“随笔”之类的“普及读物”，有了更多的兴趣。有时候想，我最终被《百家讲坛》拉上“贼船”，很大程度上就是因为有这些写作的“前科”。当然还有一个更为重要的原因，那就是一直认为“史学”是“人学”，应该接近大众而非远离大众，并且在一个“读书随笔”中写了这样一段话：

> 从本质上看，科学起源于大众对自然、对社会、对人类自身的认识。而各门学科的建立过程，则是一个逐渐脱离大众、逐渐由专门人员掌握的过程。由于这一过

程的本身是有阶段性的，因此，虽然科学越是专门化，离大众的距离也就越远，其阶段性过程中所形成的知识和专业人员的层次性，却使科学永远和大众密切相连：一方面，人类的新认识、新发现通过各条渠道、各个层次，逐渐专门化；另一方面，专门化的知识也通过各种渠道、各个层次而全方位影响大众。各个学科最前沿的成果，反映了人类对这一领域的最新和最有价值的认识，但又离大众最为遥远，甚至最难以为大众所了解、所认识、所接受。这就需要有一条与大众联系的纽带，或者说要有一个向大众进行传播的渠道，这条纽带或渠道便是学科知识和专业人员的层次分布。作为专业研究人员，应该根据自己的条件和才情，为自己选择合适的位置和层次。处于不同位置和层次的专业人员之间，应该充分尊重，而不应该相互歧视或诋毁。这无论对一个学科还是这个学科的研究人员来说，都有着一荣俱荣、一损俱损的关系。

后来在《光明日报》发表的一篇文章中，我提出了一个自认为很重要的观点，“学术需要生态和生态链”，再次论及学术的普及，特别是史学的大众化问题。

三

这个集子之所以取名为《坐井观天》，是因为迄今为止，除了一年半载的短期外出求学及讲学，我的一生都是在江西度过的。1950年出生在江西吉安，幼年、童年、少年及青年时代的开始阶段，从来没有离开过这座城市；1968年“下放”到安福县山庄公社秀水村，大部分时间在林业队种树、砍树、放排。1971年“招工”进了江西第四机床厂，从此就在南昌生活，屈指算来，已有五十多年。1977年恢复高考，由于各种原因，学了“文科”，做自己最不在行的事情——“作文”，而且，本科学校去不了，只是读了“大专”。有时，我很羡慕现在的年轻人，幼儿园、小学、初中、高中、大学、硕士、博士，可以连续上25年学，但我除了小学6年、初中3年之外，大专和研究生加在一起三年半，博士是“在职”读的，“在校”的上学时间，大概刚刚是他们的一半。1981年研究生毕业留校后，我一直在江西师范大学工作。其间，有过几次离开南昌的机会，都因各种原因放弃。从这个角度说，我的一生都是在江西这口“井”中。

但是，虽说是“坐井”，却时时想着要“观天”。回想起来，我从小学一年级到五年级，都是懵懵懂懂过来的，特别是四年级升五年级的那个暑假，根本就没有做作业。干什么了？天天看小说，从《封神演义》《西游记》到《薛仁贵征东》《薛丁山征西》《罗通扫北》等，于是想入非非，盼着哪一天一阵狂风到来，把自己卷去某个洞，拜太乙真人、菩提祖师或者慈航道人为师。现在想来可笑，但最早的“观天”，未必不是从那个时候就开始了。六年级的时候，我发现自己还是能读书的，开始步入“好学生”的行列，到初三的时候突然反思，几年下来，其实并没有怎么发力，于是有了进一步“观天”的想法，高中的时候用点功，上清华、北大，以后做个数学家或天文学家。但是，1966年初中毕业时没书读了。1971年进工厂后，我一个月有20元工资，开始订阅《航空知识》《地理知识》《历史研究》三个杂志，天上的事情、地上的事情、人间的事情都想知道。我又从“古旧书店”淘来了线装的《春秋左传正义》《汉书》《后汉书》《御批历代通鉴辑览》等，以及曾经读过的《关于国际共产主义运动总路线的建议》《九评苏共中央的公开信》《关于国际共产主义运动总路线的建议》等，也就在那段时间，《马克思恩格斯选集》出版了，我如获至宝。我想，这些无目的、非功利的阅读，某种意义上奠定了我后来“观天”的基础。而司马迁的三句话，“究天人之际，通古今之变，成一家之言”，则成为我以学习历史、讲述历史、研究历史为职业后的人生信条。

这个集子收录的30篇文章，几乎都想“坐井观天”：

《明朝百年启示录》旨在揭示明朝乃至中国历代的普遍性发展进程，《明清小说与明清社会》试图通过小说的变化，观照“明清社会”的演变。

《奸臣传》之立，是中国政治文化史上的大事，从此中国只有奸臣而无昏君暴君，任何变故，都可以拎出几个奸臣垫背。

苏轼的率真，成就了他在文学上的伟大，也导致了他在政治上的失意；人可以不信宗教，却不可以没有信仰。

明朝是中国“士风”张扬的时代，而知识分子的脊梁，则是在清朝被折断的；一个政权，最好不要发展到需要王安石、张居正，通过他们的手术，最终是死是活还真不知道。

文天祥的“浩然正气”、文天祥之成为“忠臣”样板，是汉族人、女真人、契丹人、蒙古族人共同维护，特别是元世祖忽必烈成全的结果，否则，上辣椒水、老虎凳，你降还是不降？

“鸡缸杯”发生的时代，正是明朝多元化时代的开始，“鸡缸杯”上的公鸡并非成化皇帝，而是万贵妃；而戚继光华丽转型为“元敬词宗”先生，代表着又一个新时代的到来。

在历史人物及事件的“盖棺定论”中，舆论引导民众乃至倒逼庙堂，乃是经常发生的事情，戏曲《鸣凤记》在“奸臣”严嵩和“忠臣”杨继盛的定位中起了重要作用。

王阳明及“心学”挑战的不仅仅是内阁，而是一切权威，他（它）是以“良知”之是非为是非而不是以君主或权势的是非为是非。

一座城市的永久，不在于它的建筑，而在于它的文化。试想，没有《滕王阁序》，谁知道曾经有过滕王阁？没有《岳阳楼记》，谁知道曾经有过岳阳楼？

晚明的社会开放，不但来了欧洲的利玛窦、汤若望，还来了美洲的红薯、花生、玉米、烟草，当然，晚清的时候还来了鸦片，所以，开放的善与恶、成与败，全在我们自己。

……

收入的文章，最早一篇发表在1988年，最后一篇写作于2021年，前后时间的跨度有30多年。文章发表时，刊物会根据版式要求做一些改动，这个集子收录的，是未经改动的“原稿”。所以，每篇文章所表达的，代表我那个时候的认识。回过头来看，有些令我意外，那个时候就能有如此高见？有些则令我有些汗颜，那个时候就这个水平？梁启超有一句名言，常以今日之我攻昨日之我。人的世界观、人生观、价值观都有可能随着时代的推移、形势的变化及自我生存状态的变化而改变，对具体事物、具体人物的认识，更会随着研究的深入而推进，对以往的认识也会有不同程度的修正乃至完全的颠覆。所以我常和朋友交流，也在一篇文章中提出：

> 以历史学科为例，人文学科能够解决的，主要是“有形”的问题，即具体的人物、具体的时间、具体的地点、具体的事项，等等。周一良先生曾经用六个“w”概括学习历史、研究历史的诸要素：who（何人）、when（何时）、where（何地）、what（何事）、how（如何）、why（为何）。我们能够解决的，充其量只有两个半“w”，即时间、地点，以及人物或事件的部分内容，其他的只能是解释。①

既然只是解释而非解决，修正和颠覆就十分正常了。即使有些被认为是已经解决了的问题，当新的文字材料、实物材料、音像材料被发现、被破译之后，也可能被修正、被颠覆。所以我在和朋友说“王阳明”及其“心学”的时候经常说一个观点，他（它）的每一次“顿悟”，都是“渐悟”的阶段性成果，只要生命尚存，就有新的阶段性“顿悟”发

①方志远著：《学术研究的“问题意识”与“非问题意识”》，载于《中国社会科学评价》2016年第2期。

生，就有旧的阶段性“顿悟”被推翻。

前贤虽不可及而心向往之，受梁章钜《浪迹丛谈》及续谈、三谈，以及鲁迅《华盖亭集》及续集的启发，将这个集子拟名《坐井观天》，闲暇时再收集续编、三编。

方志远

2023年2月12日

广东惠州富力湾公寓

目　录

明朝百年启示录

一

在中国历史上，有两个朝代我认为需要特别加以关注。一个是西汉，一个是明朝。

民国时期的明清史专家孟森从“道义”的角度出发，说汉朝和明朝“得国最正”。理由是，汉高祖刘邦和明太祖朱元璋，都没有任何家庭背景，都没有入仕前朝为臣，全凭着自己的人格、自己的本领、自己的运气，投身于农民战争，前者推翻了“暴秦”，后者驱逐了“胡虏”，建立起汉族人的王朝。这是孟森先生的思考角度。

我的认识是，无论是汉朝还是明朝，都是发育比较完整的朝代，它们都有一个比较长时间的自我发育过程，有一个主要通过社会内部的变化从凋敝走向繁荣但最终不得不衰亡的过程。历史学最基本的功能，是为现实提供借鉴。所以司马光编撰的那部伟大历史著作，就取名为《资治通鉴》。而他的前辈司马迁写《史记》，宗旨则是“究天人之际、通古今之变”。我正是从这个角度出发，认为汉、明这两个朝代特别需要我们关注，特别需要认真加以研究。

西汉建立之后，经过对吕氏势力的制裁，其实是通过一场宫廷政变，进入正常的发展轨道。又通过对异姓藩王和同姓藩王的打击，建立起比较完整的中央集权国家体制。在经历了“文景之治”和汉武帝的开疆拓土后，西汉进入极盛。但在这个过程中，各种社会矛盾、社会问题也逐渐积累、逐渐暴露，并且迅速发展。

十分有趣的是，当时的统治者几乎都看到了这些问题，都在试图解决这些问题。伟大的汉武帝甚至低下高贵的头，向全国人民下“罪己诏”，并且相应调整了各方面的政策。但是，问题并没有得到解决，社会矛盾继续发展。于是，在阴阳五行学说的推导下，上演了一场“禅让”的喜剧，由王莽建立“新”朝，取代汉朝。这是当时的“有识之士”为解决社会矛盾共同开出的药方。他们希望通过更换招牌的方式，让刘氏汉朝做替罪羊，避免天下大乱，以维护既得利益者的利益。

但是，这个事情没有做成功，反倒是王莽成了刘氏的替罪羊。绿林、赤眉起义，推翻了新莽，刘秀建立了东汉，代表着汉朝的“中兴”。“王莽改制”遂成历史笑柄。平心而论，后人其实没有任何理由嘲笑王莽以及和他一起演出这出喜剧的人们。因为他们的大方向是对的，他们的目的是解决社会矛盾，只是没有认清社会的症结所在，没有把事情做好。因为社会问题积累得太深，而所有的既得利益者又都不愿意放弃自己的利益。这不是仅仅靠改革、靠改良就可以解决的，必须通过一场革命，通过一次大的破坏，重新建立起新的社会秩序，重新分配社会利益。

明朝建立之后，经过明太祖的“重典”治理，经历了成祖的“靖难”(其实是一场扩大了的宫廷政变)，又经过短暂的“仁宣之治”，国家也进入正常的发展轨道。尽管有一个“土木之变”，三十万明军土崩瓦解，英宗被蒙古族人俘虏，但并没有从根本上损伤明朝的元气。恰恰相反，明朝正是从这个时候开始，逐渐进入多元化社会。

明朝多元化社会的主要特征是：一、社会价值标准由单一的官本位向仕途、财富、精神文化多元标准演变，从而导致官道、商道、精神文化的相互渗透。二、北京集政治、经济、文化多元中心于一体的地位受到严峻挑战，苏州—南京上升为新的文化中心，苏州、松江、江西、浙江形成大经济中心；经济中心和文化中心相互依托，与政治中心北京分庭抗礼。三、由政府意志主导社会思潮，演变成思想家、文学家、在野“清流”派的思想及小说戏剧所表现的价值观，构成多元化的社会思潮。四、随着西方近代势力的渗入，中国传统“天朝”中心的理念开始受到挑战，“师夷之长技”在晚明成为先进知识分子为解救王朝危机开出的新药方。

从世界近代化演进的过程看，多元化社会的形成是时代进步的表现。但在中国历史上，与多元化社会共生的，总是因财富积累而导致贫富不均、因国家承平而导致因循守旧、因自由过度而导致规矩丧失、因社会开放而导致涣散动荡，以及国家主导作用的日渐缺失和对外防御能力的急剧下降。中国历史上大凡有一定规模并且持续相当时间的朝代，大抵上都在一遍又一遍地演绎着这个乐极生悲的故事。由于统治时期相对较长，使得明朝将这个故事演绎得更为充分，因而也更具有典型意义。

如果把明朝作为一个个案，那么，这个个案向我们显示的是：不是通过改朝换代，而是在一个政府的统治下，社会多元化和社会转型是如何在经济、文化发展的推动下，在与政治权力相互作用下自发地产生。而在这个社会多元化的过程中，国家主导作用是如何逐渐弱化并最终缺失，致使社会多元化没有能够使明代社会转型到更高的发展阶段，却导致了社会涣散和国家败亡？是哪些因素导致明朝政府在多元化社会形成之时“以不变应万变”，并一步步陷于被动？

二

明代从洪武至正统时期（1368年—1449年），虽然也有过“小阳春”，但大抵上属严峻冷酷的时期。经过元末长时间的全国性战争，社会经济遭受严重的破坏。经济需要复苏，社会需要稳定，国家权力强势控制社会。在这期间，曾经发生过明太祖的严惩贪官、滥杀功臣，以及对与明朝持不合作态度的文人实施打击；也发生过明成祖在“靖难之役”后对建文旧臣的持续镇压，还发生过明英宗时期对小说、戏曲的禁止。而且，在洪武、永乐两朝，通过强制性迁徙，将农民起义时期的“杀富济贫”演绎为“夺富济国”。在实施打击的同时，重开科举，招揽读书人，征求广泛的社会支持。从此，科举成为军功之外通向仕途的“正道”。这可视为明朝君主集权制国家建立后，民众对政权认同的重要标志。在当时，谁能考取进士、谁的官做得大，谁就有价值。所以，读书人的出路只有一条——举业，这才是最有效、最体面，特别是最符合国家意志的脱贫道路和展示自我价值的方式，“仕途”和“官本位”也成了民众公认、国家倡导的最基本的社会价值标准。

正统至成化时期（1436年—1487年），严峻冷酷的政治气氛开始化解。随着社会经济的渐次复苏，社会财富开始积累，各地城市趋向繁荣，人们对物质财富的占有欲变得强烈起来，统治者的构成也由流氓无产者演变成了社会财富控制者，国家权力对民众的控制开始松懈。于是出现了第二种价值标准——财富。谁能够看准时机发财，那也是本事。于是，弃学经商开始大量出现。这种价值标准的发生及被社会逐渐认同，成为明代社会经济发展，特别是商品经济发展的重要动力。正是在这种价值标准的推动下，徽商、晋商、江右商、闽商、粤商等“十大商帮”以及其他地域性商人活跃起来，并影响中国五百年的经济社会发展。在这个过程中，当国家财政和国家救济发生困难时，明朝政府开始向“富人”寻求帮助，并通过授予“义民”“冠带荣身”等荣誉称号，以及给予国子监的入学资格，作为奖励或交换。这既可以视为国家承认私人财产合法化的标志，也可视为社会财富得到国家和社会认可的重要契机。从此，明朝进入仕途、财富双重社会价值标准的时代。①

①方志远著：《“冠带荣身”与明代社会动员》，载于《中国社会科学》2013年第12期。

成化至正德时期（1465年—1521年），随着国家的长治久安和经济的持续发展，文化消费的需求也逐渐加强，人们对精神的享受有了更多的追求。在这方面，上层与下层、贵族与大众有着共同的喜好和需要，用马克思的话说，“人所固有的我无不具有”。大众需求推动了上层需求，上层需求刺激着下层需求，文化产品、精神产品与物质产品一道，构成明代社会的基本需求和财富来源。于是，第三种价值体系开始出现——文化。不少读书人通过诗文、书画、民歌时曲、说唱词话、通俗小说，不少能工巧匠、名医名卜，以及精通或粗通堪舆、星相、占卜、黄白术等各种术数的人们，通过他们的技艺，获得了社会地位、政治身份或经济收益。而成化、弘治、正德三朝发生的“传奉官”，弘治、正德、嘉靖年间发生的“山人”，成为显示这一社会价值标准的典型现象。[①]

多重价值标准的依次出现及并存，标志着明代多元化社会开始形成。然而，明代多元化社会的形成，不仅仅表现在仕途、财富、文化三种价值标准的并存，还表现在嘉靖至万历时期已经形成了三大中心的并存——政治中心北京、经济中心苏松江浙及周边地区、文化中心南京—苏州。

明朝迁都北京，以南京为留都，用以控制江南，这个政治目的确实达到了。与此同时，却生产出了一个文化“异己”。南京和苏州，本来分别是朱元璋和张士诚两个政治对

①参见方志远著：《“传奉官”与明成化时代》，载于《历史研究》，2007年第1期；《“山人”与晚明政局》，载于《中国社会科学》2010年第1期。

手的统治中心，朱元璋以军事力量摧毁了张士诚，苏州却以文化力量征服了南京，并和南京一起，成为明代中后期的文化中心。而其依托，则是以苏州、松江、杭州、嘉兴、湖州为核心，以徽州、扬州、常州、镇江、绍兴、宁波为外围，包括南直江南地区及浙江、江西、福建、湖广在内的大经济圈。这个经济圈大致相当于南宋的主要统治区，是当时中国经济的命脉所在。经济中心与文化中心连为一体，一方面支持作为政治中心的北京，另一方面又对北京构成经济上和文化上的压制。北京固然可以凭借国家权力进行政治统治，南京和苏州则可以利用它的文化力量凝聚人气、营造气场，更以大江南的经济实力为基础，在文化层面上俯视北京。而且，经济越是发达、社会财富越是积累、社会越是趋于多元化，文化的影响力也越是压制政治的影响力。

明代多元化社会的形成，是与社会需求的多元化特别是社会财富控制的多元化相伴而来的。景泰以后，特别是成化以后，拥有社会财富或者说拥有一定数量可供自由支配财富的，已经不再限于皇室、藩府、富商及各级政府衙门。作为个体的各级各类官员、吏员，包括文职、职官和宦官，以及他们的家属、部属，大大小小的商人、手工业者、农民，僧寺、道观的各层人物，乃至樵夫渔父、贩夫走卒各色人等，虽然程度不一样，却在以各种方式成为社会财富的拥有者，同时也可能成为文化产品、精神产品的购买者。明廷此时已经很难通过国家强制的手段获得社会财富，只能通过社会动员或出卖功名的方式来获得社会财富，这也直接导致了物质财富和精神产品对国家权力的挑战乃至干预。

这可以说是明代建国100年前后所发生的多元化社会进程的基本状况。但是，随着多元化社会的继续演进，问题也随之产生。

三

第一，三重价值标准相继出现的过程，也是三重价值体系相互渗透的过程。国家权力的控制者开始积极寻求社会财富、寻求文化地位，社会财富的控制者也积极寻求国家权力的倾斜和保护，同时寻求获得文化地位，文化产品的创造者同样在谋求政治权力、谋求社会财富。社会的多元化侵蚀着传统道德的底线，腐败痼疾开始持续侵蚀着明代官场并愈演愈烈。王守仁倡导的“问道德者不计功名，问功名者不计利禄”，正是为解决这一问题提出药方。但这一倡导几乎没有得到任何响应，明朝政府也几乎没有任何针对性的防范措施，更没有建立起各种社会角色保持相对独立性的体制。这成为明代多元化社会重复历代所发生的故事、偏离正常轨道的开端。而此时的王门学者包括王守仁本人，以及后来的东林党人，也没有能够承担起道德实践者的责任。不仅如此，竟然闹出大学士误解“拔一毛而利天下”[1]赠语的笑话。

第二，社会的多元化推动着社会思潮的多元化，国家的舆论引导机制难以建立，政府的影响力日渐消退。明代自成

①王应奎《柳南随笔》载：崇祯初，大学士钱龙锡在入阁前曾向名士陈继儒请教国是，陈赠一句：“拔一毛而利天下。”钱不解其意。适袁崇焕请斩毛文龙疏至，方大悟：“此眉公教我者耶?”

化、弘治以后，也就是随着文化成为社会价值标准，以南京、苏州及江南地区为主要发源地，思想家、文学家、在野“清流”派官员，以及小说、戏曲、歌谣等形形色色的文学作品，逐渐成为社会舆论的主要策动者和表现形式，并推导着社会思潮的多元化。但是，这些社会思潮及其推导者是可以不对后果承担责任的。顾宪成和王锡爵关于“庙堂是非”和“天下是非”的讨论，集中反映了在社会思想多元化过程中“国家认同”或“政府认同”出现的危机。[①]除了动用暴力，明廷对社会舆论、社会思潮的挑战完全没有应对办法，直接导致了信任危机和思想涣散。这一状况在中国历史上其实反复出现过。由于宗教的世俗化，中国的传统宗教和外来宗教难以起到教化作用，中国的官员一直需要以双重身份对民众施加影响，一是权力的象征，二是道德的示范，而一旦后者发生故障，前者的权威也受到挑战。

第三，明朝以农业为立国之本，受现实和理念的双重制约，经济上实施一元化重农政策，严重忽略渔业、牧业，特别是海上贸易、西北边贸，并且对商业集团的形成始终带有警惕和畏惧。东南“禁海”，西北“禁茶”，内地“禁矿”“禁盐”，成为明朝的基本经济政策。其结果是，经济的多元化发展冲击了单一的农业经济，而政府的政策既阻碍了外贸的发展、隔绝了与海外的联系，也没有能够及时地由几乎单一的农业税转化为真正意义上的多种税收并举，从而切断可能得

①谷应泰《明史纪事本末》卷六六《东林党议》载：万历二十年前后，王锡爵为首辅，顾宪成以吏部郎中为清流代表。锡爵责之曰：“庙堂之是非，天下必欲反之。”宪成答曰：“天下之是非，庙堂必欲反之耳。”

到的财源，国家财政陷入困境。与此同时，商人和实权派官员、吏员却在这场经济游戏中谋求利益，贫富差距扩大。一方面是社会多元化带来经济社会形势的急剧变化，另一方面，由于明朝的皇帝从成化开始大抵不接见大臣、不对重大决策承担责任，囿于传统理念和明太祖的“祖制”，文官们只能在“不争论”中对经济政策进行“微调”。于是，一方面是财源的继续流失，另一方面是传统的农业税难以建立起国家救助体系和国家安全体系。明朝与其说是亡于农民起义、亡于清朝的入主，倒不如说亡于长期无法解决的财政困难。

第四，国家对多元化社会和社会转型的应对态势，决定于政策决定者的立场、观点和对时局的认识，并与其切身利益息息相关。明朝的国家决策主要依靠文官集团，文官皆由科举而进，儒家学说为科举的基本科目。同时，明朝也是继两宋之后又一个以汉族官员为基本构成的朝代。这就造成了来自传统农业地区的官员、吏员成为执政主体，来自江南经济文化发达地区的官员越来越多地掌握着话语权。虽然内廷宦官多来自北方，但当权者大抵被改造成“文化人”，而且是带有北方传统农业习性的文化人。明朝政策决定者的这种地域构成和民族构成，使得明朝决策层难以制定出保护、发展海外贸易、边境贸易乃至境内工商业发展的国家财政政策，也无法制定出对经济欠发达地区、非农业地区、边疆地区、海疆地区、少数民族聚居地区的合理政策。“屁股决定脑袋”乃天下之通理，官员的身份和地域结构、民族结构导致政府的决策多以汉族人分布区、农业区、经济文化发达区为坐标。而在一般的情况下，文化越是生产出社会价值，其带来的阶层之间、地域之间的贫富差距就越大，社会财富也就越向发达地区集中。这样，当经济文化发达地区为争得更多的政治、经济份额欢欣鼓舞时，经济文化欠发达地区却在悄然改变国家的最终命运。东北的女真—满族政权，西北的农民起义，夹击着明朝早已缺乏应对大规模战争的军事力量，明朝的灭亡也就不可避免。

第五，思想的涣散、官场的腐败，必然导致军队战斗力的下降。由于特殊的地位，军队一旦腐败，其程度就非外人所知。“养兵千日，用兵一时”，说容易，做实难。表面上是国家养着数十万乃至上百万的军队，但军费严重不足，军官谋求私利、士兵自谋生计，“土木之变”其实揭示了一个真相：明朝的军队可以比较轻松地打击没有组织的民众，可以比较吃力地镇压有组织的农民反抗，甚至可以艰难地抗衡来自外部的有组织的军事势力，但它绝对无法抵御来自外部的强有力的军事集团，甚至也无法对抗已经强大起来的农民武装，更何况内忧外患并生，阶级矛盾、民族矛盾交错。随着西方殖民者的东来和传教士进入内地，带来了新宗教、新理念、新技术，在士大夫中激发起了新的社会思潮，“师夷之长技以御虏”的思想不仅产生，而且付诸抗击女真的战争之中。但是，“外援”从来没有真正解决过中国内部的社会问题，中国的问题最终需要中国人自己解决，明朝也如此。

四

多元化社会的形成在任何一个政权的统治下，都是社会发展的必然趋势，虽然形式不同、表现各异，但都是社会进步的标志，是社会转型的重要表现和推动力量。但是，在这一过程中，作为公共权力的国家，必须因势利导、与时俱进，不断调整执政主体的结构、修正各项经济政策、完善社会救助体系、建立舆论引导机制，成为正确引导和推动社会发展的主导力量。任何理论、任何成法、任何个人和小团体的利益，在社会发展和国家利益、民众利益面前，都应该经受考验、接受改造。也就是说，必须在多元化的同时，有一体化。作为公共权力，政府应该承担起这个一体化的责任。

观察现实和观察历史一样，都需要用历史和现实的双重眼光。从历史的眼光看，改革开放的三十年，可以说是中国有史以来发展最好的三十年：社会开放、政治宽松、经济繁荣、人民富庶。但是，经济的发展可以解决贫困问题、温饱问题，却未必能够解决社会不公、贫富悬殊的问题，未必能够解决政治权力和商人财团的联姻问题，甚至也无法真正解决社会保障问题，因为这些问题恰恰是经济发展引起并激化的。

我们的前人只是为我们提供了历史的教训，也展示了他们为化解矛盾、推进社会进步所做的种种努力，但他们最终没有能够解决他们那个时代发生的问题，所以中国历史上才演绎着一个又一个乐极生悲的故事。西汉的故事，特别是明朝的故事，已经给我们提供了当代启示。既然是这样，我们就不能指望借助古人的智慧、指望倡导古人的精神来解决现实的问题。必须用现代的眼光来剖析当代的问题，必须吸收当代人类的全部智慧，制定出真正符合中国国情的方针和政策，不断化解和解决经济发展过程中产生的社会问题和社会矛盾，维护国家的长治久安、保持经济社会的持续发展。

（原载《吉林大学社会科学学报》2012年第5期，《中国社会科学文摘》2012年第6期转载）

明清小说与明清社会

一

《三国演义》和《水浒传》，像两颗夺目的亮星，升起在明初文坛，被文史学家们视为明清小说的重大成就。但是，人们却有意无意地忽略了这样一个事实：《三国演义》和《水浒传》问世以后，是长达一个半世纪的断裂时期。在这一个半世纪里，除了瞿佑的《剪灯新语》和李昌祺的《剪灯余话》等屈指可数的传奇短篇集外，没有产生过一部有影响的小说。而嘉靖以后，却涌现出以《西游记》《封神演义》《金瓶梅》及“三言”“三拍”为代表的一大批长篇小说和短篇小说集，令人目不暇接。然而。这样一个小说创作的黄金时代却被又一次的改朝换代所中断。直至18世纪初，蒲松龄的《聊斋志异》才以其富有浪漫主义色彩的曲折故事，打破了小说史上的沉寂，它和吴敬梓的《儒林外史》、曹雪芹的《红楼梦》，犹如三个巨浪，将明清小说的创作推到高峰。但明清小说的真正繁荣期，却出现在晚清。据阿英先生估计，这一时期翻译和创作的成册小说不下一千种，无论在思想深度上还是在艺术造诣上，却没有能与《红楼梦》《水浒传》《西游记》等相匹者。明清小说创作的大起大落，客观上反映了明清社会的一波三折。

严格地说《三国演义》和《水浒传》并非明初社会的产物，而是宋元市民文学发展的结果。关于三国的故事，唐季五代以来即在民间广泛流传，是宋元话本杂剧的重要创作源泉。目前所知的最早的关于三国的话本小说《全相三国志话本》，流行在元代至元年间，虽然内容比较简单、文字稍显拙朴，但罗本《三国演义》的主要情节，已在这里出现。同样，《水浒传》的基本线索和主要内容，宋元间成书的《大宋宣和遗事》也已备载。罗贯中、施耐庵正是在继承宋元话本小说的基础上，创作出《三国演义》和《水浒传》的。

据《武林旧事》所载，南宋著名的“说话人”，说小说者有52人，说史事者有23人，说佛事者有17人。世情、历史、神魔，实为宋元话本的三大内容，而在明初成为长篇小说的，只有反映历史题材的《三国演义》和《水浒传》，其流行也并不在明初，而是在嘉靖至万历时期；至于大量反映市井平民日常生活以及谈鬼说怪的作品，直到明中叶以后才渐次被发掘出来。这就不能不使我们考虑，明前期一百多年的历史，在中国文学史、中国社会发展史上，究竟处于何种地位？

明朝建立以后，推行了一系列旨在恢复、保护小农业生产的政治经济政策，使从唐中叶以来渐趋解体的小农经济重新得到巩固和发展，并成为明初极端君主专制的基础。在明初高度强化的君主专制制度下，社会思想遭到禁锢，商品经济受到摧残，并不具备小说创作的社会条件。尽管元末明初波澜壮阔的政治风云和宋元时期市民文学的发展惯性的相互作用，仍然造就出了《三国演义》和《水浒传》这样的不朽历史小说，但这也是产生于明初极端君主专制尚未来得及发生作用以前；至于世情小说和神魔小说，则被扫除一空。政治上的净化带来了小说创作的净化。

天顺、成化以后，随着商品货币经济的趋于活跃，明初极端的君主专制制度和经济一统化政策，以及由此导致的严峻政治形势，开始出现缓解，社会风气也由“敦厚俭朴”转向“浮薄华侈”。市民阶层和市民意识重新抬头。经过一段时间的积累，终于从嘉靖开始出现小说创作的高潮。与明初不同，嘉靖以后的小说是以世情、神魔小说（尤其是世情小说）为主流。可以说，宋元的话本小说，是明中后期小说的文学源头，而当时的社会现实，则是它的生活源泉。

在民间流传的唐僧取经故事的基础上，宋元之际已有《大唐三藏取经诗话》问世，元末流行的《西游记平话》，进一步增加了取经故事和神话色彩，人物形象也更加丰满，成为吴承恩创作《西游记》的重要材料来源。冯梦龙的著名短篇小说集“三言”中的不少篇目，录自宋元话本小说，即使由冯梦龙自己创作者，也多以宋元话本故事为引子。被认为我国第一部单独由文人创作的长篇小说《金瓶梅》，也仍取《水浒传》故事中的一节为全书的开端。这些小说无论在语言文字上还是内容编排上，均跨越明前期而直承宋元。

在明中后期的小说中，我们看到这样一幅图画：商业发达，城市繁荣，官商合流，金钱万能，社会道德堕落，官场风气腐败。这几乎是明中后期社会的写照，在商品经济最发达的江南地区，正德以前被称为“风尚诚朴”，而嘉靖以后，则“风俗自淳而趋于薄也。犹江河走下，而不可返也”。明前期，吏治整肃，官员致仕，唯恐有人言其重利；而嘉靖至万历时期，为官唯以聚财为能，稍清廉者，被人讥讽。

在嘉靖至万历时期的小说中，我们也看到作者对社会现状的矛盾心理。他们既赞美青年男女的自由婚恋，又痛惜封建道德风尚的堕落；既主张消除士、商之间的社会差别，又希望封建纲常的重振。他们企图通过小说来规劝人们放弃对金钱的追逐，回到原有的道德规范中去。冯梦龙在这一问题上具有代表性。在“三言”中，有大量关于男女青年冲破封建礼教、大胆追求爱情的动人故事，但几乎每个故事，都安排了金榜题名、夫贵妻荣的大团圆结局。在《一文钱小隙造奇冤》这样不很著名的短篇中，冯梦龙对明代景德镇的瓷业生产和社会风尚做了真实的叙述，但得出的结论，则是“奉劝世人，舍财忍气为上”，又回归到旧的社会观念之中去了。

小说家的矛盾心理，反映了明中后期普遍的社会观念。人们既反对明初那样的高压统治，又不满于嘉靖至万历时期封建法则的废弛；既热衷于对财富的追逐，又对因商品经济的冲击而日渐颓废的社会风气表示担忧；既希望有一定的思想、活动的自由，又担心社会发展方向的失控。社会观念的矛盾，反映了社会现实的矛盾。明中后期，尽管商品经济有了新的发展，在一些先进部门出现了稀疏的资本主义生产关系的萌芽，市民阶层逐渐形成并开始有了自己的经济要求，但是，这些发展和要求在传统的农村自然经济和稳固的政治经济一元化的体制面前，又显得那样的微弱。商品经济不但不具备改造乃至统驭自然经济、解体一元化政治经济体制的力量，而且因城市经济的畸形繁荣以及由此而带来的社会道德的迅速堕落而引起从上到下的普遍憎恶，因而在一次新的改朝换代中被政治权力碾压粉碎。以商品经济和城市繁荣为基础的小说创作，又一次进入低谷。

二

清朝的建立以及封建君主专制的再度强化，既是明清之际错综复杂的政治斗争的结果，也是对明中后期封建法制松弛和封建道德堕落的反对。从民族意识来说，清朝入主中原是一次“华夷之变”；从阶级意识来说，清朝推行的强权政治又代表着中国社会的领导阶级——封建地主阶级的政治要求；从社会意识来说，清初对城市经济的摧毁和对小农经济的扶植，则顺应了广大农民的愿望。从一定意义来说，清初社会是跳跃了明中后期而直承明初，自然经济重新得到稳定，君主专制重新得到强化。直到康熙晚期，商品经济和市民意识才又开始复苏，小说创作又一次高潮也伴随着缓慢而来。

在艺术手法和思想尝试上，《聊斋志异》《儒林外史》《红楼梦》似乎自然地形成三个阶梯。《聊斋志异》以一个个独立的花妖狐魅的短篇故事，从表层揭露清朝政治的溃疡；《儒林外史》却是以一条主线将一个相对独立的短篇故事串成长篇小说，来剖析封建专制制度的一个社会基础——封建知识分子，进而抨击封建专制制度的重要组成部分——科举制度；《红楼梦》则是以几个上层贵族家族的兴衰荣辱和几对青年男女的爱情瓜葛为线索，来揭示封建社会的内部矛盾。

如果我们将明中后期的《金瓶梅》《西游记》及“三言”“二拍”等与清康熙至乾隆时期的《聊斋志异》《儒林外史》《红楼梦》加以比较，就可以发现，前者的格调是轻松的，轻松中带有几分戏谑；后者的格调是严肃的，严肃中带有几分悲戚。

两个时期小说的不同特点，反映了两个时期不同的政治气候。明朝自成化始，皇帝已经不经常过问政事，至万历，神宗近三十年不上朝，诸司奏启留中不发，大臣离职不闻不问，都察院八年不配主官，诏狱遍地长满青草，封建法制近于废弛，整个国家机器几乎凭借惯性运转。而清朝康熙至乾隆时期，正是封建法制重建并趋向稳固、君主专制高度强化的时期，连续不断的文字狱和文化专制政策，驱赶文人儒士埋头古籍，直到鸦片战争前夕，龚自珍尚心有余悸：“避席畏闻文字狱，著书全为稻粱谋。”正如傅衣凌先生所说：“在万历时代是自由奔放的，有较多的新气息，而到雍乾两朝则严肃冷酷，闻不到人们的笑声。是以新的因素往往中断、夭折。”[①]较之明中后期，清前期的封建政治制度不是衰落了，而是强化了。封建经济结构不是松散了，而是稳固了。因而，明中后期的小说是嬉笑怒骂，无所顾忌，康雍乾时期的小说则是假语村言，言而未尽。

两个时期小说的不同特点，又反映了小说家社会责任感

①傅衣凌著:《从中国历史的早熟性论明清时代》，载于《明清史国际学术讨论会论文集》，天津：天津人民出版社，1982年。

的升华。笑笑生、冯梦龙等嘉靖至万历时期的作家，多用嘲弄的笔调来揭露那些表面上道貌岸然，实际上男盗女娼者，一吐为快。甚至对一些腐朽的生活细节津津乐道，较少考虑社会效果，所反映的，也往往是某种社会现象，而缺乏对整个社会的批判。吴敬梓、曹雪芹等雍正至乾隆时期的作家，则力图通过故事情节展示清代社会的全貌，表达作者自身的济世主张，行文下笔间，可以感受到作者对腐败现象的痛心疾首。

许多小说评论家和历史学家认为，《红楼梦》《儒林外史》等小说从不同的角度揭露和抨击了封建制度的罪恶，反映了作者对新生活的追求。这是没有疑问的，但不少学者又认为，这些小说还反映了封建制度的濒于崩溃和走向灭亡，表现了封建社会的世界观原则和准绳的彻底破产，则未免失之于过。

康熙至乾隆时期，正是清朝最强盛的时期，生活在这一时期的小说家，能感受自身和家族的悲剧，很难设想他们能感受到清朝乃至封建社会的发展并在小说中反映出来。一方面是曹雪芹笔下几个贵族家族的衰败、吴敬梓笔下的科举制度的不合理，一方面却是另一些家族的兴起、更多的知识分子奔竞于科场。《红楼梦》等小说确实揭露了清代社会的腐朽，但腐朽并不等于灭亡；中国封建社会从确立时起，腐朽性就已经开始暴露，同样，腐朽也不等于崩溃。人们指责高鹗违背了曹雪芹的原意，在续书中写了贾府的复兴，其实，高鹗的这一处理，却使《红楼梦》更能反映中国封建社会的发展规律，盛极而衰，衰而复兴，具有极强的自我调节力和稳定性。

人们往往只注意“中国封建社会内部的商品经济的发展，已经孕育着资本主义的萌芽，如果没有外国资本主义的影响，中国也将缓慢地发展到资本主义社会”，却很少考虑，如果没有外国资本主义的影响，如果没有鸦片战争以及随之而来的世界资本主义的猛烈撞击，这个发展过程将会有多长的时间。在曹雪芹等人生活的康雍乾时期，还远没有形成使封建社会崩溃的政治力量和经济力量，小说家是不可能超越时代去反映这一社会的崩溃和灭亡的。

三

鸦片战争的爆发，改变了中国历史的发展方向，中国既不能继续保持原有的政治经济结构，又无法迅速发展到资本主义社会，而是陷入半殖民地半封建的泥潭。自然经济顽强地抑制着洋货的冲击，却又不可挽回地走向解体；城市仍然是封建统治的政治中心，但在外来资本的刺激下，经济上却呈现出畸形的繁荣；清王朝竭力维持祖宗旧制，压制一切新的思想，却无可奈何地走向衰亡。人民的生活状况继续恶化，上层社会进一步腐朽，民族自救意识开始形成并逐步发展为实际行动。正是在这样的形势下，出现了小说创作的繁荣。

随着民族危机的加深和民族自救意识的加强，晚清小说创作以1895年“马关条约”的签订为自然分界，形成前后两个阶段。前一阶段以《三侠五义》《彭公案》等侠义小说为主流，小说对社会的黑暗进行了一定程度的揭露，但并没有跳出旧式侠义小说的巢穴，小说中的侠义人物，几乎无一例外地最终拜倒在清官脚下，为朝廷卖命，反映了生活在苦难之中的芸芸众生，寄希望于清官、侠客的社会心理。后一阶段以《官场现形记》《二十年目睹之怪现状》和《老残游记》等谴责小说为主流，揭发弊端，抨击时政，举凡官僚制度的腐朽，官场作风的腐败，帝国主义侵华的罪恶，地痞流氓的无耻，乃至民众的愚昧和风俗的落后，均在小说中得到反映。从这些小说中，我们看到了一个无所作为、濒于灭亡的王朝，一个陷入灭顶之灾的古老民族。但绝大多数小说格调低沉，在伤感和愤慨之外，难以看到前途和力量，这客观上又反映了这样一个社会现状：尽管民族自救意识增强，但全民族的觉醒程度极为有限，离爆发真正意义上的民主革命尚有相当的距离。辛亥革命的结局正说明了这一点。

晚清小说，主要是谴责小说所表现的一个明显倾向，是小说日益成为作家自觉地透视社会、批判社会的武器，小说家的社会责任感比以往任何时候更为强烈，这无疑是明清小说的一大进步。但也正因为作家在创作时以理性控制感情，使艺术性服从于实用性，故而小说无论在组织结构，还是塑造人物上，均显不足。晚清谴责小说的数量甚多，却没有塑造出一个不朽的艺术形象，没有出现一部影响深远的巨著，不能说与此无关。明清小说和明清社会一样，至此也走到了它的尽头。

（原载《文史知识》1988年第12期，收录于《漫话明清小说》，北京：中华书局，1991年）

武林世界与历史真实

一

儿时常看诸如《三国演义》《封神演义》《三侠五义》《说岳》《说唐》之类以历史为题材的小说，回想起来，最初的历史知识大概就是从这里获得的，对历史的兴趣也从这里开始产生。

可从这些小说中知道的“历史”，也常把人弄糊涂：李渊太原起兵、李世民兄弟相残固为史实，可魏徵是否做过道士、秦叔宝是否曾落魄卖马、他们真在贾柳店结义？岳飞被害风波亭也确有其事，但真有一位名叫周三畏的大理寺官员审理过此案，为表示对秦桧陷害忠良的不满，还弃官而去？如此等等，不认真翻翻史籍，还实在难辨真假。

进入80年代，港台新派武侠小说席卷大陆，出现了风靡一时的“武侠热”。梁羽生和金庸的小说，多以历史为背景，明太祖、清世宗、睢阳大战、三藩之乱，信手拈来，尽付笔端。即使是古龙，人们从其小说人物的语言、服饰以及所使用的点穴、使毒术和刀、剑、钩、环诸般兵器，也自然会认为这是在说古而非道今。梁羽生、金庸、古龙及其他一些著名的港台武侠小说家俱博学多闻，具备文学、艺术、历史、地理、宗教、美学等多方面的知识，又有丰富的社会阅历和较为深刻的对现实、对历史、对人生、对社会的洞察力，他们为读者编绘了一个又一个既怪异离奇又合情合理、既有历史凝重感又有现代快节奏的武林故事，历史在这里再现，又在这里幻变。

我接触的第一部港台武侠小说是金庸的《倚天屠龙记》，将这部书推荐给我的是一位大学历史系刚毕业考取明清史硕士研究生的朋友。他当时认真地告诉我，这部书以元末农民战争为背景，虽是小说，却有不少稀见史料，尤其是关于明教教主张无忌的情况，连吴晗写《朱元璋传》也没有提到。听后我不由暗自吃惊：这位叫金庸的香港作家爬梳史料的功夫竟如此之勤、如此之细？阅后，虽知张无忌是作者塑造的艺术形象，他的种种奇遇武功均属虚构，但元末明教中有无张无忌其人（当然不是小说中的“这个”张无忌），却也并无把握。明清史籍、史料浩如烟海，说有不易，说无更难。谁又能保证，张无忌不是作者从哪个海外孤本中见到的？

后见《鹿鼎记》，说李自成并未死于湖北九宫山，而是出家做了和尚，法名“奉天”，并与陈圆圆有私，生下一女，名陈珂，嫁给了天地会总舵主陈近南的弟子韦小宝，自是忍俊不禁，为作者的丰富想象力而叫绝。可没过多久，史学界发生了一场关于李自成下落的论争，文章不多，影响却颇大。既然李自成竟可不死，真出家做了和尚，那么起义军在北京的一个多月里，陈圆圆为笼中鸟、盘中餐，与李自成行苟且之事，生儿育女，不也在情理之中？

自己是搞历史的，尚且如此把握不定，何况一般读者，那还不是把虚构当史实、把武林世界看成历史真实？

二

早在20世纪二三十年代，著名明清史专家孟森就针对当时的小说发表了如下意见："凡作小说，劈空结撰可也，倒乱史事，殊伤道德。即或比附史事，加以色泽，或并穿插其间，世间亦自有此一体。然不应将无作有，以流言掩实事，止可以其事本属离奇，而用文笔加甚之。不得节外生枝，纯用指鹿为马方法，对历史肆无忌惮，毁记载之信用。事关公德，不可不辩也。"（《董小宛考》）为了和小说家"倒乱史事""将无作有"作斗争，孟森花了大量时间，考证史实，澄清流言，虽然在史学界博得一片喝彩声，但小说家从来就不买账。金庸在20世纪50年代曾针锋相对地宣称："历史学家当然不喜欢传说，但写小说的人喜欢。"（《书剑恩仇录·后记》）

如果孟森先生健在，古龙、萧逸、陈青云等人是会受到表彰的，他们采用的是孟森认为"可也"的手法，即完全不用真人真事，小说纯为"劈空结撰"。但金庸、梁羽生等人不同，他们采用的恰恰是孟森认为"殊伤道德"的手法，即以无作有，以流言掩实事，节外生枝，指鹿为马。综合起来，不外以下二端。

一是大处为实，小处为虚，即以一定时期的重大历史事件为背景，编导出或虚实参半，或纯属虚构的故事。这是金庸、梁羽生等人最常用的手法。有人把《鹿鼎记》喻为清初政治风云录，并非完全没有道理。从康熙亲政、擒拿鳌拜开始，到平定三藩、收复台湾，到雅克萨之战、尼布楚条约，康熙前期的重大政治事件几乎都在书中出现，乃至庄廷鑨明史狱、郑氏兄弟相互残杀、施琅祭吊郑成功、清廷弃守台湾之争、沙皇皇位继承的争夺，也均为史实。如果没有韦小宝这个无中生有的人物穿插其间，《鹿鼎记》倒是历史小说了。至于擒拿鳌拜全靠韦小宝偷袭，吴应熊被建宁公主阉割，又在出逃时因马匹吃了巴豆而腹泻致使被清军所擒，吴三桂派神拳无敌归辛树刺杀康熙，等等，全属虚构。就像韦小宝撒谎一般，说是胡编，其中却有真情，说是事实，关键处却尽是谎言。韦小宝靠这一手周旋于清廷与天地会之间，游刃有余；金庸也是靠这一手，哄得海内外华人如醉如痴。

二是人物为实，故事为虚，即以传说附会史事，或无中生有，或移花接木。这是金庸、梁羽生等人最为得意的手法。清朝入主中原，汉族士大夫视为华夷之大变。顾炎武将以往的改朝换代分成两类：一是亡一姓，一是亡天下，明亡清兴则属“亡天下”，因而提出“天下兴亡，匹夫有责”。但随着清朝统治的日益巩固，汉族士大夫回天无力，却又有人不甘心做清朝的良臣顺民，加上满族人的习俗与汉族人多有不同，于是将不满发泄于笔端舌尖，占点心理上的便宜。多尔衮谋杀皇太极、孝庄太后下嫁多尔衮、董小宛入宫、顺治帝出家、雍正夺位及被杀、李自成归隐石门寺、乾隆皇帝为海宁陈氏之子等传闻便不胫而走。历史学家为辨明这些传闻呕心沥血，小说家对这些传闻却如获至宝，添油加醋，演绎变化。于是在一大批武侠小说里，传闻变成了事实：多尔衮杀皇太极为袁承志亲眼所见、顺治出家的所在是五台山清凉寺、杀雍正的就是大儒吕留良之女吕四娘、乾隆为海宁陈氏之子有血书为证，等等。人或是真人，事却为传闻。梁羽生还不肯罢休，在《七剑下天山》中，干脆让康熙命人将顺治杀了，奇案中又生奇案。

孟森把写小说和道德问题牵扯到一起，不免耸人听闻。小说毕竟是小说，历史总归是历史，读者固然不可将小说中的武林世界当成历史真实，历史学家也不能要求小说家改行搞历史。但真正对艺术有执着追求并具有高度社会责任感的作家是不会只满足于“写小说”的。他们既然和所有的中国人一样，受到传统文化的陶冶和磨难，与民族的命运共负荣辱，既然将写小说作为抒发感情、探讨人生、追求理想的方式，就必然要通过小说来表述自己对历史、对现实的看法，虽然这种表述有时是明言，有时为暗示。

三

好的武侠小说，实际上已经远远超越了江湖恩怨、武林门派的陈规俗套，也不仅仅以抨击邪恶、颂扬正义为满足，而是在努力阐明作者的社会历史观，在极力搜寻和弘扬传统文化中的精髓和活力、揭露和抨击历史与现实中的弊端和病态。在这里，小说和社会、武林世界和历史真实又是统一的。武林是缩小了的社会，社会是扩大了的武林。当然，我们在武侠小说中看到的不是具体的历史，而是抽象的历史，不是孤立的历史事件和历史人物，而是普遍联系的历史现象和社会问题。不过就我所看，能够积极寻求这种统一的，只有为数不多的几位武侠小说家；能够达到这种统一的，只有为数不多的几部武侠小说。具体地说，只有金庸的《碧血剑》《倚天屠龙记》《天龙八部》《笑傲江湖》《鹿鼎记》，以及梁羽生的《七剑下天山》和《冰川天女传》。

《冰川天女传》中有江湖侠士之间的个人恩怨，有天山派、武当派、崆峒派、青城派之间的门派之争，有江湖豪侠与清朝政府、贪官污吏的斗争，有汉民族与藏民族、汉官与上司的矛盾，有藏族土司之间及黄教白教之间的错综复杂的关系，还有清廷维护统一与西藏上层分子策划分裂的斗争，以及印度、廓尔喀贵族分裂中国的阴谋和侵占中国领土的野心，等等。在这许许多多的矛盾与斗争中，梁羽生是用一组矛盾将其化解的，那就是统一与分裂。每一个真正有良心的武林人士，都必须在这一矛盾中做出自己的选择，或者放弃个人恩怨，维护统一，或者坚持个人利益，直接参与或间接支持分裂，江湖上的正义和邪恶也在这里壁垒分明。梁羽生选择了18世纪的西藏问题作为小说的大背景，来阐明自己的政治观点。小说中的人物均属虚构，但小说所反映的社会矛盾带有普遍性，甚至还有一定的现实性，因此，梁羽生的小说又是在不露痕迹地进行爱国主义教育。

从炎黄部落的联盟，到今日的中华人民共和国，从一定意义上来说，中华民族的历史就是一部民族融合史。但融合中又包含着民族间的交往与战争、分裂与组合。金庸的15部武侠小说，有7部以历史上的民族关系为题材，因此，如何理解并在小说中妥善把握民族问题，就成为小说成功与失败的关键所在，作者的历史观也必须在这里经受考验。

金庸没有像一般的历史教科书那样，在宋辽对峙时期单方面指责辽的侵扰，而是客观承认由于契丹游牧生产方式与汉族农业生产方式的不同而造成的民族间的隔阂、冲突乃至仇视，双方统治者正是利用这种隔阂、冲突和仇视来挑起战争。不仅契丹统治者想侵入中原，汉族统治者也同样想荡平漠北。战争的结果，不仅使汉族人民蒙受屈辱，也使契丹人民饱尝苦难。因此，作者认为，不管是汉族人还是契丹人，都应抵制和反对本族统治者发动的战争。这是在《天龙八部》中表现的主题思想。而《碧血剑》和《鹿鼎记》则对“反清复明”的狭隘民族主义意识进行了嘲讽和批评。作者对于在中国境内建立的统一政权提出了一个新的价值标准，即一个政权是应该得到肯定还是应该予以否定，当以在这个政权统治下人民的生活状况及人民对这个政权的态度为转移，而不应视建立这个政权的民族成分而定。中国既然是多民族的国家，那么汉民族可以建立政权，蒙古族、满族也可以建立政权。根据这种价值标准，作者通过小说中的人物表明自己的看法：在明政权、清政权、李自成政权并存之际，由清政权统一全国更为合理（《碧血剑》）；在康熙亲政以后，“反清复明”的口号和意识已失去了号召力和实际意义（《鹿鼎记》）。

金庸的作品所以受到学术界尤其是史学界的推重，很大程度是由于他在处理历史题材时所表现出来的独特见解和超越意识。而这种见解和意识又在不知不觉中对读者产生强烈的震撼和深刻的影响，文学与历史也不可避免地融为一体。

小说不是历史，武林世界也不是历史真实，但从小说中又可以见到历史，武林世界中也确实包含着历史真实。看“武侠”十年，才悟出这点道理，也真是迂愚可叹。

（原载《文史知识》1992年第8期）

历史上的“奸臣”和《奸臣传》

一

“奸臣”之说，古已有之。

《尚书·洪范》说：“臣无有作威、作福、玉食。臣之有作威、作福、玉食，其害于而家、凶于而国。”虽然没有明确提出“奸臣”的概念，却已经指出了“奸臣”的两个重要特征，即作威作福、受贿贪污。《管子·明法》说：“奸臣之败其主也，积渐积微，使主迷惑而不自知。”这是目前所见到的最早的对“奸臣”这一概念所下的定义，即用“积渐积微”的方式迷惑其主。其后，《荀子·臣道》《韩非子·说疑》《韩非子·奸劫弑臣》对奸臣有更为详细的分析。

但是，无论是《尚书》的作者，还是荀子、韩非子，又都认为，国家治理的好坏，关键仍在君主。因为自古以来，君子和小人就是并存的，问题是君主如何择而用之。商鞅在《商君书》中进一步阐释了这种君正则臣正、君以公则臣不敢以私干之的观点。这种观点在春秋战国时期十分流行。故在先秦史籍的记载中，只有昏君、暴君当道时，奸臣才得以遂其奸。如果发生了奸臣弄权，则必然是为君者或昏或暴。这种观念所及，至两汉司马迁著《史记》、班固著《汉书》，也只有《酷吏传》《佞臣传》，而无《奸臣传》。

中国历代史书，虽然被清乾隆帝“钦定”为“正史”的有二十四部，但第一部真正具有典范意义的“官修正史”则是唐代修的《隋书》。曾一度极为繁荣强盛的隋朝，在农民起义的打击下，短短五年间，便土崩瓦解，成为继之而起的唐初统治者反复讨论的课题。魏徵领衔修撰的《隋书》，首要目的便是总结隋亡的教训。修史诸臣对隋朝灭亡的认识是清醒的，他们并没有揪出几个奸臣为隋炀帝垫背。而这一认识，显然也代表着唐太宗本人的看法。

正史立《奸臣传》，始于北宋欧阳修、宋祁所修的《新唐书》。

唐末五代的长时期社会动荡，在北宋君臣看来，主要原因在于君主至高无上的地位遭受强烈的冲击。要维系政治的稳定和社会的安定，不仅要在政治体制的实践上建立君主的绝对权威，而且要在理论和观念上树立君主的绝对权威。国家一旦出现问题，应该由臣子们出来承担责任，以避免因归罪君主而导致人心的浮动和统治基础的动摇。修史是为了总结前代，而总结前代的目的是昭示当代，为现实服务。基于这些认识，《新唐书》特辟《奸臣传》，入传者共九人：许敬宗、李义府、傅游艺、李林甫、陈希烈、卢杞、崔胤、崔昭伟、柳璨。

九人之中，许敬宗、李义府是武则天夺取皇后之位的支持者，傅游艺是武则天改朝换代的支持者，李林甫、陈希烈是玄宗天宝时的宰相，卢杞是德宗时的宰相，崔胤、崔昭伟、柳璨是昭宗时的宰相。《新唐书》让他们分别为武则天夺嫡夺位、唐玄宗荒怠朝政、唐德宗搜刮民财及唐朝的最终灭亡承担责任（《新唐书》卷二二三上、下）。当然，《新唐书》同时也对武则天的滥杀和淫逸、唐玄宗的荒怠和消沉、唐德宗的刻薄和贪婪、唐昭宗的无能和愚昧进行了揭露和鞭挞。也就是说，《新唐书》尚未完全将责任推给“奸臣”而让昏君暴君们逃脱历史的诛伐。

自《新唐书》后，元代修《宋史》《辽史》，明代修《元史》，清代修《明史》，也就是说，除元代修的《金史》之外，所有的官修“正史”均沿例立《奸臣传》。与《新唐书·奸臣传》不同的是，在《宋史》《辽史》《元史》的《奸臣传》中，对君主的揭露已越来越少、越来越轻描淡写，而对奸臣误国的抨击却越来越严厉。这种官方导向不断向人们传递着一种观念：只要国家发生变故，总是有奸臣在专权乱政。其影响所及，致使明末李自成所发的檄文也说：“君非甚暗，孤立而炀蔽恒多；臣尽营私，比党而公忠绝少。”（计六奇《明季北略》卷二〇）

《明史》在二十四部“正史”中编纂时间最长。《明史》素以体例严谨、叙事清晰、文字雅正、舛误较少而著称。特别是在编纂过程中，《明史》比其他任何一部官修正史更受最高统治者的关注，成了“正史”中的样板，故而更具有权威性。

经过严格的筛选，入《明史·奸臣传》的只有六人：洪武朝的胡惟庸，永乐朝的陈瑛，嘉靖朝的严嵩，崇祯朝的周延儒、温体仁，弘光朝的马士英。

二

从《新唐书》《宋史》《辽史》《元史》到《明史》，《奸臣传》经历了一个由粗创到整严的过程。

《新唐书·奸臣传》无传序，只在传后附了一个简单的“赞语”。这个赞语除重复“木之将坏，必生虫害；国之将亡，必有妖孽”的预言外，并无新意。同时，从逻辑层次上看，这个赞语也并非认为是虫坏木、妖亡国，而是将虫与妖视为木将坏、国将亡的先兆或产物。于此也可以看出，“奸臣误国论”在北宋修《新唐书》时尚未完全形成。

但值得注意的是，《新唐书》的主撰者欧阳修另有一篇《朋党论》。在《朋党论》中，欧阳修公然蔑视所谓“人臣无党，有党必诛”的传统信条，旗帜鲜明地声称君子有朋而小人无朋，从而在中国古代政治学说史上第一次理直气壮地提出了君子与小人的政治分野，实际上也提出了“忠臣”与“奸臣”的政治分野。

欧阳修的朋党理论在北宋中后期具有很大的代表性。几乎与此同时，范仲淹在和仁宗的一次谈话中也提出了类似的看法。司马光说得更为尖锐：“君子、小人之不相容，犹冰炭之不可同器而处也。故君子得位，则斥小人；小人得势，则排君子。此自然之理也。”（《资治通鉴》卷二四五）

《宋史》和《辽史》的《奸臣传》的传前都立了一个小序，从小序中可以看出，宋、辽二史的编撰者明确表示，其

《奸臣传》关于君子、小人的论述，正是受到欧、范、马诸人关于君子小人说的影响，而欧阳修的《居士集·朋党论》更是理论依据：

> 臣闻朋党之说，自古有之，惟幸人君辨其君子小人而已。大凡君子与君子，以同道为朋，小人与小人，以同利为朋，此自然之理也。然臣谓小人无朋，惟君子则有之。其故何哉？小人所好者，禄利也；所贪者，财货也。当其同利之时，暂相党引以为朋者，伪也。及其见利而争先，或利尽而交疏，则反相贼害。虽兄弟亲戚，不能相保。故臣谓小人无朋。其暂为朋者，伪也。君子则不然，所守者道义，所行者忠信，所惜者名节。以之修身，则同道而相益；以之事国，则同心而共济，始终如一。此君子之朋也。故为人君者，但当退小人之伪朋，用君子之真朋，则天下治矣。

《明史·奸臣传》序云："《宋史》论君子小人，取象于阴阳，其说当矣。然小人世所恒有，不容概被以奸名。必其窃弄权柄、构结祸乱、动摇宗祏、屠害忠良、心迹俱恶、终身阴贼者，始加以恶名而不敢辞。"这是《明史》的作者们经乾隆帝的"钦定"，为"奸臣"下的权威性定义。《明史》的主撰者解释说："有明一代，巨奸大恶，多出于寺人内竖，求之外廷诸臣，盖亦鲜矣。"由于宦官的参政与专权，在明代为恶者多是宦官，所以外廷的文官大奸大恶者并不多见。经过反复筛选，《明史·奸臣传》入选了六个"奸臣"。

虽然只“求”到六人，但后人对入选的这六名“奸臣”，也多有异议，或者在修撰时便有争论。

三

《明史·奸臣传》首列胡惟庸。胡惟庸从洪武三年（1370年）正月任中书省参知政事，其后为中书右丞、右丞相、左丞相。至洪武十三年正月被杀，在中书省任职达十年之久，其中为丞相的时间是七年，七年中，有四年是“独相”。这种情况在整个明代是独一无二的。由于胡惟庸是以叛逆、谋反罪被杀，而此后明太祖又大兴胡狱、蓝狱，株连数万人，并亲撰《昭示奸党录》，布告天下，故胡惟庸为奸臣乃是铁案。《明史》也据此开列了胡惟庸的主要“罪状”。但吴晗先生考证，这些罪状大多不实。所谓通“倭”、通“虏”、谋反，均非事实；谋图徐达、毒死刘基实秉承明太祖之意；勉强能够成立的，只有“擅权植党”一条[①]。胡惟庸之被杀，实为明初统治集团内部权力斗争的结果，是中国古代曾多次发生的皇权与相权斗争的又一次重演。从一定意义上说，也是明太祖朱元璋与胡惟庸个人性格冲突的结果。《明史》将胡惟庸列入《奸臣传》，乃是沿用明代的定论。

陈瑛入《奸臣传》，是因为在永乐朝任都御史期间，“荼毒善类”，即对建文旧臣及其家属进行残酷迫害，致使“诸

①吴晗著:《胡惟庸党案考》，载于《吴晗史学论著选集》第一卷，北京：人民出版社，1984年。

忠臣无遗种矣”。但陈瑛的所作所为，实是成祖的授意，属助纣为虐。成祖的凶残狠毒，远过于陈瑛。宋端仪《立斋闲录》载：陈瑛在处理方孝孺等人的案子时，听得号冤之声彻天，尚且“色惨”；而成祖在下令将齐泰的姐姐和黄子澄的妹妹等四名女子让二十条汉子日夜轮流糟蹋、让人将建文旧臣病死的妻女抬出喂狗时，却是面不改色。

周延儒入《奸臣传》，实是误会。赵翼《廿二史札记》卷三一为此专条论列：“周延儒不过庸相耳，以之入《奸臣传》，未免稍过。”《明史·奸臣传》所载周延儒之“奸”状，不过三条：一为性“贪”，二为所用非人，三是出京视师，不敢与清军接战。三条之中没有一条够得上是“奸”。相反《奸臣传》却用了不少篇幅为其颂功：蠲民间积逋、释漕粮白粮欠户，起废籍、撤中使、罢内操、革厂卫缉事等，“中外翕然称贤”。王鸿绪《明史稿》并未将其列入《奸臣传》，但因明末清初讹传周延儒得了清兵的贿赂而纵敌，民间甚至搬演关于他卖国的戏剧，人人唾骂。受这种舆论的影响，《明史》的定稿者们遂将其列入《奸臣传》，却忘了在《明史稿》的原稿加上其“奸”迹。

温体仁在《明史稿》中也未入《奸臣传》，但他却有典型的“奸臣”性格：“为人外曲谨而中猛鸷，机深刺骨。”为了入阁而攻钱谦益，得周延儒之助入阁却力倾周延儒。在内阁七年，为首辅四年，“专务刻核，迎合帝意”。又欲为阉党翻案，“日与善类为仇”。这应是温体仁最后入《奸臣传》的主要原因。所谓“善类”，即东林党人。温体仁既有小人的心机，又专攻善类，入《奸臣传》自是应该。但崇祯帝始终对温体仁信任有加，温死之后，赠宫太傅，而且赐了一个与张居正相同的谥号“文忠”。

马士英入《奸臣传》，则因与东林党交恶，或者说是由阮大铖而致。马士英与东林党交恶，起因在于立福王。但按《明史·奸臣传》的说法，其曲也在东林党人：

> （崇祯帝死后）南京诸大臣闻变，仓卒议立君。而福王由崧、潞王常淓俱避贼至淮安。伦序当属福王。诸大臣虑福王立，或追怨“妖书”及“梃击”“移宫”等案。潞王立，则无后患，且可邀功。阴主之者，废籍礼部侍郎钱谦益，力持其议者，兵部侍郎吕大器。而右都御史张慎言、詹事姜曰广皆然之……时（马）士英督师庐、凤，独以为不可，密与操江诚意伯刘孔昭，总兵高杰、黄得功、刘良佐等结，而公致书于参赞机务兵部尚书史可法，言伦序亲贤，无如福王。

可见，钱谦益、吕大器等人在立君问题上是理亏的。马士英联络军中实力派，拥兵迎福王至江上，迫使吕大器等人接受既成事实。虽然手段不免过激，却也是理直气壮。其名声之坏，则在于引用阮大铖。

阮大铖为崇祯初所定的“逆案”中的人物，天启时阿附魏忠贤，与阉党骨干霍维华、倪文焕等为死友，造《百官图》，与东林党人为敌。避乱居南京时，复社名士顾杲（顾宪成从孙）、黄宗羲（黄尊素之子）、杨廷枢、沈士柱、万泰及吴应箕等作《留都防乱揭》逐之。清兵下江南时，阮大铖又变节降清。马士英在崇祯时能为兵部右侍郎兼右佥都御史总督庐、凤等处军务，得力于阮大铖的活动，故主政弘光朝时，也为阮大铖力辩“逆案”之事。阮大铖既为逆案巨魁，马士英却与其交好且极力援引，从而得罪了东林、复社及所有的“善类”，自然被视为“奸臣”。

而受马士英排挤或与之交恶者，又皆为气节之士，负海内人望：高弘图在天启、崇祯时先后因忤巨珰魏忠贤、张彝尊而罢官，抗清失败后则绝食而死；姜曰广天启时也因忤魏忠贤而罢官，抗清失败后投池自尽；吕大器被马士英削籍黜退后，坚持抗清，直至病死；刘宗周天启时因劾魏忠贤及客氏被削籍，抗清失败后绝食二十三日而死，且以讲学著名，门人弟子极多。特别是史可法，从小以文天祥自勉，坚守扬州，抵抗清兵，城破被俘，不屈而死，不但为汉族人景仰，而且受清朝统治者的褒扬，不但在扬州立祠纪念，而且在乾隆时追谥“忠正”。人们不敢指责杀害史可法的凶手清豫亲王多铎，只能迁怒于迫使史可法困守扬州孤城的马士英。史可法是忠臣，马士英当然就是奸臣（同样的事情后来发生在杨继盛和严嵩身上）。

然而，马士英虽有种种不是，却保持了晚节。南京失陷后，马士英奉福王母妃转战浙江，后为清兵所俘，不降被杀。按国人盖棺定论的传统，马士英入《奸臣传》是不当的。但是，如果考虑到当时以布衣身份在明史馆主事的万斯同，正是复社名士万泰之子，又是黄尊素之子黄宗羲的高足，特别是清豫亲王多铎已将马士英视为“奸相”，顺治、康熙、雍正、乾隆诸帝均对史可法有好感，均认为史可法才是“忠臣”，马士英难逃笔伐便在情理之中。

四

在《明史·奸臣传》所列诸“奸臣”中，执政时间最长、知名度最高、争议最大的自然是严嵩。

严嵩该不该入《奸臣传》，当年明史馆中就有争议。阮葵生《茶余客话》卷九载：

> 李穆堂绂记闻最博，而持论多偏。在明史馆，谓严嵩不可入奸臣传。纂修诸公争之，李（绂）谈辨云涌，纵横莫当，诸公无以折之。最后，杨农先椿学士从容太息曰：“分宜（按：指严嵩）在当日尚可为善，可恨杨继盛无知小生，猖狂妄行，织成五奸十罪之疏传误后人，遂令分宜含冤莫白。吾辈修史，但将杨继盛极力抹倒，诛其饰说诬贤，将五奸十罪，条条剖析，且辨后来议恤议谥之非，则分宜之冤可申。”穆堂闻之，目眙神愕，口不能答一字，自是不复申前说。

李绂、杨椿皆饱学之士，李绂为严嵩辩冤，言如云涌、纵横莫当，其说自然有理有据。杨椿不从正面反驳，也是承认李绂所言不虚。但杨椿一提杨继盛，李绂则词穷，可见另有忌讳。这忌讳便是：杨继盛是清顺治帝和乾隆帝“钦定”的忠臣。而杨继盛之为忠臣，便是因抨击严嵩而被杀，因此，要想为严嵩翻案，先得将杨继盛诉说的严嵩罪状推翻。

不然，杨继盛岂不死得不明不白？

其实，对于严嵩的定性在明代就有不同看法。天启时官至礼部尚书、文渊阁大学士的朱国桢说：“分宜之恶，谭者以为古今罕俪。”这是受当时舆论的影响所致。但到江西，朱国桢却疑惑了：“乃江右人尚有余思，袁人尤甚。余过袁，问而亲得之。可见舆论乡评，亦自有不同处。”（《涌幢小品》卷九）晚明名士钱谦益也曾指责严嵩：“凭借主眷，骄子用事，诛夷忠良，溃败纲纪，遂为近代权奸之首。至今儿童妇人，皆能指其姓名，戟手唾骂。”（《列朝诗集小传》丁集中）但与朱国桢一样，钱谦益也在私下怀疑：一个奸臣，怎么能写出《钤山集》中那些清丽婉弱、不乏风人之致的诗文？一个奸臣，怎么能在待人接物上如此彬彬有礼、平和易与？一个奸臣，又怎能得到家乡父老的永久怀念？带着种种疑惑，钱谦益在他所编的《列朝诗集》中，将严嵩的诗冠于嘉靖以来将相之首，以使读者“论其世，知其人”，并在严嵩小传中引用了一件当时流传甚广的趣事：

> 世传少师（按：指严嵩）当国时，江西士绅以生辰致贺。少师长身耸立，诸公俯躬趋谒。高新郑（按：指高拱）旁睨而笑。少师问其故。新郑曰：“偶思韩昌黎《斗鸡诗》：‘大鸡昂然来，小鸡竦而待。’是以失笑耳。”京师市语，谓江西人为鸡。相与哄堂而欢。

这段故事见于当事人高拱的记载，嘉靖末至万历初，高拱为大学士，严嵩为首辅，任职翰林院。钱谦益叙及此事，悠然神往："先辈风流雅谑，政府词林，形迹无间，此亦近世馆中嘉话也。"

严格来说，严嵩之为奸臣，是替明世宗嘉靖皇帝背了恶名。冤杀杨继盛、沈炼，是明末文学作品特别是戏剧中严嵩成为家喻户晓的奸臣的主要事件。但决定杀杨继盛、沈炼的并不是严嵩，而是明世宗朱厚熜。严嵩遭贬、严世蕃下狱后，御史林润欲置其于死地，以杀杨、沈继续进行攻击，严世蕃闻讯大喜，以为"狱且解"。徐阶则告诫林润："杨、沈之狱，（严）嵩巧取上旨。今显及之，是彰上过也。"严世蕃和徐阶都是杨、沈之死的知情人，故所见皆同；林润及其同僚不在政府，不知内情。徐阶的狡猾处，在于不动声地让严嵩替世宗背黑锅，世宗下旨杀杨、沈，却被徐阶轻描淡写成是严嵩搞的鬼。而人们相信徐阶的话，起因却在严世蕃身上。

查继佐《罪惟录》列传卷三〇有一段并不引人注意的话：

> 上（按：指世宗）在位久，要威福自操，事事出上意。（严）嵩承夏言之后，不敢有可否，间有所左右，直微引其词。至上所必欲杀，无所匡诤而已。（严）世蕃既外引嵩左右者，示德于天下，则上意所欲杀者，天下竞指嵩。

查继佐的分析合情合理，可以帮助人们解开一个疑团：为什么嘉靖朝一出冤案，时人便将账算到严嵩身上？原来儿子在为他招怨。既然官员的升迁是严嵩的恩德，那么，诤臣的冤死，自然也是严嵩做了手脚。

几乎所有关于严嵩的史料都说到他晚年溺信儿子严世蕃。《明史·奸臣传》更说：“（严）嵩虽警敏，能先意揣帝指，然帝所下手诏，语多不可晓，惟世蕃一鉴了然，答语无不中。”是严嵩晚年全靠儿子固宠。尽管严嵩一生谨慎，如履薄冰地伴君，严世蕃却在嬉笑怒骂地结怨。结果必然是在位越久，积怨越深，终致身败名裂。

五

自从在正史立《奸臣传》，中国历史上便大抵只有奸臣而无昏君、暴君。君主残忍暴虐如明太祖、明成祖，恶名却由奸臣胡惟庸、陈瑛背着：明太祖杀功臣是因为他们跟着胡惟庸叛逆，明成祖杀建文旧臣则是陈瑛的罪恶。昏庸却自作聪明如明世宗、明思宗，杀错了人做坏了事却是严嵩、周延儒、温体仁的责任。至于弘光朝无力阻挡清兵南下，则是因为马士英举措无方而又引用匪人、排斥善类。

《奸臣传》之立，既是中国君主制理论完备化和系统化的体现，也是中国古代知识分子中君子与小人、正直与邪恶政治分野的产物。小人未必都有资格做奸臣，但凡奸臣必然是小人。正史之立《奸臣传》对于君主制的意义在于，既可在“史”这块阵地上维护君主的形象并因此而影响舆论及人们的观念，又可使最高统治集团较为灵活地改变统治方针。无论发生任何弊端，均可指斥几位执政者为奸臣，以缓和矛盾、化解危机。

从这个意义上说，无论是“奸臣”还是“忠臣”，都是君主专制制度的牺牲品。所不同的是，“忠臣”的表现是与君主的意志发生冲突，“奸臣”的表现则是至少在一定时间内与君主的意志保持一致（当然也有极个别的例外，如胡惟庸类），二者都是在君主的意志不合舆情并将产生或已经产生不良后果时发生。他们用自己的生命（忠臣）和声誉（奸臣），确切地说，是时人或后人用他们的生命或声誉来维护君权的神圣和君主的名誉，既用以保持政权的稳定和社会的安定，也为时人和后人塑造出做人的样板和判断是非的标准。

虽然以“忠”“奸”作为评价历史人物的标准不甚合理，被列入《奸臣传》者也多有不当，但《奸臣传》之立，体现了传统的是非观、正邪观，成了中国最普通最广大民众判断是非、褒贬人物的最朴素的办法。而且，入《奸臣传》者大多都曾在政治腐败中起过推波助澜的作用。编撰者一般在这方面也有较多的考虑。元修《宋史》，如果说言利聚敛，王安石显然是始作俑者，但王安石以其人格的力量折服时人和后人，故不入《奸臣传》。入《奸臣传》的是他的助手吕惠卿。再如清修《明史》，如果说威福自操，则整个明代无过于张居正，但张居正以其义无反顾的胆识和魄力，兴利除弊，令时人和后人肃然起敬。所以虽然死后被追削谥号、抄没家产，但也未入《奸臣传》。可见公道自在人心。问题在于，《奸臣传》一立，君主却逃避了承担因决策失误或为所欲为而给国家、给社会造成严重后果的责任。这是我们今日修史所不能忽视的，既不能让那些比“奸臣”罪恶更大的昏君逃脱历史的诛伐，也必须对那些够不上入《奸臣传》的贪官污吏进行揭露。

（原载《文史知识》1998年第12期，《新华文摘》1999年第4期转载）

一位儒学实践者的悲喜剧

——苏轼的个性与时代精神的冲突与融合

一

说到儒学家，人们可以列举出许多尽人皆知的大儒：孔子、孟子、董仲舒、程颐、朱熹、陆九渊、王守仁，等等。在人们的心目中，这些儒者除了个别例外，几乎都是板着面孔的说教者。在这些大儒之后，还可以列出像韩愈那样的一大批儒学的卫道士，他们也大多是板着面孔、不易接近的。人们还可以列出一大批由文学作品塑造的儒学的徒子徒孙们，如范进、贾雨村、孔乙已等。

比起上述“大儒”，苏轼既没有开宗立派，也没有系统探讨或阐释儒学的理论著作，特别是苏轼几乎从不板着面孔教训人，因而怎么看怎么不像是儒家，不要说是大儒，就是卫道士也够不上。当然，人们也无法将苏轼和上述的腐儒、迂儒联系在一起，在他的身上，没有酸臭，更没有龌龊。但他实实在在是一位儒家学说真诚而执着的实践者。

说他是儒家学说真诚的实践者，是因为他将儒家学说的本质精神视为忧国忧民，因而一生行事坦荡，看到有损于国计民生的事情，看到打着圣贤旗号干不通人情勾当的假道学，看到祸国殃民的人与事，看到丑恶和虚伪，他便如刺在喉，就要反对，就要抨击，就要讥讽，就要斗争。

王安石变法是当时的头等大事。对于王安石的人品学问，苏轼有一种由衷敬佩之感，但对于王安石不顾实际情况强制推行的部分新法，以及在这一过程中产生的种种弊端，则感到痛心疾首，因而反复陈词，反复争论，结果一再遭受打击和贬谪。但当在社会底层看到某些新法又真的给民众带来了好处，而司马光却不分青红皂白一概废除时，苏轼又挺身而出，反复陈词，反复争论，结果又得罪了司马光。虽然屡遭打击，却为世人留下了实事求是、坚持真理、不党不阿、卓然独立、高风亮节和真儒的形象。

说苏轼是儒家学说执着的实践者，是因为只要有一线希望，他总是不计个人得失、不怕得罪权贵，尽心尽力地为民着想、为民请命、为民办事。在杭州则疏浚西湖、治病救人，在密州则请免税役、救灾赈荒，在徐州则抗洪抢险、采煤冶铁，在定州则整饬军备、训练民兵，甚至在流放地黄州、惠州，他也忍不住要竭尽其力，为民排忧解难。

贬谪黄州期间，正值疫病流行，有位姓金的判官懂得一些医术，便开了一个药铺，配制成药，说是治病救人，实则趁机发财，所以药价高得吓人。苏轼恰巧也从好友处得了一个治疫病的方子“圣散子”，当时他正在“监管”之中，带着家人在黄州东坡开荒种地维持生活，而且先儒也有达济天下、穷善其身的教诲，但眼见疫民越来越多，穷人根本无钱买药，便将夫人王闰之的首饰变卖，得了十来两银子，全部用来购买药材，配制了“圣散子”，免费散发给病人。人是救了，却得罪了金判官。

有人对苏轼流放惠州时策划的公益事业做了统计，大者不下十次，如：惠州驻军因缺营房而散居市井，骚扰百姓，苏轼帮助知州詹范筹措资金，盖起营房三百间，使得军民相安；广州居民饮水困难，苏轼以自己在杭州治水的经验致书广州知州王古，建议以竹竿引水入城，解决了广州的饮水；惠州南濒大海、北扼东江，商贾云集，有不少商人客死此地，苏轼提议官府建一片大墓，将无主孤坟及暴露的遗骸合葬，既告慰死者，又使生者得以乐业，等等。

无论是任官还是贬谪，苏轼每到一处总是造福一方，因而总是得到当地群众的拥戴。如此遵照儒家学说并努力加以实践不能称之为“儒”，而那些一味板着脸不干实事者反倒是“儒”，那么这些“儒”于国于民有何干系!

二

但是，苏轼绝不是那种只知道埋头苦干的老黄牛，也不是自我约束的苦行僧，他那随遇而安、嬉笑怒骂的个性，以及上可陪玉皇大帝、下可交渔樵竖子的自信和豁达，使他成为能将腐朽化作神奇、能将劳苦化作欢乐、以乐观潇洒的态度面对人生的超人。他有满腔的忧国忧民思想和抱负，但他绝不板着面孔，绝不逢人就说自己如何辛劳为民、如何忧思为君。因而，苏轼所到之处，激起的总是欢笑、总是愉悦。即使对儒学理论的探讨，在他那里也都似在不经意之间。

所以，无论是当时的人们，还是今日的研究者，宁愿将他视为学者、诗人，而不愿意将他视作儒者。因为他的所作所为、他的形象，和宋儒以及被宋儒塑造出来的历代儒者形象相距太远。在人们的心中，儒者就应该像孔子教导的那样，“非礼勿视，非礼勿言”，就应该像程颐教导的那样，“饿死事小，失节事大”。比较例外的是南宋孝宗和清初大儒王夫之，他们倒是将苏轼和儒学联系在一起，而评价却不啻天壤。

以宋孝宗名义发布的“赠宋文忠公太师制”对苏轼大褒大扬：

> 故礼部尚书端明殿学士赠资政殿学士谥文忠苏轼，养其气以刚大，尊所闻而高明。博观载籍之传，几海涵而地负。远追正始之作，殆玉振而金声。知言自况于孟轲，论事肯卑于陆贽。方嘉祐全盛，尝膺特起之招，至熙宁纷争，乃陈长治之策。叹异人之间出，惊谗口之中伤。放浪岭海，而如在朝廷；斟酌古今，而若干造化。不可夺者峣然之节，莫之致者自然之名。

而王夫之在《读通鉴论》中，对苏轼则是大贬大斥：

> 若夫（苏）轼者，恶足以颉颃二子乎（按：指贾谊、陆贽）!酒肉也，佚游也，情夺其性者久矣。宠禄

也，祸福也，利胜其命者深矣。志役于雕虫之技，以耸天下而矜其慧。学不出于揣摩之术，以荧天下而雠其能。习于其父（按：指苏洵）、（张）仪、（苏）秦、（商）鞅、（李）斯之邪说，遂欲以搅天下而生事于平康之世。文饰以经术，而自曰吾（贾）谊矣；诡测夫利害，而自曰吾（陆）贽矣；迷失其心而听其徒之推戴，且曰吾孟子矣。俄而取道于异端，抑曰吾老聃矣、吾瞿昙矣。若此者，（贾）谊之所不屑，抑（陆）贽之所不屑也。

这两篇文字，一篇产生于“西湖歌舞”的升平之际，南宋偏安局面大体稳定而孝宗又汲汲于平反；一篇产生于“生灵涂炭”的动乱之秋，明清易代士大夫以为亡国之时。除了作者自身价值观念的差异之外，时代精神的差异是造成对苏轼评价不同的重要原因。

在苏轼身上，我们看到的是先秦儒学最宝贵的精神：民本思想和自由作风。这种思想和作风给予了先秦儒学以极大的活力和号召力，但这种思想和作风在秦汉以后的儒学家身上已经越来越罕见。由于大一统帝国的需要，君权的至高无上取代了民本思想，专制的冷峻严酷取代了自由作风。

苏轼的产生可以说是中国专制时代的一个奇迹，是与生俱来的气质、禀赋和成都平原自由而富于个性的地理人文环境、富有爱国主义精神的家庭教育，以及北宋仁宗时期相对自由的时代精神的综合产物。但在内忧外患的交困之下，至神宗时代，则演变成了政治气氛的严峻和思想界道学的兴起，苏轼正处于这个过渡时期。

当时思想界的激进派代表是二程，特别是程颐。毫无疑问，程颐是完全意义上的忧国忧民者。但与苏轼不同，他是一位苦着脸令人同情、令人感动的忧国忧民者，非此他不可能建立起自己的学派，也无法形成凝聚力。可以说，二程学派或者道学的形成，正是对仁宗时代自由奔放的反动，也可以说是物极必反的产物。时代的严峻，使得人们都严峻起来。因此，宋儒大多是冷面孔。

程颐是冷面孔。元祐初年司马光执政，请出程颐为崇政殿说书，官虽七品，却是皇帝的老师，程颐以布衣的身份出任此职，可说是荣耀非常。但他宠辱不惊，仍像过去授徒一样板着面孔。一天，小皇帝哲宗在讲学的间隙将一根柳枝折断当马骑，自觉很威风。程颐见了，立即板起脸训斥道：为君者以仁为本，草木和人一样都有生命，陛下今日不惜草木，他日又怎能爱惜万民？从道理上说，程颐一百个没错。但如此板着脸教训一个有帝王身份的十岁儿童，效果只能是适得其反。

朱熹也是冷面孔。在他那里，只有孔子才是真儒，其余都学术不纯，因而从文章与道德的关系入手，从先秦儒家一直批判到韩愈、欧阳修、苏轼。韩愈是“出于谄谀戏豫放浪而无实者”，欧阳修是“不成说话，分明是自纳败阙”，苏轼是“不成议论，似丧心人说话”。其实在他心目中，孔子也未必是真儒，因为孔子也有私谒南子的丑闻。

陆九渊也是冷面孔。高承勋《豪谱·色豪》载：“谢希孟每狎娼，陆象山责之曰：‘士君子朝夕与贱娼居，独不愧名教乎？’希孟敬谢，他日复为娼建鸳鸯楼。象山又言。谢曰：‘非特建楼，且有记。’象山喜其文，不觉曰：‘楼记云何？’即口占云：‘自（陆）逊抗机云之死，而天地英灵之气，不钟于男子而钟于妇人。’象山默然。”

司马光和王安石虽然不是道学家，却也古板得和道学家没有两样。王安石是有名的“拗相公”，司马光则被称为“司马牛”。这样的冷，这样的拗，这样的牛，固然和各人的个性有关，但同一时代的大人物都是如此，不能不说是时代精神面貌。苏轼却仍然停留在上一个时代，其嬉笑怒骂的个性自然为世所不容。他是性情中人，凡事讲究顺乎人情，但在当时的时代，顺乎人情就必然不合时宜，所以必然要受到惩罚，其悲剧也由此而起。

三

其实，真正的大儒都是有自己个性的，也都是在一定程度上带有随意性或野性。孔子一方面说“非礼”如何如何，另一方面却提倡学生根据自己的特点自由发展，所以在他的学生中，既有颜回那样的苦行者，也有子路那样的好斗者，更有子贡那样的巨富者。

孟子的三句话则更代表着儒者的铮铮铁骨：“君之视臣如手足，则臣视君如腹心；君之视臣如犬马，则臣视君如国人；君之视臣如土芥，则臣视君如寇仇。”但后儒根据时代的要求去改变他们的真正形象，歪曲他们的本质精神。当然，这也是很容易理解的：一种学说或思想体系总是要为现实服务，儒学或道学要成为官方哲学，就必须要有一种稳定性，其代表人物也要有一种稳定的形象。如果不是这种形象，或者要被批判，或者要被改造。苏轼属于前者。

但“三十年河东，三十年河西”却是颠扑不破的。苏轼在北宋后期迭遭批判，到南宋前期却受到孝宗的高度褒扬。而明朝中后期心学运动的发生，同样是对宋儒死相的反动。王守仁批评程颐、抨击朱熹，阳明《传习录》的一段记载十分精彩：

> 王汝中、（黄）省曾侍坐。先生（按：指王守仁）握扇命曰：“你们用扇。”省曾起，对曰：“不敢。”先生曰：“圣人之学，不是这等捆缚苦楚的，不是妆做道学的模样。”汝中曰：“观‘仲尼与曾点言志’一章略见。”先生曰：“然。以此章观之，圣人何等宽洪包含气象。且为师者问志于群弟子，三子皆整顿以对。至于曾点，飘飘然不看那三子在眼，自去鼓起瑟来，何等狂态。及至言志，又不对师之问目，都是狂言。设在伊川（程颐），或斥骂起来了。圣人乃复称许他，何等气象！圣人教人，不是个束缚他通做一般，只如狂者便从狂处成就他，狷者便从狷处成就他。人之才气如何同得？”

苏轼的学说、苏轼的文章、苏轼的儒家形象，正是思想禁锢松弛的明后期，才重新被人们承认、尊崇。因为苏轼的个性与这一时代的精神是共通的。而到明末清初，随着王学遭受批判，苏轼便也逃脱不了王夫之的笔伐。

看来，苏轼以及和苏轼相类的儒者及其儒学精神和实践，只能属于自由宽松的时代，而不属于冷峻严酷的时代。同样，任何一种学说也只有在属于自己的时代才能得以发扬光大。

（原载《文史知识》1999年第9期）

庐陵文化中的“异端文化”

一

就庐陵文化的精神而论，其外在表现可分为两种类型，即附庸文化和异端文化。关于庐陵文化中的附庸文化，可以官学和科举的发达来说明，这是以往研究者们所关注并津津乐道的。庐陵文化中的异端文化极少有人提及，但它比附庸文化更能反映出庐陵文化的地域特征和本质精神。本文仅以明代江西吉安府的王门学者特别是何心隐的思想及行为为例，来讨论庐陵文化中的异端文化。

就思想领域来说，明代最大的异端莫过于王阳明心学，王学的异端莫过于泰州学派。而在其中起重要作用的，多为庐陵籍学者。黄宗羲《明儒学案》卷一六《江右王门学案·序》中说：

姚江之学，惟江右为得其传。东廓、念庵、两峰、双江其选也……是时越中流弊错出，挟师说以杜学者之口，而江右独能破之，阳明之道赖以不坠。盖阳明一生精神，俱在江右。

“东廓”为邹守益，吉安府安福县人；“念庵”为罗洪先，吉安府吉水县人；“两峰”为刘文敏，吉安府万安县人；“双江”为聂豹，吉安府永丰县人。捍卫王学精神的四大学者，均为庐陵籍。邹守益在王学被视为异端时，就是王学的坚定传播者和阐释者。聂豹则在辩难之后信服王学，并成为江右王门的中坚者。而罗洪先和刘文敏更在青少年时代就受着王学的影响，并成为王守仁的私淑弟子或入门弟子。除了邹守益、罗洪先等，吉安府还有一大批王学的支持者或追随者。黄宗羲在《明儒学案》中为27位江右王门学者立专传，其中有16位是吉安府人，其中不乏在学术上与邹守益、罗洪先等齐名者，如泰和欧阳德、安福刘邦采，也有以气节而名闻海内者，如吉水邹元标、泰和罗大纮。而每一位学者的周围，又都聚集着大批求学者。江右王门之所以影响巨大，正是因为有这样一大批庐陵学者在起作用。与其说阳明一生精神在江右，倒不如说阳明一生精神在庐陵。王学在庐陵的兴盛，成为令世人瞩目的一大社会现象。

而且，在这批学者中，又有当王学为异端时服膺王学、当王学为显学时又对王学进行质疑的特立独行者。

正德十二年（1517年），王守仁为南赣汀漳巡抚，驻节赣州，而其学说，则被视为“异端”。此时的罗洪先年仅15岁，钦服王学，得知王守仁来江西，便要去赣州拜师，但为其父所阻，因为父亲不想让儿子“误入歧途”。虽然没能对王守仁行弟子礼，罗洪先却自称是王门后学，而钱德洪、王畿等王门高足则认为他早已登堂入室。黄宗羲更将其列为江右王门的主要代表人。就是这位罗洪先，后来却成了王学重要论点的质疑者。他明确指出，虽然作为个人的王守仁机变万端，有应对各种政治变化的能力，但作为学术或思想的王学，却“重于为我，疏于应物”。因此，他对王学所谓“知善知恶即是良知，依此行之即是致知”产生了怀疑，转而推崇聂豹晚年主张的“归寂”说。

聂豹入王门时，本来就经过一番“辩难”。虽然在辩论中服膺了王守仁的“良知之学”，但仍然心存疑惑。晚年下狱，于是出现了王守仁龙场悟道式的奇迹：“闲久静极，忽见此心真体光明莹彻，万物皆备。”聂豹将自己的心得称之为“归寂”。聂豹的这一心得，立即遭到包括王畿、邹守益、黄宏纲在内的王门诸子的责难，称其为“惮悟”。唯独罗洪先称其为“霹雳手段”，是通向良知的“康庄大道”。到晚年，罗洪先又对程颢的“体仁”说进行新的阐释，主张顺应心体、与物同体，“以天下为己任”，对王学的重我疏物进行修正。但此时王学已是显学，故罗洪先的这些主张也被认为是背离师说。虽然罗洪先比聂豹走得更远，但他比较善于在同门之中求同存异，所以受到的谴责反倒没有聂豹多。

二

虽然聂豹、罗洪先被一些自以为是恪守师说的王门学者视为背离师说甚至是异端，但由于争论主要发生在学者之间，所以并未引起社会的广泛关注。待到另一批庐陵籍学者大张旗鼓地标新立异，便在社会上掀起了一场轩然大波。《明儒学案》卷三二《泰州学案·序》说：

> 阳明先生之学，有泰州、龙溪而风行天下，亦因泰州、龙溪而渐失其传。泰州、龙溪时时不满其师说，益启瞿昙之秘而归之师。盖跻阳明而为禅矣。然龙溪之后，力量无过于龙溪者，又得江右为之救正，故不至十分决裂。泰州之后，其人多能以赤手搏龙蛇。传至颜山农、何心隐一派，遂复非名教之所能羁络矣。……诸公掀翻天地，前不见有古人，后不见有来者。

这“赤手搏龙蛇”“复非名教之所能羁络”，被黄宗羲称为“掀翻天地，前不见古人、后不见来者”的颜山农、何心隐，也是庐陵籍。颜山农即颜钧，吉安府永新县人，何心隐原名梁汝元，吉安府永丰县人。

颜钧为人行侠仗义，同门赵大洲因得罪权贵，受廷杖、下锦衣卫狱，又贬谪至广西荔波县（今属贵州省）为典史。颜钧从北京一直护送到广西贬所。其师徐樾战死云南元江府，颜钧又往寻骸归葬。由于有如此侠肝义胆，故追随者甚众。颜钧往返于北京、沧州、河间、南京、南昌以及南直隶泰州、扬州、仪征及两淮各盐场讲学，听众动辄数百上千人，所讲的全是百姓温饱、民间疾苦。

作为颜钧的弟子，何心隐在对师说进行阐释和发展的同时，更身体力行地实践自己的理想和学说。与颜钧一生只是求学、访学、讲学，未取任何功名不同，何心隐是官学的学生，并且在全省的科考中名列前茅，但为了追随颜钧问学，竟放弃了功名、抛弃了仕途。当时的吉安府是文学、理学之邦，庐陵籍官员也多以学问著称，但何心隐视如无物，时时挖苦、嘲弄。

何心隐继承了泰州学派关于百姓欲望即为天理的思想，公开主张“育欲”，主张满足人们对于味、色、声及安逸等方面的欲望。与同时代其他学者不同，何心隐不但宣传自己的学说，而且希望将自己的学说提供给社会，为百姓营造出能够安居乐业、同享太平的乐土。王学对儒家经典首推《大学》，而《大学》要求修身、齐家、治国、平天下。何心隐自认为学术足以修身，遂从齐家开始实践。但他所“齐”的家并非自己的五口小家，而是全族这个大家。他建造了一个“萃和堂”，也称“聚和堂”，以聚结全族，并用白话语连续写了《聚和率教谕族俚语》《聚和率养谕族俚语》《聚和老老文》三篇文章，从思想教化和生活所需两个方面对全族提出要求，以共同遵守。何心隐自理一族之政，全族不分贫富贵贱，丧葬嫁娶，均统一操办，赋税徭役，全族共同负担。全族人过起了有饭同吃、有衣同穿的“大同”生活。今日的学者们喜用“乌托邦”来形容何心隐们的理想，未免不近情理。因为何心隐并非只是停留在构想上，而是身体力行地进行了实践，据说还“行之有成”。

当然，何心隐领着全族所过的“大同”生活，很大程度上靠的是他个人的智慧、学术和人格力量，特别是“家世饶贩”，即祖上经商积累起来的家产为后盾。一旦家产不足以支撑，这个“聚和堂”也就难以维持下去了。几年后，永丰知县下令征“皇木银两”，这属额外之赋，何心隐写信进行讥讽，知县大怒，报告上司给何心隐定了一个罪名，将其下入狱中，聚和堂的“大同”社会也随之土崩瓦解。

这是一个看似偶然实则必然的事件。“皇木银两”之类的额外税收无时不有。王学的创始人王守仁正德五年（1510年）为庐陵知县时，上任伊始遇上的就是这类事情。当时的镇守中官姚某行文江西布政司，凡生产葛布的县份，必须在葛布上市时抓紧采办上贡，不生产葛布的县份，也要根据原先田赋的多少，摊派买布银两。尽管王守仁将此事顶了回去，但全省、全国的知县中又有几个王守仁？凡上面有差派，理所当然是摊派给农户，只要不中饱私囊，或少一些敲诈勒索，已是好官了。

三

可以设想，在何心隐领着全族过大同生活的那段日子，摊派已不在少数。但有两个因素使得何心隐不能不提出异议。一、既然有自己的理想并力图将其变为现实，何心隐就必然要和各种不同的思想和行为进行交锋。而他那自负的个性，则决定他的交锋方式不像罗洪先那样心平气和，而是冷嘲热讽。二、何心隐的聚和堂是以家产及族产为后盾的，但家产及族产毕竟有限，既要对家族内部的贫困成员进行补助，又要应付官府的种种正赋杂税及各种摊派，不免捉襟见肘、坐吃山空。何心隐仅仅出于维系他的聚和堂的经济来源，也必然要和官府发生冲突。更何况，这种全族“大同”

的生活方式，不仅与当时个体农户的生产方式不相适应，也与以小农经济、个体经营为基础的中央集权制度格格不入。张岱《快园道古》卷四《言语部》记载了一个关于明太祖朱元璋和浦江郑氏家族郑济流传甚广且耐人寻味的故事：

> 太祖召浦江郑济至京，嘉叹其家法，厚赐遣还。高后曰："闻郑氏千余人，老幼一心，为所欲为，何事不可，宜设法防之。"太祖又复召问："汝家十世同居，何以得此？"济对曰："只是不听妇人言耳。"太祖大笑，许即归里。

十世同居、老幼一心，便使最高统治者产生警诫之心，而全族共产、贫富同心，岂能让地方官员安枕？

但是，牢狱之灾并没有摧毁何心隐实践自己理想的决心，他在好友的帮助下出了囹圄，从此踏上了在更广阔的范围内传播和实践“聚和堂”理想的道路。他北上京师，南下道州，西至重庆，东至杭州，大半个中国都留下了他传道的足迹，并将湖广武昌、孝感、竟陵作为长期讲学之地。何心隐继承了王学特别是泰州学派关注下层群众疾苦的传统，所到之处，渔夫樵夫，句读竖子，有问必答；士农工商、方技杂流，无不交接。他要带着他们去寻找、去建立一个超出血缘、超出地缘，以四海为一家、以天下为方寸的大同世界。以家族为单位的小“聚和堂”已为地方当局所不容，而以四海、以天下为单位的大“聚和堂”当然也就犯了更大的忌讳。

何心隐早年在北京即因学术思想的不同而得罪张居正。

万历时，张居正为推行政治改良，提出“尊主权、一号令”，并禁止讲学。何心隐则不但在湖广孝感、竟陵等地聚众讲学，更发布长文，号召“必讲必学”。这就更使张居正不安，命前后两任湖广巡抚缉捕何心隐。而在此之前，即隆庆元年（1567年），颜钧已因“诽谤圣学”“有伤风化”被捕入狱，其时已63岁。万历七年（1579年）将何心隐下狱致死的，是湖广巡抚王之垣。一百年后，王之垣的曾孙、清代著名学者王士禛写了如下一段文字：

> 何心隐在万历间，屡变姓名，诡迹江湖间，所胁金帛不赀。尝游吴兴，诱其豪为不轨；又与一富室子善，偕之数百里外，忽曰：“天下惟汝能杀我，我且先杀汝。”缒之湖中，取其家数百金，然后纵之。其党吕光者，力敌百夫，相与为死友。又入蛮峒煽惑，以兵法教其酋长。事闻于朝，先曾祖（王之垣）时为湖广巡抚，捕之，获于岭北，置诸法。罪状昭然。有御史赵崇善者，挟私憾，追劾先公杀心隐媚江陵……崇善此疏，刻入《万历疏钞》。或未详何、颜颠末者，恐辄信之，聊复述及，以质公论矣。（《池北偶谈》卷十《谈献六·何颜伪道学》）

王士禛此文旨在替曾祖洗刷清议，开脱责任，自然要将何心隐说成十恶不赦。但即使如此，从这段文字中也可以看出，当时人们对于何心隐的认识便有分歧。东林党领袖顾宪成评价说：“心隐辈坐在利欲胶漆盆中，所以能鼓动得人，只缘他一种聪明亦自有不可到处。”黄宗羲则认为：“非其聪明，正其学术也。”“心隐之学，不堕影响，有是理则实有是事，无声无臭，事藏于理，有象有形，理显于事。”（《明儒学案》卷三二《泰州学派·序》）黄宗羲可谓知何心隐者。

何心隐的理想和实践虽然最终失败，却在明代社会、在中国思想界点燃起一支火炬，给穷苦民众以希望。就在何心隐被捕，当局将其“罪恶”公布武昌街头时，武昌市民表现出对何心隐极高的崇敬之意，“有嘘呼叱咤不欲观焉者”。如果说异端，则何心隐们只是统治者的异端，而视何心隐们为异端的统治者，才是真正的异端——他们是人民的异端。而庐陵文化中的异端文化，却是真正的民众文化。

其实，历史上所有伟大的思想家，其思想在开始时大多都被视为“异端”。因为他们总是要挑战传统，总是因为代表人民的愿望而为统治者所不容。而庐陵文化中的“异端文化”，又产生于庐陵的生态条件与风俗民情之中，从而反映出庐陵文化的地域特征和本质精神。

（原载《文史知识》2002年第3期）

灾乎，祸乎：灾荒与政治

一

马克思认为，人工灌溉设施是东方农业的基础，而节省用水和共同用水又必须要有中央集权的政府来进行干预，其结果导致“亚洲的一切政府”都不能不执行一种经济职能，即举办公共工程的职能。[①]

这个论点曾经在一段时间里被国内学者及国外汉学家反复引用。中国历史上“大禹治水”的传说和夏王朝的出现，在一定程度上证实了这一论断，更确切地说是成了支持这一论断的重要依据。

虽然马克思根据对“从撒哈拉经过阿拉伯、波斯、印度和鞑靼区直至最高的亚洲高原的一片广大的沙漠地带”的研究而得出的针对“亚洲的一切政府”的说法，未必符合中国大一统国家形成的实际情况，“大禹治水”的传说，也早已

①马克思著：《不列颠在印度的统治》，《马克思恩格斯选集》第二卷，北京：人民出版社，1972年，第64页。

为“古史辨”派学者所质疑，但是，中国历代中央及地方政府在组织和领导民众开通运河、治理河道、构筑灌溉体系、抵御各种自然灾害方面，曾经并仍然起着重要的作用。而且，这不仅仅是“东方”或“亚洲”国家的政府职能，也是世界上任何一个具有一定规模的国家所必须承担的社会职能。

实际上，只要有国家或其他公共权力存在，它就必须领导人民与自然灾害作斗争。自然灾害及其造成的破坏和影响，从来都是考验国家及其他公共权力是否真正具有领导资格的试金石。

在一些重要的历史时期，当旷日持久的大范围的自然灾害来临之际，政府能否有效地领导人民渡过难关，甚至决定着该政权的延续或颠覆。因为就当时的科学水平、信息传递、救治能力，在自然灾害发生和中央政府采取紧急措施之前，有着相当长的空隙时间；且不说政府是否有足够的力量进行救助，即使有这个力量，也有一个相对漫长的实施过程。更何况在相当多的情况下，政府并不具备完全解决这些问题的能力。这样，就可能为国家权力之外的其他公共权力提供发挥作用的契机。比如说，宗教的发生或传播、敌对势力的发生和壮大，等等。而这些，都有可能酿成大规模的民众暴动。中国历史上一些著名的“农民起义”，如西汉末年绿林赤眉起义、东汉末年黄巾起义、元朝末年红巾起义、明朝末年张献忠、李自成起义等，几乎都是在这种情况下发生或者得以成气候的。

但从另外一个方面看，自然灾害的来临，又可能成为政府塑造新形象、增强亲和力、提升信任度的契机。明朝永乐时期，苏松地区年复一年的涝灾，以及突如其来的水旱灾害，不仅对两浙民众的生活、生产乃至生存造成严重的威胁，而且对易位后的永乐政权也是一次严峻的考验。因此，夏原吉等人在苏松治水的成功，不仅解决了两浙地区民众的生活、生产及生存问题，而且使得永乐政权在中国经济文化最为发达的这一地区得到了认可。这一地区本来对建文政权一直保留着深厚的感情，因而也对永乐政权持怀疑甚至敌视的态度。夏原吉的苏松治水，对于永乐政权重塑形象、对于苏松民众政治态度的转变，具有重要意义。

二

虽然人类有“人定胜天”的愿望，也有在局部地区对自然山川进行改造和利用的成功实例，但从整体和根本上看，“人”是无法胜“天”的，充其量只能是因势利导。历代相承的对天地山川诸神的加封和祭祀，以及以《史记》《汉书》为代表的“正史”和以《明实录》《清实录》为代表的“国史”，对于星变和灾异的有报必记，都表现出人类对自然的敬畏和对自然灾害的重视。也正是因为有这种敬畏和重视，才使得星变和灾异在特定时期成为中国古代知识分子制约最高统治者、革除积弊的唯一具有威慑力的武器。

汉武帝的轮台诏、崇祯帝的罪己诏，以及明成化时期对传奉官的处置，都是在“天象示警”下发生的。董仲舒曾不失时机地提出“天与人相与”，即天人感应的三段式：国家失道，出灾害以告之；不知自省，出怪异以惧之；再不知变，乃伤败之（《史记·董仲舒传》）。虽然随着社会的发展和人们对自然现象的不断破解，对于所谓“天变”的恐惧感逐渐减弱，但近年来气候的反常重新引起了人们的高度关注，保护环境、追求人与自然和谐共处的呼声也越来越高。“天人感应”说通过一番否定之否定的轮回后如果予以新的解释，应该说重新得到认可。

既然无法“胜天”而只能“顺天”，那么，除了祈祷上天之外，国家和其他公共权力系统所能够做的，就是平日的兴修水利、储备粮食，并在自然灾害发生时进行及时而有效的救助。这就是通常所说的“荒政”，它是一项涉及面广、卷入人员多、持续时间长的系统工程。但难以置信的是，荒政的成败及成效的高低，决定性因素竟然既不是国家所具备的财力，甚至也不是天灾本身的严重程度，而是政府能否战胜自身的腐败，能否在对付“天灾”的同时解决“人祸”。事实证明，“天灾”的“为虐”，很大程度是“人祸”在“助纣”。所以人们总是将“天灾”与“人祸”并称。

三

客观地说，“人祸”的来源主要包括四个方面。其一，政府的决策失误或因大兴土木而导致自然生态的破坏；其二，官员在报灾、勘灾、赈灾、安抚、仓储、水利诸环节中表现出来的作为和不作为的腐败；其三，灾荒发生时商人的囤积居奇和富户的见利忘义；其四，反政府势力趁着灾荒发生时的火中取栗并引发的战争。

在所有这些因素中，最为民众所痛恨也最容易激化矛盾并造成直接严重后果甚至导致政权颠覆的，莫过于官员的腐败。平日养尊处优、厉民肥己，忽视水利、仓储等防范措施，灾害发生时缺乏应有的对策。灾情发生时，或者有灾不报、大灾报小灾，或者无灾虚报、小灾报大灾。前者多是为了个人的考绩，后者则是为了减免地方税收并争取中央放粮，虽然不排除为民众和地方利益着想，但更多的是官员、吏员趁机中饱私囊。

在惩治腐败极为严厉的明洪武时期，仅就《大诰》所载，在报灾和勘灾中因受贿或贪赃而被处罚的官员就达97人，既有监察御史、六部主事等在京官员，也有各县知县、县丞等地方官员及参与勘灾的监生、生员等。这时的明政权才建立不久，荒政中的腐败已是如此。实施赈济时，更给贪官污吏们中饱私囊的机会。

应该说，出于稳定社会的需要，历代政府在荒政中往往是不遗余力的。如清乾隆五十年（1785年），甘肃震灾，福建、江西等地水灾，湖南、湖北、安徽、江苏、山东、山西、河南、直隶等地则是大面积的旱灾，赈灾帑银，总共达1400万两。但这些赈灾银两未必能够发放到灾民手中。就在四年前即乾隆四十六年（1781年），甘肃省全省官员从乾隆三十九年（1774年）开始捏灾冒赈及侵吞监粮事被揭露，全省“大小官员通同一气……竟无一人洁己奉公”。仅被处死的就有：总督勒尔瑾，前后两任布政使王亶望、王廷赞，以及冒赈至2万两以上的22名官员及11名吏员。仅王亶望一人，抄家时金银逾百万两。这一事件，被称为“从来未有之奇贪异事”（《清高宗实录》卷一一四〇，乾隆帝上谕）。这件事情发生在清朝全盛时期，故而没有引起严重后果。一旦当国家的控制功能弱化并处于内忧外患之时，类似的事情便导致国家的动荡和生灵的涂炭。

明末农民起义中的王二“首义”，便是因为灾荒之际官府催逼粮饷所致。当动乱发生后，整个统治阶级竟然腐败到人人视国家败亡与己无关的程度。平定动乱需要钱粮、赈济灾民更需要钱粮，皇帝守着内帑不放，却摊派官员捐钱；各级官员则守着自家的口袋，指望皇帝放血。大学士钱龙锡入阁前向陈继儒请教治国方略，竟然不明白“拔一毛而利天下”的含义（张岱《快园道古》）。事情到了这种地步，国家也就必然被灾荒和动乱拖垮。

可以说，当在吏治腐败之时，荒政实施过程，通常就是官员勾结吏员侵吞钱粮的过程，当然，也有可能是政府惩治腐败、大批官员人头落地的过程，还有可能是民众对政府失望而酿成动乱的过程。

附记：2006年6月初，由中国社科院赫志清先生倡导，在武汉大学召开了“中国灾荒与荒政”学术会，会议由张建民教授操持。会议期间，《光明日报》“理论版”邀请陈高华、赫志清、张建民三位先生和我，分四个方面各写一篇短文，形成一个版面，约定7月交稿，我的任务是“灾荒与政治”。后来刊载出来了，但有点失望，可能是出于“集中问题”的考虑，我的一些文字放在了其他老师名下，我的名下也移入了其他老师的文字，所以，我竟然忘了到底刊发在哪一天。近日重检旧稿，打捞出了这篇文章。

我眼中的明朝与清朝

人们总是喜欢把“明清”放在一起进行讨论。而说到明清，总免不了要说两件事情：一是中国封建社会晚期资本主义萌芽的产生，二是明清专制主义中央集权的强化。

但是，随着时间的推移，随着研究的深入，特别是当站在更为客观的立场上重新考察明清历史时，上述结论的某些片面性也就凸显出来。暂且不说如果不是鸦片战争，如果不是世界资本主义的猛烈撞击，如果不是中国融入世界历史发展的大潮之中，明清时期能不能成为中国封建社会的“晚期”，我们通常所说明清时期的种种社会状况能否称之为“资本主义萌芽”，即便是明清时期的君主专制、中央集权，也未必就像人们所描绘的那样冰冷灰暗。

一、明清是中国历史上的特定阶段

从社会发展的规律来看，矛盾是绝对的，统一则是相对的。同样，专制、集权是相对的，自由、开放却是绝对的。所以，尽管明清政府在大多数时间实施海禁，但私人海上贸易从未间断；尽管明清政府实施食盐管制，但私盐也从未真正得到有效禁止。同样，尽管明清政府（其实不仅仅是明清政府）总是企图将社会生产、社会生活纳入统治者规划好的蓝图，但社会的发展从来没有真正按照统治者安排好的轨道行进；尽管明太祖和清世祖都想建立起按个人意志办事的国家体制，但他们的个人意志最终仍得适应他们管辖着的数千万人口的生产方式和生活方式。

如何认识明朝和清朝在中国历史上的地位，如何向大众比较合理地描述明朝和清朝的发展轨迹，应该是每个明史、清史研究工作者的责任和义务。根据我的理解，明代、清代其实和汉代、唐代，乃至春秋战国时期、魏晋南北朝一样，都是中华民族发展过程中的一个历史阶段，都在中华民族发展史上具有重要的地位。作为明史研究者，我从来不认为明代比清代或汉、唐、宋、元更为重要，对一些断代史研究者将自己的研究对象无限拔高，我一直认为“甚无谓也”。中国历史的发展有自身的特点和规律，各个历史阶段和各个朝代又都有自身的特点和个性，这才是历史研究者所应该予以充分关注的。

二、孜孜勤政与垂拱而治

就政治态势而言，清朝通过对周边用兵并辅之以宗教和民族政策，建立起中国有史以来疆域最为辽阔的国家。有国外学者将清朝的疆域说成一个等边三角形：东北至库页岛东北角，西北至巴尔喀什湖西北角，南到马来半岛的南端，总面积约两千万平方千米，比明朝要风光得多。而康雍乾持续一个半世纪的“盛世”，也是中国有史以来所没有过的。对此进行研究和宣传，无疑可以提高民族的自信心和凝聚力。何况清朝还有一批勤政的皇帝，且不说康熙、雍正、乾隆，即使是批准签订南京条约的道光、被八国联军驱赶出北京的慈禧，也都曾经是兢兢业业、夜以继日。

反观明朝，虽然太祖、太宗（成祖）有不少善绩可陈，洪武、永乐间的严刑峻法、草菅人命却令史臣在进行掩饰时左右为难。其后继者，或者善于作秀而并无多少雄才大略（如宣宗），或者视皇帝为儿戏却不干正经事（如武宗、熹宗），或者既不知己也不知彼而梦想做“英主”（如英宗、思宗），或者上朝听政如木偶于国家大事一窍不通（如宪宗、孝宗、穆宗），或者干脆不视朝不见大臣却自以为“乾纲独揽”（如世宗、神宗）。侍候这样的皇帝，明朝的大臣们只得在无奈之中津津乐道于“垂拱而治”。宦官参政专权，虽然不像唐朝那样可以废立皇帝，但至少可以进退大臣。大学士和言官们的大量时间及精力耗在了劝导和阻止皇帝及宦官们对国家事务的“破坏”，皇帝和宦官却认为干坏事的不仅仅是他们，被认为糊涂透顶的武宗却说出了十分清醒的话：文官中好人仅有三四，坏人却占了六七。

三、崇本抑末与广开利源

就经济社会而言，明朝由于土地兼并和政策的僵化产生大量的流民，这些流民或者进入山区，为开发山区做出了重要贡献，但时时和当地人及官府发生矛盾，并酿成多起规模不小的民变；或者进入城市，成为城市繁荣和发展的重要因素，但他们又是城市中的“无根之徒”、动乱之源。徽商、晋商、江右商、闽粤商、两湖商，苏州、扬州、杭州、松江、临清，无须史家的叙述，即从“三言”“二拍”中也可以体会到明代城市生活的纷纷扬扬。且不说苏松杭嘉湖地区星罗棋布的繁荣市镇，即使是江西的景德镇、樟树镇，湖广的湘潭、广西的梧州，也是商贾成云，货积成山。但就传统眼光看，这种活跃和繁荣却不免受到指责，被认为是社会不稳定的根源。由于皇帝不承担责任，内阁又在“真宰相”“假宰相”的夹缝中挣扎，明太祖的“海禁”“不征”“不设丞相”等“祖训”成为明朝政策僵化的根源，所有的经济政策都是在“不争议”中微调，私盐、私茶，矿盗、海盗，既是社会不安定的重要因素，也反映出明朝以农业税为基本税收的尴尬。

与政治上的严峻冷酷相比，清朝的经济政策，至少是对内经济政策却显示出某些灵活性，一方面，矫枉过正地吸取了明朝的经验教训，在相当长的时间里建立起了比较稳定的小农社会；人口流动多往边境，既开发了边疆，又至少在乾隆退位之前没有引起太大的社会动荡。另一方面，虽然口口声声仍然是崇本抑末，但商品流通相对顺畅。社会稳定，社会财富自然积累，北京、苏州、汉口、佛山遂成为天下货物的“四大聚”，而江西的景德镇、樟树镇、河口镇、吴城镇，至今为人们津津乐道。

四、文人的脊梁在清朝折断

就思想文化而言，尽管明太祖“以重典治天下”、明成祖以“瓜蔓抄”诛杀方孝孺十族，还有王振、魏忠贤当道时的恐怖，但明朝在总体上是自由奔放的；尽管清康熙帝号称开明、乾隆帝堪称风流，也有于成龙等人的铮铮铁骨，但清朝总体上是严峻冷酷的。

明代中期以后，是思想家和文学家的思想引导社会思潮，是商人的消费方式影响价值观念。阳明学派、泰州学派，前后七子、江南四子，台阁派、公安派、竟陵派，传奉官、马尾裙，民歌、时调、小唱，形形色色的思想家、文化人，富商、巧匠、名妓，名儒吴与弼、陈献章、王守仁，异端王艮、颜钧、何心隐，山人徐渭、乐新炉、陈继儒，“洋僧”利玛窦、汤若望、南怀仁，基督教徒徐光启、李之藻、杨廷筠，洋人的书、洋人的炮、洋人教师。光怪陆离，目不暇接。自由之风、西方之学，犹如润物之和风细雨，细致入微。

清代则是统治者的思想领导社会潮流，直至晚清，肃杀之气尚存，致龚自珍有“避席畏闻文字狱，著书都为稻粱谋”之叹。即以文字狱论，明朝的文字狱大多为胡乱杀人，清朝的文字狱则为蓄意杀人，其后果遂全然两样。明朝的士大夫越是被朝廷惩罚，便越是得到舆论的赞扬，于是更加意气风发；除了文字狱和贪赃枉法，清朝的士大夫倒是少受惩罚，但不是最高统治者的仁慈，而是士大夫的“死相”。中国知识分子的脊梁，其实是在清朝被折断的。在洋务运动发生之前，他们的聪明才智皆用于“朴学”即考据之学，虽然远离了社会、远离了民众，听不到他们关注社会、关注民众的呼声，但对于整理中国古籍多有贡献。至于洋人，倒是在康熙时做了一阵子花瓶，而雍正帝则将他们统统赶到澳门，省去了许多麻烦。当洋人携带着坚船利炮卷土重来之时，却瞪目不知所措。

这其实又是明代和清代社会的差异或者说各自的特点，至少是我对明清两代时代精神和人文面貌的认识。但心态的矛盾也因此而生，从维护社会稳定来说，清代有借鉴意义；从倡导自由开放和社会发展来说，似乎明代更具有胸襟气度。

（原载《中国社会科学报》2011年12月12日）

永远的张居正

——《张居正和明代中后期政局》读后

一、充分运用多种史料

读韦庆远先生的《张居正和明代中后期政局》，我有两个十分强烈的感受：一是对资料收集高度重视，二是对人对事分析鞭辟入里，这两者又是紧密相关的。

正如徐泓先生在本书序中所说，韦先生的这部著作既充分参考了《明史》《明实录》《明史纪事本末》等“常见”史料，更引用文集、笔记、书信150多种，又引用地方志65种。文集、笔记、书信中的大部分，作者与张居正是同时代的人；而地方志中，明代的有43种。这不仅仅是数字问题，而是表现韦先生对“史源”的态度。所以，读这部著作时，好像是当时的人们说那个时代的故事。不仅如此，近代和当代中国学者的相关著作，日本、韩国学者的相关著作，也尽收眼底。通过这部书，大体上可以知道学界对张居正的研究状况和基本评价。

为了说明即使在“清算”时期，仍然有不少官员为张居正“仗义执言”，韦先生列举了左都御史赵锦、翰林院左谕德于慎行、刑部尚书潘季驯、吏部侍郎陆光祖、湖广副使骆问礼等人的奏疏。如果这算是“常见”资料，那么在讨论张居正与曾经的湖广巡抚顾璘的关系时，所用史料则主要是：张敬修《太师张文忠公行实》、李选《荆州府知府中溪李先生元阳行状》、徐学谟《徐氏海隅集》、傅维麟《明书》、朱怀吴《昭代纪略》、顾璘《息园存稿诗》、徐复祚《三家村老委谈》，以及张居正《张太岳集》中的《与南掌院吴初泉》《与文选李石塘》《答应天巡抚》《与南列卿王公》《与南掌院赵麟阳》《与操江王少方》《与南掌院周少鲁》等书牍。

张居正将自己的会试下第解释为：“童稚登科，冒窃盛名，妄谓屈、宋、班、马，了不异人。区区一第，唾手可得，乃弃本业，而驰骛古典。比及三年，新功未完，旧业已芜。今追忆当时所为，适足以发笑而自点耳。甲辰下第，然后揣己量力，复寻前辙，昼作夜思，殚精毕力，幸而艺成，然亦仅得一第止耳。”而韦先生认为，事实并非完全如张居正自言，其中很重要的原因是在中举之后，张居正把主要精力放在了经世致用之学，而不屑于科场的八股。科举失败之后，他发现还是得回过头来重新攻习不屑之经义，以取得功名，这样才能进入官场，发挥自己的才干。

为此，韦先生发出感慨：“中国多少知识分子在灯前窗下皓首穷经，耗费半生甚至终生的时间精力以揣摩钻研这种无用之学，无非是因为它与功名富贵密切联系在一起，无非是因为这是当时最主要的有望能显亲扬名的出路，故此自甘情愿地投入帝王彀中。专制统治的意识网罗编织得如此周密，传统的惰力又是如此强大，即使其后成为一代巨人的张居正也莫能自外。他也必须通过这条狭窄的道路并用力敲开横亘在前面的扉门，才能跻上政治舞台，扮演自己的角色！”

这种解释，是符合真实张居正及明代“现实”的。不仅张居正是这样，被称为有明一代气节、文章、功业第一人的王阳明（守仁）也同样如此。

二、精彩处处可见

这部《张居正》写的不仅是张居正个人，也希望展示当时的那个时代，因此，从体例上说，既是人物传记，又不是单纯的人物传记。这也正是韦先生的长处，所以精彩处处可见。

对于徐阶和严嵩的关系，特别是张居正在二人之间的周旋，以及张居正和高拱由生死之交到相互倾轧，韦先生都有合理的分析，而对于嘉靖至隆庆政局的描述，更是精当：“在当时特殊复杂困难的局势下，徐阶是一个能巧为因应而且饶有才干和业绩的人物……但是，时代在发展，矛盾的性质及其解决对策亦发生变化。进入隆庆朝以后，朝野有识之士面对着自正德、嘉靖以来遗留下来的内外交困、危机四伏的烂摊子，已不仅仅满足于适度补漏除弊，而迫切要求更新，各种主张改革的声浪，正如开闸泄洪，波涛直下。徐阶以及李春芳对于这些呼声，先是愕然，后是茫然，无法接受急剧的再转折，仍然谨捧着‘恢复祖宗成法’的神幡以对付……而与此同时，高拱和张居正则采取截然相反的态度。高拱在其《除八弊疏》，张居正在其《陈六事疏》，都能高屋建瓴，分别提出一系列大［打］破常格，立足于变的方案，坚持变则通，通则兴，绝不应再抱残守缺。”

一代人管一代事，一个时代需要一代新的政治家。韦先生正是从这个角度出发，认为仅从权力角逐的角度理解高拱、张居正的上位和徐阶、李春芳的出局，并没有完整反映出斗争的实质内容。虽然并不否认其中的权力斗争因素，却不应该仅限于权力斗争，还应有更深刻的政治内容。韦先生指出，隆庆内阁成员之间，不仅有政治理念的不同，也有意识形态和学术上的对立，这既是政见上分歧的折射，也是导致政治分野的重要原因。以徐阶、李春芳、赵贞吉三人为主要代表，尊奉在陆九渊的“心学”基础上发展过来的“阳明学”，而另一方，则是口头上尊崇孔孟之道，实际上服膺法家学说的高拱和张居正，二人都崇实学。而“张居正和徐阶的关系更为微妙。一方面，两方相处，从未公开出现过任何裂痕，总是互相表示关怀、推崇和器重；但另一方面，在政治纲领和学术方向上，本来就隐藏着泾渭分明的歧义”。进入隆庆朝之后，面对新的局面，或厉行改革以辟新路，或修补旧制以求因循，二人开始分道扬镳了。

在展示人物风貌、时代特色的同时，韦先生处处表现出人文关怀。韦先生的“张居正”，正如他自己所说：“史家大端，在善善恶恶，‘美恶不掩，各从其实’。”但要做到这一点，谈何容易，所以韦先生特别说道：“笔者极愿秉承不诬不谀的原则，能从多层次多侧面以论述本书传主张居正。但在思考和写作过程中，在评估和判断一些复杂聚讼问题时，也存在着害怕掌握不准的困惑。深感功力不逮。”这是一方面。另一方面，韦先生治史的立场仍然是鲜明的：“历史最多情，它对于一切有利于国计民生，有利于人类社会进步的人和事，都会给予应有的肯定和表彰；历史又最无情，它对于一切祸国殃民，逆潮流发展，一切奸佞污秽的人物和言行，都将给予态度鲜明的揭露和批判。”

正是因为既有这种“如履薄冰”的态度，又注入自己丰富的人生阅历和强烈的家国情怀，这部《张居正与明代中后期政局》不但得到学界好评，而且具有良好的社会反映。徐泓先生序称之为“自有为张居正立传以来，最深入、最公正、最能‘美恶不掩，各从其实’的巨著”。对于这些评价，我深有同感。

三、个别细节有待处理

由于体量庞大、内容繁多，尽管韦先生力图“从多层次多侧面以论述本书传主张居正”，但在一些细节问题上，仍然没有处理得很清楚。

比如，嘉靖十九年（1540年），16岁的张居正在湖广乡试中举；嘉靖二十六年（1547年），张居正23岁时中进士。从举人到进士，中间有两科会试，即嘉靖二十年（1541年）、二十三年（1544年），各种记载只说嘉靖二十三年（1544年）的那一次，张居正会试下第，但嘉靖二十年（1541年）即中举人之后的那一年，张居正是否参加了会试，张居正自己没说，各种资料都没有交代，我希望能在韦先生的这部著作看到解释，但也没有。

特别是传说最广、最为人们津津乐道的关于巡抚顾璘故意不让13岁的张居正中举的故事，韦先生排列了许多资料，却并没有真正梳理清楚：一、张居正是为秀才的当年还是第二年到武昌见巡抚顾璘的？二、张居正这一年来到武昌，是为了见顾璘还是参与乡试？三、张居正是否参与了那一次的乡试？四、张居正是否真的本应录取，却因为顾璘的爱才，阻止了张居正当年中举？

之所以提出这些问题，是因为朱东润先生的《张居正大传》[①]特别渲染了这件事。此事不但为明史学界所熟知，而且为喜欢明朝历史、关心张居正的圈外朋友所熟知。我认为这件事漏洞百出，希望看到韦先生的解释。但是，韦先生根据张居正之子张敬修的《太师张文忠公行实》说张居正在嘉靖十五年（1536年）为生员，即秀才，却没有注意到其后又有一句："明年，就省试。"由于忽略了这一句，所以韦先生写道："嘉靖十五年（1536年），居正在被录取为生员后，即在当年秋天来到省城武昌参加乡试。"但嘉靖十五年并非乡试年，乡试是在第二年即嘉靖十六年（1537年）。而韦先生列举出来的材料，只能说明顾璘对张居正的器重和张居正对顾璘的感谢，并不能落实张居正参加了嘉靖十六年的乡试，并且考官准备录取却被顾璘阻止。恰恰相反，如果顾璘真正阻止，倒是不合情理，谁能保证张居正下次就一定能中？

①朱东润著：《张居正大传》，上海：开明书店，1945年。

再如，张敬修的《太师张文忠公行实》和李选的《荆州府知府中溪先生元阳行状》，在张居正入官学为生员时的记载上有矛盾。当时，荆州知府到底是张敬修所说的李士皋，还是李选所说的李元阳？韦先生已经发现了这个矛盾，但没有落实，只是加了一个附记，“供参考”。如果查阅《荆州府志》，这一问题应该可以解决。

在一部80万字的大书中，存在这些细微的问题，按理来说不足为怪，但是，因为这是张居正一生中带有传奇性的事件，关注度太高，所以还是有定论或者有合理的解释更好。

四、日复一日搜集整理材料

韦先生在《后记》中，以这样一段话作为全书结束语：“本书定稿之日，恰好是自己年届七十之期。时间是非常宝贵的，我应该更加努力工作。”

多年前初读此书时，对这句话完全没有感觉，但这一次重读，却不禁感慨，因为按中国传统的算法，我也年届七十了，但并没有韦先生那种时间非常宝贵、要更加努力工作的想法。这大概是我们这一代人，确切地说，应该是我这类人和韦先生的最大差别，使命感没有那样强烈。当然，即使韦先生那一代学者，像他那样精力充沛并富有使命感的，也并不是太多。

韦先生有不少学术头衔，并被多家知名高校如哈佛大学、牛津大学以及香港科技大学、台湾政治大学等聘为客座教授或研究员。但在我的印象中，他好像没有担任什么“行政职务”，所以也没有办法或者是根本不屑于调集人力物力去“拿大项目”“出大成果”“得大奖项”。即使在成名之后，他仍然像一个档案馆的普通工作人员、工厂的普通“一线工人”，日复一日地在档案馆和图书馆搜集材料、整理材料，然后又亲力亲为地完成自己的著作。由于珍惜时间、努力工作，所以韦先生在完成了《张居正和明代中后期政局》这部著作之后，2005年又出版了《澳门史论稿》。特别是在他80岁时，又出版了比《张居正和明代中后期政局》篇幅还大的历史小说——《正德风云：荡子皇帝朱厚照别传》[①]。这种精神，既令人钦佩，又令人汗颜。

清人刘献庭称：“明只一帝，太祖高皇帝是也；明只一相，张居正是也。”这大概是后人给张居正的最高评价。邹元标因弹劾张居正而被廷杖，虽然落下后遗症，却坚持为张居正平反，他对张居正有八个字的看法：“功在社稷，过在身家。”或许可以说是相对客观的评价。虽然众说纷纭，但对于张居正的总体评价，其实并不难，关键在于时代和立场。当国家承平，强调社会的自由与开放、强调自我约束和道德恪守时，对张居正一般是批评的。而当国家危亡，需要有人义无反顾、挺身而出，挽大厦于将倾、拯社稷于将覆时，对张居正一般是赞扬的，因为社会需要张居正这种想办事、能办事的人。

这篇读后感的题目为《永远的张居正》，是因为对张居

①韦庆远著：《正德风云：荡子皇帝朱厚照别传》，广州：广东人民出版社，2008年。

正的研究、对张居正的不同评价，将长期存在。不管后人怎么评价，张居正还是那个张居正，那个只办利国利民事、不计身前身后名的张居正。

（原载《中国社会科学报》2019年6月3日）

《国史通鉴》总序

这是我和《百家讲坛》栏目的第三次合作，和商务印书馆则是第二次合作。

和《百家讲坛》的合作始于2009年。那时的《百家讲坛》正处于鼎盛后期，朋友聚会、家人聊天，时时有人说及“百家”；阎崇年、王立群、于丹等老师也通过他们的讲课，引导人们从各种各样的“选秀”“搞笑”节目中脱出身来，关注中国历史、中国文化。如果说20世纪90年代的一段时间，余秋雨教授以一己之力，通过《文化苦旅》搅动了中国人的文化热，那么，进入21世纪后的一段时间，则是《百家讲坛》扛起了传播中国传统文化、激发大众历史热情的大旗。

但是，当《百家讲坛》栏目组邀请我加盟时，我犹豫了。犹豫什么？说不清楚。当我们决定做一件事情的时候，我们可能有十分明确的目的，至少是直接动机；当我们需要做出一种选择而犹豫的时候，却很难说出十分清晰的理由。勉强要说，也许有三个担心：一是担心时间。手上有多个课题，从国家社科基金项目到横向合作项目，得亲力亲为完成，是否有时间和精力做《百家讲坛》的节目？二是担心内容。《百家讲坛》与大学讲台不同，大学讲台的核心价值是学术创见，《百家讲坛》的根本要旨是雅俗共赏。选择什么样的内容、采用什么样的方式表述，才能达到雅俗共赏？三是担心效果。我从来不畏惧上课，但素来不习惯“哗众”，不屑于“取宠”，直到现在，听到装腔作势的煽情就起鸡皮疙瘩，所以自我感觉不适合做大众节目。而电视节目恰恰是大众节目，讲究“收视率”和“回头率”，要让观众把屏幕停留在这个节目上，要让观众手上的遥控器转了一圈之后又回到这个节目来，不哗众、不取宠、不装腔作势地煽情，有收视率、有回头率吗？所有这些，心里都没有底。另外还有一个纠结：作为专业历史研究者，做大众节目是不是“不务正业”，同行怎么看？低头抬头都是圈子里的人，和圈外朋友友情客串毕竟不一样。

最后还是上了《百家讲坛》的“贼船”，否则就没有后来的故事。编导王珊曾经很得意地对我说，只要是她看中的老师，就很难逃脱“追捕”。在这个过程中，毛哥（佩琦）和商传兄的榜样，邵鸿的反复鼓励，李锋的多次鼓捣，都起了推动作用。但是，推动归推动，最终决定上船，主意还是自己拿的。长期以来，我和邵鸿以及其他朋友一直在交流史学的功能问题、史学的大众化问题。发挥史学的“人文”功能，让大众在历史的讲述中得到愉悦、得到感悟，向大众传播我们认为是“正能量”的历史观和价值观，这既是历史研究者的责任，也应该是十分快乐的事情。既然如此，还有比央视《百家讲坛》更好的平台吗？而王珊的诚恳态度，也打消了我的一些顾虑：不过多考虑“收视率”和“回头率”，按照自己的风格讲，不是附和观众而是引导观众，把传播对象定位在中等及以上文化层面。

于是有了连续三次的合作，其间固然有无数次就内容与形式的“被修理”与“反修理”、“被控制”与“反控制”，但我与《百家讲坛》的合作也越来越默契。不少朋友问我，听说《百家讲坛》很霸道，不断要求老师如此这般、这般如此。说心里话，我没有这种感觉。不知道是因为我接受意见很虚心，还是《百家讲坛》对我很宽容。

第一次合作，讲的题目是《大明嘉靖往事》。似乎是讲嘉靖“皇帝”，但我把它讲成了嘉靖“时代”，而其中揭示的则是普遍的历史现象。其中的有些篇章，如《礼是打出来的》《算账要算政治账》《奸臣三部曲》《忠臣是怎样铸成的》，等等，我认为是可以成为经典的。

第二次合作，讲的是《万历兴亡录》。同样，主要说的不是万历“皇帝”，而是万历“时代”。万历时代是中国历史上一个自由奔放的时代、一个酷似“前资本主义”的时代，但中国社会并没有由此进入近代社会，而是乐极生悲地退回到了严峻冷酷的古代社会。《北京晨报》资深记者陈辉曾经问我：《万历兴亡录》的电视节目已经有了很好的反响，你怎么评价由讲稿改编出版的著作，这个著作中有哪些地方比较精彩？我很自信地告诉他：我的文字表述能力超过语言表达能力、逻辑思辨能力超过形象描述能力，只要读下去，处处是精彩，而且是“未删节版”，所以著作应该比电视更精彩。从《是非张居正》到《“飞语山人”乐新炉》，从《“词宗先生”戚继光》到《打虎英雄落平阳》，从《事情怕就怕认真》到《与人方便自己方便》，从《人进我退》到

《明朝的国殇》，展示的是一个王朝由极盛到式微的各个方面的外在表现和内在因素，是一个王朝坍塌前无可奈何的多维背影。我甚至很得意地问他："你在其他著作中看得到这些信息吗？在中国历史上，曾经多次重复类似嘉靖至万历时期这样的'似曾相识'的乐极生悲的故事，所以，其意义远远不止在明代。"

这两个题目讲述的内容都在我的研究范围之内，都是明代史的题目，其中包含我的一些最新研究成果。但当栏目组希望我做第三个节目时，我觉得不能再做明代了，应该做一个更"大气"的题目，既是对自己的一次挑战，也争取给《百家讲坛》注入一些新的元素。

我曾经考虑彻底改变一下风格，讲一个"方志远说金庸之韦小宝"。《鹿鼎记》是金庸为读者提供的开启中国"江湖文化"和"庙堂文化"迷宫的钥匙，韦小宝则是破解中国古代"官场潜规则"和"黑道规矩"的向导，极有研究价值和解读意义。但《百家讲坛》希望维护我作为历史学者在屏幕上的形象，否定了这个设想。

那么讲什么？我和王珊同时想到了司马光的《资治通鉴》，接着又想到了《中国通史》。经过反复商议，并征询了诸多朋友的意见，决定把"通史"和"通鉴"结合在一起，定名为"国史通鉴"，当时考虑分为4—5部，共100—125集，现在看来需要有6部150集。当时的两位制片人聂丛丛、那尔苏，还有央视科教频道副总监冯存礼先生，都认同这个主题和思路。《百家讲坛》过去讲的都是一朝一代，或者一个人物一本书，他们早就想做一个大的题目，上下贯通，从炎黄一直说到鸦片战争乃至清帝退位。双方做出这样一个决定的时间是2012年4月。

关于这个主题的宗旨，我在《国史通鉴》的第一集做了这样的表述：

> 这个“国”是中国，“国史”就是中国的历史、中华民族的历史、中华文明的历史……我们将尽可能地展示，中华民族、中国文明的历史是如何的悠久、如何的无间断，对于它的记载又是如何的详密。同时，我们也将讨论，在中华民族、中国文明的发展过程中，曾经发生过哪些问题、走过哪些弯路，我们的先人曾经犯过哪些本来可以避免的错误，他们为我们今天的发展提供了哪些借鉴？所谓“前事不忘，后事之师”，这也是我们为这次讲课取名为《国史通鉴》的原因。

也就是说，这个节目和这部著作是向大众讲述中国的历史、中华民族的历史、中华文明的历史，同时分析其中的利弊得失，以为今日之借鉴。

主题固然气势恢宏，难度也是非常之大。第一，取舍难。上下五千年，发生了多少故事、淘洗了多少英雄，应该选择哪些故事、哪些人物，又怎么讲述这些故事、这些人物？第二，把握难。无数的史籍史料、无数的专书专论、无数的考古发现、无数的民间传闻，如何把握尺度、彰显主题？第三，突围难。前辈的鸿篇巨制，前有钱穆《国史大纲》，后有李定一《中华史纲》，皆久负盛誉；范文澜《中国通史简编》影响巨大，蔡美彪积10卷本《中国通史》的功力推出《中华史纲》；樊树志在《国史概要》之后，又有《国史十六讲》。此外，更有白寿彝先生在《中国通史纲要》基础上主编的12卷22册《中国通史》，费正清、崔瑞德主编的15册《剑桥中国史》，以及尚未见到中文译本的《剑桥中国上古史》。如此等等，犹如横亘在面前的雄山大川，如何跋山涉水，如何突出重围？

在确定《国史通鉴》这个主题时，也考虑过这些困难，但真正的困难总是在工作展开之后逐步显现、深刻感受的。这种情况在我的人生历程中，在我的学术生涯中，乃至在每一篇论文的写作过程中，时时发生。基本经验是，放弃意味失败，坚持可能成功，关键在于有自己的个性和特色。

写作的过程是一个学习的过程。范文澜先生关于中国统一多民族国家形成道路与西方国家的区别，钱穆先生对《国史大纲》读者要求的“诸信念”，李定一先生关于《中华史纲》自我勉励的“四规律”，《剑桥中国史》作者们置身山外揭开的“庐山真面目”，以及前辈学者和同辈朋友在各个断代史研究中所取得的真知灼见，都是在跋山涉水的过程中观赏到的绚丽风光、感悟到的敬业风范，他们在帮助我突出重围。

当年《万历兴亡录》出版的时候，有读者将其和黄仁宇先生的《万历十五年》进行比较，我很高兴，也很荣幸。因为我是《万历十五年》的忠实粉丝，而我们这一代人的“史商”，在一定程度上是由黄仁宇先生开发的。但这两本书其实是很难进行比较的，倒是可以互补。最近我在一个“总裁”班讲课，他们让我推荐几本明代史的著作，其中我推荐了《万历十五年》和《万历兴亡录》。为何同时推荐两个“万历”？因为这两部书都是以万历时期为描述对象，但重点不同、风格不同。前者是以散文方式撰写的学术性历史著作，重点放在“庙堂”，后者是以学术态度撰写的普及性历史著作，力求表现“多元”。学员及其他读者可以从两种不同风格的著作中体验万历时代。

《国史通鉴》也是以学术态度撰写的普及性历史著作，以上种种的多卷本、单本“通史”“史纲”和断代史著作，均为“参考文献”和“学术基础”。特别是由于先通过屏幕传播，再由文本传播，决定了这部《国史通鉴》是以“说”为基础，传播的对象首先不是翻开书本的读者，而是打开电视或电脑的观众。所以我和很多朋友说，这部书和其他《百家讲坛》的书一样，创作过程有点儿像明代的“小说”：先要有“话本”，这是一次创作；然后在“话本”的基础上讲课，这是二次创作；最后根据讲课和思考进行梳理、补充，这是三次创作。由于传播的对象首先是电视观众，所以，头绪不能太复杂、内容不能太生僻、论证不能太烦琐、形式不能太单调。

用学术态度撰写“普及性”历史著作，也决定了《国史通鉴》和以戏谑态度撰写的各种“历史读物”“历史小说”有着根本性不同，“说教”固然不可以，“戏说”更是忌讳。应该以轻轻松松的语言、认认真真的态度讲述历史，而不是天花乱坠说评书、编故事、发议论，既不能过于“劳累”读者，更必须言之有据。

出于上述考虑，拟出了《国史通鉴》写作的“十二字方

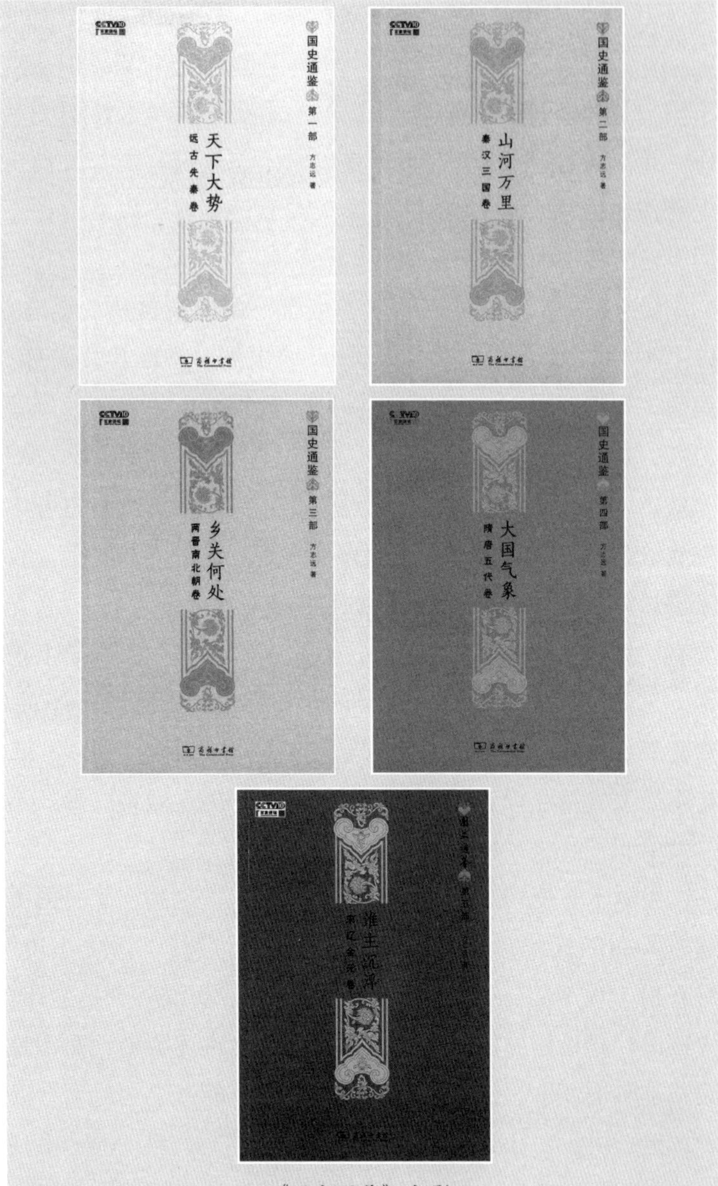
国史通鉴
第一部
天下大势
远古先秦卷
方志远 著
国史通鉴
第二部
山河万里
秦汉三国卷
方志远 著
国史通鉴
第三部
乡关何处
两晋南北朝卷
方志远 著
国史通鉴
第四部
大国气象
隋唐五代卷
方志远 著
谁主沉浮
宋辽金元卷

《国史通鉴》书影

针”：定主线、选人物、说故事、论得失。而且，主线要清晰、人物要鲜活、故事要生动、分析要明快。这可以说是《国史通鉴》的基本特点。

《国史通鉴》这个150集左右面向大众的电视节目、120万字左右面向大众的历史著作，只能是一条主线。这条主线就是中国统一多民族国家的形成与发展，所有的内容都应该围绕着这条主线展开：在中国统一多民族国家形成与发展的过程中，经历了怎样的风雨、冲破了怎样的险阻、共享了怎样的太平，有过什么样的悲与喜、苦与乐？对于今天，应该汲取什么样的经验与教训？但是，中华民族历史的悠久、记载的翔实和发展的无间断，决定了这条主线应该是多彩线而非单色线，它应该包含着政治、经济、文化，上层、下层，民族、宗教等多方面的内容。

历史由人组成，只有充分展示人物的活动，历史才能鲜活和灵动起来。中国统一多民族国家的形成与发展，是一个绵长的渐进与累积过程，但又不断发生由杰出人物推动的由渐变到突变过程。我们把不被人们察觉的渐变过程交给学术论文去讨论，而把推动突变或产生影响的人物——无论是大人物还是小人物，无论是起过好作用产生好影响的人物还是起过坏作用产生坏影响的人物——“选”到这个节目和这部著作中。当然，任何一个伟大人物，在我们这个节目和著作中都是一个过客，所以我们得选择他们最走运或最背运、最可爱或最可恶、最好玩或最窝囊的那些片段，一句话，选择他们在历史上划下最深刻痕的那些片段进行讲述。

“历史人物”从来都是和“历史事件”联系在一起的。

当然，在我们这个节目和著作里，只有那些对历史进程产生影响的事情才能称为“历史事件”，才是“大事”。皇位继承、朝代更替本来是大事，但是如果没有对历史过程发生明显影响，那它就是一家一姓的小事，不属于我们这个节目和著作的“故事”。而黄河边的一场连日大雨、穷秀才的一个报复念头，为节约开支而裁减冗员、为整肃法纪而抓捕走私，本来都是司空见惯的小事，或者是一个政权在行使正常权力，结果却掀翻了一个王朝、颠覆了一个政权、涂炭了几代生灵、改变了历史进程的方向，就成了荡气回肠的大事。这些才是我们要在节目和著作中大说而特说、大书而特书的“故事”。

关于历史学的社会功能，前人已经有过诸多的表述，最著名的莫过于孟子所说“孔子作《春秋》而乱臣贼子惧”，唐太宗所说“以史为鉴可以知兴替”，还有培根所说“读史使人明智”。有一种高考复习资料概括了历史学家们提出的历史学的五大社会功能：认识历史的途径、延续文明的纽带、传承精神的载体、治国安邦的宝库、启迪人生的向导。

乍看起来，真有道理。但坦率地说，虽然读了五十多年的历史书，教了三十多年的历史课，我还真不知道历史学竟然有如此多的功能，有如此大的威力。相反，一直在怀疑，一部《春秋》能否吓倒真正的“乱臣贼子”、学历史的人真就比别人“明智”？以史为鉴固然可以知兴替，但如何才能使自己打磨出来的镜子照出来的是相对客观的历史，绝对不是容易的事情。有时我想，历史学是否需要承受如此大的压力，是否需要揽下如此大的责任？但是，司马迁提出的“究天人之际、通古今之变、成一家之言”，却成了历史学者代代相传的“基因”，欲罢不能。所以，尽管《国史通鉴》是普及性的历史著作，我仍然希望能在向大众轻松愉快地讲述中国历史长河中所发生的“秋月春风”的同时，认真负责地解析中国统一多民族国家形成与发展过程的“是非成败”。当然，讲述和分析是否得体，躲不过观众和读者的慧眼。

感谢关心这个节目播出和这部书出版的所有朋友，是你们的鼓励和支持，给了我坚持下去的信心。感谢商务印书馆的编辑和领导，我和《百家讲坛》第二次合作节目的书稿《万历兴亡录》，就是由商务印书馆出版的。忘不了商务印书馆为了推介《万历兴亡录》，在首都博物馆举行了盛大的首发式，首都博物馆郭晓凌馆长、商务印书馆周洪波总编辑、《百家讲坛》制片人聂丛丛女士、“毛哥”佩琦等亲临助阵，邵鸿兄在出席另一个会议的间隙来到现场，四百多人的大厅座无虚席，首发式成了一次学术演讲会。责任编辑蔡长虹的主持，也成了一道风景线。这一次，因为《国史通鉴》的出版，更加深了我们之间的缘分。

无论是这个节目还是这部书，与以前的节目和书一样，也一定存在诸多错误。这些错误倒未必完全是因为以一人之力讲述几千年历史，因为即使是说自己“地盘”上的明史，也会发生错误。原因是多方面，用南昌话说，有时甚至是“边打锣鼓边出鬼”，错得莫名其妙。所以我对很多朋友说，自从上了《百家讲坛》，我就再也不敢说自己不犯错误，也更宽容别人的错误了。且不说不看讲稿连续讲40多分钟，就是平时和朋友交流，也不免会有口误。当然，还有不少习惯性的错误。比如，一个字的读音，从小就没有读准，但以为就是这样读的；一个事情从来就是这样说，怎么可能会错呢？但恰恰一开始就可能记错了。这其实也很正常，电脑也可能有短路的时候。能够做到的，是尽可能地减少错误，特别在节目制作的过程中、在著作校对的过程中尽可能发现并纠正错误。

在与《百家讲坛》进行第三次合作之际，如果要我说对《百家讲坛》的认识，我想表达这样几个意思：第一，十分感谢《百家讲坛》，使我有一个和大众交流、向大众传递我的历史观和价值观的平台。第二，由于种种原因，并不是每一位好学者都会上《百家讲坛》，所以决不能以是否上《百家讲坛》作为评价学者的标准。第三，上了《百家讲坛》的学者未必就是在自己的研究领域做得很好的学者，但能上《百家讲坛》的学者一定是能讲课的好老师，而且上了《百家讲坛》之后，课会讲得更好。第四，任何事物都有它发展的“常态”和“异态”。作为一个电视栏目，《百家讲坛》已经度过了它开始的低迷期和此后的极盛期，进入一个“常态”发展期，“说三国”“讲《论语》”的风靡不可能再现，但只要用心打造，《百家讲坛》应该是央视的一个持续品牌，我愿意和大家一起珍惜和爱护这个品牌。

《大明嘉靖往事》播出第一集的时候，孙女爱爱正好两个月；《万历兴亡录》开播的时候，爱爱不但可以很清晰地叫“爷爷”，还可以晃晃悠悠到处跑了。《国史通鉴》第一部预播时，爱爱三岁半，在电视机前看节目，据说看了“好一阵子”，兴奋地说：爷爷在电视里讲故事。“好一阵子”后发问了："爷爷的故事什么时候讲完啊？"我没有问"好一阵子"是多久，也许是三分钟、五分钟。三岁半的小孩能够听这个讲课"好一阵子"，除了感情因素之外，应该说节目还是有吸引力的。此后的发问，一定是觉得这个节目没有爷爷面对面地给她讲"从前有座山，山上有座庙，庙里有两个和尚，老和尚给小和尚讲故事……"好玩。我录制《国史通鉴》第三部的最后一集《南朝旧事》，想说说北朝民歌《木兰辞》，但关键处卡住了。一闪念，调出手机视频，六岁的爱爱童音清脆："万里赴戎机，关山度若飞。朔气传金柝，寒光照铁衣。将军百战死，壮士十年归……"谢谢，爱爱小朋友！

2014年3月10日

东航MU5188次航班46A座

2016年8月12日修订

东航HU5188次航班42L座

（方志远著：《国史通鉴》，北京：商务印书馆，2017—2022年）

附记：《国史通鉴》已经出版五卷：《天下大势　远古先秦卷》《山河万里　秦汉三国卷》《乡关何处　两晋南北朝卷》《大国气象　隋唐五代卷》《谁主沉浮　宋辽金元卷》；最后一卷《路在何方　明清时代》正在写作中。

《明代国家权力结构及运行机制》后记

感谢王天有、商传两位教授的推荐，感谢华夏英才基金的立项，使我能够就自己三十年来对明代国家权力问题的思考做个小结。

1977年高考恢复，我们这批所谓的“老三届”有了重新回到课堂的机会。在当时，学什么专业、进什么学校，并不是十分重要的事情（尽管后来的事实证明还是很重要），重要的是可以上学。1979年9月，凭着年轻人不安于现状的锐气，我在读了一年大学专科之后，考入江西师范学院（今江西师范大学）历史系，从先师欧阳琛教授伯瑜先生，攻读中国古代史专业明清史方向研究生。平心而论，当时只有一张初中毕业证书（即使这张证书也已经作废，因为上面的照片被揭下来贴在了当年的招工表上）的我并不知道历史研究是何物，也不知道研究生该怎样读。而一年“大专”的经历，也主要是在自学外语，准备应付研究生的入学考试。至于此后的研究方向，或者说靠什么在学术界安身立命，根本没有想过。入学后，先师进行的第一轮教诲便是“板凳要坐十年冷”“可以有年轻的艺术家、科学家，但不要指望有年轻的历史学家”。给的任务则是读书，从《明通鉴》开始，然后是《明史》《清史稿》《大明会典》《大清会典》。同时开具的书目还有《马克思恩格斯选集》，特别是第四卷中马、恩关于历史唯物主义的通信。这些书都要求“倒本读”，做读书笔记、摘录卡片。先生一个星期检查一次。一年下来，笔记写了好几本，卡片也摘了近万张，满脑子是明清时期的人物、明清时期的政治、明清时期的制度。因此第二年开始写毕业论文，自然也是政治、是制度。当然，要写就要写主要的、核心的，具有全局性的，于是选择了明代内阁。仍然是老办法，像过去倒本读《明史》《清史稿》一样，倒本读《明实录》。

说起来很有意思，正如我在本书《导论》中所说的那样：“随着学术的推进和时势的发展，某些历史问题往往会在一个特定的时期同时引起众多学者的关注。”在我选择内阁作为毕业论文题目不久，天津召开了明清史国际学术会。从后来出版的论文集看，至少有两篇关于明代内阁的文章提交到了大会。一篇是武汉大学关文发先生的《试论明朝内阁制度的形成和发展》，另一篇是华东师范大学李天佑先生的《明代的内阁》。从学术背景

《明代国家权力结构及运行机制》书影

看，关、李两位先生都是前辈学者。但时隔多年后我突发奇想，仅就明代国家制度的研究而言，大家其实都处于起步阶段。导致我产生这一想法的原因有两个。其一，1963年至1976年，大陆学术从总体上说基本中断。如果不是一直在思考学术问题，1963年和1979年的起点差不了多少。其间的差别，是学术背景。其二，大凡研究明代内阁，一般应该是一个学者研究明代国家制度的开端。任何一个“科班”的或“正统”的明代史研究者，没有不首先关注政治及制度的；关注明代政治及制度，首先必然是内阁。在尚未见到相关的成熟学术成果前，将其作为研究对象便是符合逻辑的选择。随着学术的推进，在杜乃济《明代内阁制度》[①]的基础上，在大陆学者研究内阁的基础上，王其榘的《明代内阁制度史》1989年由中华书局出版，谭天星的《明代内阁政治》1996年由中国社会科学出版社出版。除非是发现了新的带有颠覆性的材料，明智的学者是不会回过头来研究内阁的。

1981年春节前，先师已经得到了关、李两位先生的大会论文稿，但并没有给我看，而是要求我在不受外界干扰的情况下，按自己的思路继续完成论文。这和今天的论文写作先厘清“学术史”不同。因为在先师看来，撰写毕业论文的目的不是为了发表而是为了训练，为了训练纯粹的“读书得间”“论从史出”的独立研究能力。春节后，论文初稿写完，先师出示那两篇论文，让我自己进行比较。最大的发现

①杜乃济著：《明代内阁制度》，台北：商务印书馆，1967年。但20世纪80年代初大陆看不到该书。

是，关文的材料依据主要是《明通鉴》，李文的材料依据主要是《明史》，而我的毕业论文主要材料依据是《明实录》，于是我有了信心。但先师告诫：会议论文大多是急就篇，不能体现学者的真实研究水平，这与研究生毕业论文可以花一两年的时间收集资料、反复打磨并由导师指导和修改不同。

应该说，研究明代内阁是我从事明代史研究特别是从事明代国家问题研究的起点。而在研究内阁的过程中，仅《明史·职官志》的一句话，“内阁之票拟，不得不决于内监之批红”，便会将研究者带向内监特别是司礼监，接着便是内府和外廷的关系。这是横向问题。而纵向，自然是巡抚、巡按、司道、府县、里甲。这是我当时准备系统研究明代国家权力问题的基本思路，也是本书的基本结构。

但在随后的时间里，我并没有真正沿着这条路走太远。

其一是没有必要。因为我不久就发现，有不少学者也在走同一条路。大家在路上碰上了，于是各走一段，形成了没有计划却有默契的分工合作、群体研究。有研究巡按御史的，有研究兵备道的，有研究州县的，有研究里甲的，也有研究宦官的。而且每一段路都有不少学者在走。比如在研究巡抚的路上就遇上了老朋友罗东阳、王跃生、刘秀生，还有张哲郎老师、关文发老师等；在研究宦官的路上，则遇上了新朋友梁绍杰、冷东、田澍等，而且王春瑜、杜婉言先生早就在路上等着。一旦踏上州县及基层的路，更多的朋友——赵世瑜、柏桦、唐力行、常建华、陈支平、郑振满、陈春声、刘志伟、周绍泉、栾成显、梁洪生、曹国庆、陈宝良、卞利等，已在前面挥手，有的甚至接近地平线了。所以，现在的这个著作虽然主要是我个人的研究心得，但也充分借鉴了这些新老朋友的成果。

其二是我在专业“背景”方面补了一些课，读了一批明人的文集、笔记，以及清人研究明代史的著作；也读了一批专史，如政治史、法律史、经济史、史学史等方面的著作，以及日本及西方学者的历史学、社会学、人类学等方面的著作。给历史系本科生开中国古代史及明清史课，是另外一种补课。因为在备课的过程中，需要在“通史”和“专史”两个方面强化基础。更为集中的补课则是到南开大学明清史研究室进修，师从郑克晟教授，专攻明史。同时得到刘泽华、冯尔康、南炳文、谢代刚诸先生及时任南开大学校长滕维藻先生（尽管没有谋过面）和先师早年的一个学生刘仁智先生的帮助。在“补课”的过程中，学术兴趣也发生了某些转移。

回想起来，先师一手促成我去南开进修（当时属“计划外”），或许也是在实现他自己的一个夙愿。先师当年在西南联大读研究生，导师是邵循正先生，毕业论文的答辩主席则是郑天挺先生。先师对郑老先生心仪已久，随着郑老先生东赴南开，先师的情结也转到了南开。

伯瑜先生和克晟先生都是根底深厚的传统型学者，讲究勤读史料，讲究读书得间，治学方法则是在读书的过程中摘录卡片、写读书札记，当积累到一定心得时，才动手撰写论文。所以，他们的论文都不是为了发表“写”出来的，而是通过读书“悟”出来的。但到了我们这一辈人，情况发生变化，职称评定、年度考核，文章大多是被“逼”出来的。数量可能不少，但真正禁得起检验、禁得起“把玩”的不多。

所幸多年来受两位先生“悟”功的影响，在被“逼”的同时也一直在“悟”。后来写巡抚、写御马监、写镇守中官、写知识宦官、写江右商帮与江西讼风、写传奉官与成化时代，也自认为“悟”的成分比“逼”的成分更多些。而且，随着中国学术向纵深发展，“悟”的成分也越来越多。故此最近在接受一个学术报纸的记者采访时，我斗胆说了一句：“越是近期发表的作品，感觉越是好些。”因为中国学术在进步，自己也应该有所进步。

在我的学习历程中，谷霁光先生对我的影响是巨大的。谷老是具有博大气度的学者，得以在他人生的最后几年时间里时时过从、听取教诲，是我一生中的幸事。谷老关于广博、专精、融通相结合的学术理念，关于从生产生活、从时局大势、从人物活动、从偶然因素综合分析历史发展进程，揭示政治走向，理解古人行为的思维方式，对我来说可谓受用无穷。也使我对历史唯物主义和辩证唯物主义、对黑格尔关于“存在即合理”的命题有了更深刻的认识。

在扬州大学师从王小盾教授读中国古代文学的博士研究生，曾被同行朋友戏称为“自坠身份”。因为王小盾教授是我大学的同班同学而非前辈学者，扬州大学又并非“名校”，我自己也已经是“教授”。但在我们这一个年龄段的学者中，乃至在至今还在职的学者中，综括文、史、哲三大传统学科，王小盾教授所达到的学术层次和学术境界，我不作第二人观（至少在大陆学界如此）。否则，就是我孤陋寡闻。三年扬州并非梦，它既让我扎扎实实地读了一批书，同时也尽可能地尝试像小盾师那样，从大文化的视野和多学科的角度去思考历史问题。因为历史本身就是多层面的、纷繁复杂的。

犹如历史的进程一样，人生的道路也往往由一些偶然因素所决定（当然不排除其中的必然性）。如果不经历20世纪六七十年代，我一直相信自己应该研究数学或天文学。而明代史研究者的行列中有我，很大程度上是出于杜婉言老师和汪圣铎老师的“挽留”。20世纪80年代大学教师的日子是拮据的，收入低、住房紧、压力大。为了解决家庭的生计问题，我从1981年底即研究生刚毕业时就开始在“电大”兼课，并在当地的成人学员中闯下了比较响亮的名头。后来，这些学员中的不少人考了律师证，成了律师，经济收入可观。在他们的鼓动下，我也准备参加考试，改行干律师。如果成功（当然没有不成功的道理，因为迄今为止，凡是参加过的考试，还没有不成功的先例，这大概也是我至今“狂”性不改的重要原因），至少当地会有一位名律师出现。但就在准备考试的那一年，1987年，我同时给《中国史研究》和《文史》投了稿，不久即收到用稿通知。后来知道，是杜婉言老师和汪圣铎老师代表各自“编辑部”给我写了修改意见。这两篇稿子的题目是《明代的巡抚制度》和《论明代内阁制度的形成》（1981年毕业论文的修改稿），分别发表在《中国史研究》1988年第3期和《文史》第33辑。这两篇论文可以说是我研究明代国家制度的基础。而在当时的地方院校，初出道的学者没有人推荐能在这里发表文章是难以想象的事情。所以当时就有朋友打听：你在那两个地方有熟人？但杜老师和汪老师我当时并不认识，也没有任何人打招呼。由于有他们代表这两个刊物的挽留，于是我死心塌地搞历史，转眼又是20年。如果在今后的人生中不发生戏剧性变化，此生可能也不会改行做其他事情了。

现在呈献给读者的这部著作，对于动态地揭示明代国家权力的内部结构和运行法则，对于客观地认识中国古代社会国家制度的一些本质特征，我认为是有贡献的，也算是对自己的一个交代，但我自己对它并不满意。倒不是说书中讨论的有些问题还没有搞透，事实上我们所做的事情只是在接近历史真相而不可能穷极真相。而是因为涉及的面太宽，需要关照的问题太多，而大凡“课题”，又都有时限，这就造成“悟”得不够通达透彻，综合分析及文化层面的揭示更显不足。

我曾经承诺过一家出版社的朋友，争取写出一本自己“悟”出来的、学究气息少些、启示性多些、因而可能受到读者更多欢迎的历史著作。我想，我会实践这个承诺的。

科学出版社在得知我的课题立项后的第一时间主动联系，并立即签订出版协议，令我感动。王刃余、郝莎莎前后两位责任编辑的积极配合和宽松管理，更令我感到亲切。

在本书写作及最后校稿过程中，谢宏维博士及汪红亮、陈刚俊二君付出了辛勤的劳动，在此谨致谢意。

2008年春节

江西师范大学北区寓所

（方志远著：《明代国家权力结构及运行机制》，北京：科学出版社，2008年）

《王阳明：心学的力量》后记

从《大明嘉靖往事》，到《万历兴亡录》《国史通鉴》，屈指算来，《王阳明》是我和《百家讲坛》合作的第四个系列节目，也是我和《百家讲坛》开始合作时提出的第一个选题。

那是2009年4月。当我提出录制“王阳明”时，被编导王珊、李锋二位小友断然否定，理由是：王阳明知名度太低，《百家讲坛》需要收视率。我大吃一惊，有没有搞错啊，王阳明知名度低？即使低，难道就不能通过我们的节目让他的知名度高起来？当然，不得不承认，王珊、李锋是对的，我是错的。截至2009年，王阳明的知名度确实不高。举个例子，2004年6月，我借出差宁波之便，专门去了一趟余姚，打上“的士”，说去“瑞云楼”，司机说没听过。我说“瑞云楼”就是王阳明的故居，司机一愣：“王什么？”“王阳明”，我重复了一遍。司机一脸茫然，他真的没听说过，不但没听说过“瑞云楼”，也没听说过“王阳明”。2010年前后，王阳明的知名度开始高了起来，但直到2015年10月的一天，商传教授告诉我，刚在某省某市的“中心学习组”讲王阳明，课后一位正县级领导拉着他的手说：商教授，这个“王明阳”真是了不起。听了半天课，知道了一个名字：“王明阳”。商传说的这个真实的故事，让我好一阵子犯糊涂，到底是“王阳明”还是“王明阳”？王阳明知名度确实不高。

最近几年，王阳明的知名度一路飙升，热心于“王学”的朋友也越来越多。在一些圈子里，言必称“王阳明”已成时髦，口不离“致良知”象征身份，而一些机构传播“知行合一”的方式，颇类风靡一时的“祭孔”，更似屡禁不止的“传销”。说来奇怪，任何“文化”一旦加热过度，便成“文化产业”；一旦成了“产业”，“文化”自然变味。

有个好玩的事情。一家电视台拍摄王阳明宣传片，让我提意见。我一看宣传大纲，第一句话是：“王阳明是中国历史上唯一没有争议的立德、立功、立言‘三不朽’第一人”。我问这个提法从何而来，答复是“专家”的结论，但专家怎能下如此不顾事实的结论？事实是，王阳明从其闻名于世开始，就一直存在争议、一直毁誉参半。这个事情说明，即便是“专家”，也未必真正了解王阳明，或者，未必能够客观看待王阳明。

《王阳明：心学的力量》书影

还有个更好玩的事。有位企业家朋友，三年前打算投资拍摄王阳明的电视连续剧，希望我做历史顾问，并且找来了一位据说比较著名的编剧。但是，编剧“编”出来的剧本是穿越剧的路子，朋友和我都不满意，这不胡闹吗？但人家编剧不这样看，穿越剧的路子有什么不好？可以多卖拷贝啊!应该说，编剧比我们更了解观众，“正版”的王阳明未必受欢迎，“戏说”的王阳明才可能有市场。这或许就是“文化市场”的属性，我跟不上形势。

忍不住还要说一个比较严肃的事情。2017年11月在北京出席一个超大规模的“王阳明”会，会上的主题报告，说明朝患了癌症，王阳明给明朝的癌症开药方。此言一出，石破天惊，满场喝彩，我却愕然。王阳明的学说确实是给明代社会开药方的，但谁说王阳明的时代明朝得了癌症？一个朝代犹如一个人体，人总是会得病的，人体也确实是有癌细胞的，但并不是有癌细胞就有癌症，更不是得了病就是癌症。明朝也一样，明太祖朱元璋时期就杀了无数的贪官污吏，能说明朝一开始就得了癌症？王阳明出生在明朝开国的第105年，去世于明朝亡国前的115年，王阳明的时代，正是明代多元化社会形成的时代、是明代的社会转型时代，明朝老百姓的好日子才刚刚开始。当然，伴随着社会的转型、社会的多元化，种种新的社会问题也开始出现，这本是社会发展的正常现象。王阳明学说的核心，“亲民”“致良知”“知行合一”，正是针对这些社会问题开具的药方，但并非治疗“癌症”的药方。难道明朝竟然拖着患有癌症的躯体，度过它的大半生？

以上种种，说明这些年来，王阳明的知名度虽然高了，但人们对王阳明、对王阳明学说、对王阳明时代并非真正了解。尽管如此，我仍然认为，不管通过哪种方式，只要真正能让王阳明的学说、王阳明的思想、王阳明的精神传播出去，哪怕是传播一点点，让多一些的企业家、公务人员及各色人等多知道一些“亲民”“致良知”“知行合一”，就是好事，就应该鼓励。恰恰相反，人们对王阳明、对王阳明学说、对王阳明时代的不了解，倒是我们这些所谓的学者没有做好工作，没有把相对真实的王阳明、王阳明学说、王阳明时代，用人们喜闻乐见的方式、用王阳明的话、用“愚夫愚妇”的方式传播出去。

青年时代的王阳明，孜孜以求地“学为圣贤”；中年时代的王阳明，义无反顾地“知行合一”；晚年时代的王阳明，越来越回归于平淡，将“致良知”视为一生之精神。有朋友问我，王阳明学说的最高境界是什么？我归纳了一句话十个字：“心中有良知，行为有担当。”这是对有抱负、有想法的朋友而言。还有一句话，也是十个字：“心中有良知，满街皆圣人。”这是对所有的人而言。有位企业家朋友把“心中有良知，满街皆圣人”十个大字书写在自己创办的“庐陵人文谷”入口处，警醒自己、警醒他人，让我感动。

坦率地说，在很长的一段时间里，我对王珊、李锋否定我录制王阳明的节目耿耿于怀，但现在我觉得应该感谢他们。十年前我提出录制王阳明的节目，一是因为对王阳明学术与功绩的景仰，我是他的铁杆粉丝；二是因为曾经写过一本王阳明的传记，以《旷世大儒王阳明》的书名出版，如果讲王阳明，撰写讲稿比较轻松。但可以肯定的是，如果当年我以这样的态度录制“王阳明”，大概会停留在1997年写作王阳明传时的水平。但是，十年之后的今天来讲述王阳明，我自认为已经有了突破性的认识。

认识上的突破，得感谢“王阳明热”兴起之后，多地党政机关、多家办学机构请我讲述王阳明，使我对王阳明的功绩、王阳明的学术有了更加深入的思考。在我接触的领导干部和企业家中，确实有“懂”王阳明者，在和他们的交流中，我也获益良多。我甚至认为，如果他们真正研究王阳明，对王阳明学说的理解、对王阳明精神的领悟，绝非高校和研究机构从本科到硕士、到博士、到博导的一般学者可比。因为，王阳明学说的形成，既是从“书”中诵读而来，更是从“事”上磨砺而来。胡居仁说：“穷理非一端，所得非一处。或在读书上得之，或在讲论上得之，或在思虑上得之，或在行事上得之。读书得之虽多，讲论得之尤速，思虑得之最深，行事得之最实。”几乎是王阳明学说形成的总结。同样，对王阳明学说的理解、对王阳明精神的领悟，固然需要读王阳明的书，更需要像王阳明那样，无论穷达，都有敢于担当的精神、都有兼济天下的情怀，甚至需要像王阳明那样，有“百死千难”的经历。

认识上的突破，还得感谢江西人民出版社总编辑游道勤。道勤是我30多年的老友、小友，我们之间有十分难得的默契和信任，是他让我对《旷世大儒王阳明》进行了修订，并以《千古一人王阳明》的新面貌由江西人民出版社出版。一个暑假的修订过程，也是我对王阳明重新体悟的过程。但是，一面为《千古一人王阳明》的出版感到高兴，一面又觉得意犹未尽。由于是修订旧稿，不忍心打破原书的结构，下不了决心推倒重来，自然也就无法把这些年的心得和感悟真正融入进去。

为了对得起王阳明，也为了对得起自己，趁着《国史通鉴》第四部和第五部的间隙，我开始重读王阳明的相关文献，特别是《传习录》，更多地关注国内外王阳明研究者的成果，也感谢钱明教授惠赠他自己及其导师冈田武彦先生的著作，与此同时，仔细琢磨王阳明身上发生的事情、反复思考王阳明及其学说发生的时代。一段时间之后，竟然觉得“任督二脉”被打通，有点王阳明点出“良知”二字的振奋，思路清晰了，写作也越来越顺畅，对于王阳明的立德、立功、立言，对于王阳明身上“人”和“神”的交融，对于王阳明“心即理”“亲民”“致良知”“知行合一”等理念的形成、内涵及相互关系，以及王学对陆学的继承、对朱学的挑战及其间的瓜葛，特别是王学对当代社会、对后世人们所产生的影响，一句话，对王阳明的心学、对心学的力量，自认为有了突破性的认识，于是有了这部《王阳明：心学的力量》。

十分感谢商务印书馆蔡长虹小友和于殿利总经理。商务印书馆已经出版了我的《万历兴亡录》和《国史通鉴》的前四部：《天下大势　远古先秦卷》《山河万里　秦汉三国卷》《乡关何处　两晋南北朝卷》《大国气象　隋唐五代卷》，以后还有第五部（辽宋金元）、第六部（明清）。虽然市面上已经有了多得数不清的“王阳明”，他们还是欣然决定出版《王阳明：心学的力量》。为了使本书尽快与读者见面，责任编辑钱杰小友付出了大量的劳动。作为当今中国历史最为悠久的出版机构，商务印书馆从19世纪末创办至今，对中国文化的传播、对西方文化的引进，做出了极为巨大的贡献，每个中国读书人，都感激商务印书馆在“开发民智”方面的贡献。十分遗憾的是，由于杂务，我错过了去年商务印书馆120年的盛典。

为了和更多的人分享我对王阳明研究和体悟的心得，我和《百家讲坛》制片人那尔苏、陈力商议，抽出这部书稿的部分内容，在《国史通鉴》的第四、五部之间，插录一个《王阳明》，了结我十年来的心愿。我的想法得到那尔苏、陈力两位小友的全力支持，也得到已经在新岗位上的王珊的支持，于是在2018年的5月11—13日、6月10—12日，录制了14集《王阳明》。我认为，这是和《百家讲坛》合作以来，录制时间最为紧凑、自我感觉也最为良好的一个节目。

《百家讲坛》的录制过去了一个多月，书稿也在商务印书馆编辑手中，但在写这个《后记》的时候，我竟然还是兴奋不已，这是以前我为其他著作写《后记》时所没有过的。

想起2014年在贵阳和董平、于丹老师一道录制王阳明的节目，我和央视主持人张腾岳小友私下交流：王阳明从小想入非非，是从“三教九流”中来，是从“异端”到“主流”。我年轻的时候也曾混迹于“三教九流”，少时甚至幻想“太乙真人”或“菩提老祖”将自己带到某个山洞学习武功，如今身边的朋友，仍然有不少“三教九流”。

原来，这一次写作王阳明、讲述王阳明的感觉，好像是在面对身边的朋友，讲述一位刚刚去世的朋友的故事。这位刚刚去世的朋友，名叫王阳明。

为本书题写书名的，是当代著名书法家、书法理论家、中央美术学院邱振中教授，特此致谢!

2018年7月27日
井冈山红东方寓所
2019年4月9日
改定于江西师范大学北区寓所

（方志远著:《王阳明:心学的力量》，北京:商务印书馆，2019年）

附记：这个事情的启动，是在2017年4月9日，当我下了从南昌飞北京的航班，乘车前往央视《影视之家》的路上，儿子发来了刚刚出生的二宝方天悦的照片，这本书也是送给悦宝的。

江西历史与文化散论

——《江西文化概论》代序

一、"听话"的"摇篮"

明武宗正德七年（1512年），在江西余干县的万春乡，以及鄱阳、乐平、贵溪三县部分地区，置万年县。"万年"之说，一是因为境内有"万年山"，二是希望这一地区万年"太平"。但没有想到的是，这竟然成为一个谶语。

20世纪80年代，万年县一位喜欢郊游的年轻干部在大源盆地无意中发现一个洞穴，并把这个发现告诉30岁出头的从事文物考古工作的朋友王炳万。王炳万经过实地考察，凭着自己的专业敏感，认为这里可能居住过古代先人，并且把这一情况报告给时任江西省考古队队长的彭适凡教授。其实，江西考古队早在20世纪60年代就已经进行过两次发掘，并将其确定为旧石器时代后期、新石器时代早期的人类遗址，只是后来情况发生了变化，发掘中止，这一洞穴后来成了"备战备荒"储存粮食及水泥之处。

经过江西省考古队，特别是由北京大学严文明教授和美国学者马尼士博士率领的中美联合考古队的多次发掘，取得了震惊世界农业考古界的发现：原来万年县大源盆地的“仙人洞”和“吊桶环”，万年之前曾是旧石器时代晚期到新石器时代早期古人类的居住地和活动区，特别是这些古人类竟然在万年前就开始了陶器的制作、谷物的栽培。

这是迄今为止中国也是亚洲乃至世界所发现的最早的人工栽培稻信息。这个发现，不仅把中国的人工栽培稻的历史向前推进了几千年，把人类陶器生产史推进到至今两万年前，当然，也把江西的人类活动历史向前延伸了近万年。

此后，距今3000多年前的樟树吴城方国遗址的发掘，表明这里曾是中国长江以南较早跨入文明门槛的地区之一。瑞昌商周铜矿遗址、新干大洋洲商代青铜器的发现，则见证了那个时代江西的矿冶技术和青铜文明。

但是，在此后的许多年里，江西大地上的先人放慢了行进的步伐，或者说，我们还没有发现有关他们活动的记载，所以，与在春秋战国时期就已经辉煌的繁华之地（如以临淄、曲阜为中心的齐鲁地区，以洛阳、邯郸、开封为中心的中原地区，以苏州、绍兴为中心的吴越地区，以重庆、成都为中心的巴蜀地区，以咸阳为中心的关中地区，以太原为中心的三晋地区，以荆州为中心的江汉地区）相比，江西在整个中古时期的发展颇有不如。

许多朋友讨论过江西的文化“特点”，讨论的结果很失望：没有特点。以语言为例，广东有“白话”、福建有“闽音”，湖南、湖北、四川话充斥银幕，不仅本地人，就是江西人听来也觉得好玩。但江西没有这样具有地区认同的“江西话”，吉安人不买南昌话的账，南昌人拿抚州话开涮，大家聚在一起，只好说全国通行的“普通话”。

这一情况的发生，和“江西”在“列国”并起的过程中没有产生自己的政治中心直接相关。江西的地理位置说是“吴头楚尾”，既是吴，也是楚，但既是吴的边缘，也是楚的边缘。秦始皇兼并六国，汉设“豫章郡”，才有了一个“江西文化”的稳定载体。而这个“豫章郡”，竟然是在两千多年前就“一步到位”的“江西省”。这在中国历史上绝无仅有。不得不佩服古人的智慧，把东起怀玉山、武夷山，南至九连岭、大庾岭，西起罗霄山、幕阜山，北连赣江的这块“天然成一统”的地域，用“豫章”二字固化下来。此后，有“江南西道”“江南西路”“江西行省”“江西布政司”“江西省”，均由“豫章”延续而来。可以说，没有秦汉的大一统，就没有我们今天意义上的江西和江西文化。

由于这个原因，造成了江西此后的两个特点：一是听话，二是摇篮。或者说，江西是“听话”的“摇篮”。听谁的话？听中央的话。是谁的摇篮？过本分日子特别是形形色色各色杰出人物的摇篮。

非常抱歉，如果这个表述不是十分到位，那只能怪我的智商和概括有问题。

小时候读历史书，总是很郁闷：为什么好玩的事情、打得一塌糊涂的战争，从来就不发生在江西？江西怎么就没有好玩的地方、没有打仗的地方？我们为什么从来就不是政治中心、不是高消费中心，从来就不是兵家必争之地？后来学历史，渐渐为江西感到庆幸。原来，正是因为不是政治中心、不是高消费中心，所以江西才没有成为兵家必争之地，才在很长的时间里没有成为“战场”，江西的生态、江西的人文才没有受到大的破坏。战争都在外面打，只要你能够在中原地区打遍天下无对手，把中原的事情搞定，能够建立起政权，军队到江西，我们一定拥护。只要你不过于捣乱，我们一般不反抗。只要是中国人，只要不过于贪得无厌、弄得国无宁日，管他姓刘姓李、姓赵姓钱，谁做皇帝还不是一样吗?

所以，江西从来就听中央的话、从来就学中原的样子，因为江西这块地域的形成，是中央一步到位划定的；江西的居民，也大多来自中原地区的移民后裔。所以，别的地方乱得一塌糊涂，江西却是“躲进小楼成一统，管他春夏与秋冬”，江西人民照常读书、照常养猪，照常求功名，照常过男耕女织的太平日子。所以，这里才是休养生息的好地方，是培养人才的好地方。所以，江西虽然不是政治中心、经济中心、文化中心，却是培养政治家、理财家、文学家、思想家的摇篮，是传统农业、手工业、矿冶业产品的生产摇篮。到近代，又成为培育革命领袖、革命军队、革命政权的摇篮。但是，要成为大政治家、大理财家、大文学家、大思想家，要做大企业、发大财致大富，要建立全国性的统一政权，则必须走出江西这个摇篮。没有办法，这是“摇篮”的地位所决定的。①

①参见方志远著：《摇篮说》，载于《南昌大学学报》1993年“赣文化增刊”。

二、机遇“千年等一回”

王勃在初唐时盛赞江西的“物华天宝”“人杰地灵”，其实是外地客人对主人盛情款待的客套。但这个好意的客套成了中唐即公元8世纪以后江西发展的预言。

江西农业、手工业和商业，以及传统文化的发达和繁荣，是与全国经济重心的南移同步的。其间，具有重大影响的因素主要有两个方面。

其一，政治中心的东移和运河的开通，使赣江水道成为南北物资交流的主要通道，江西成为全国交通格局的中心位置。

大运河开凿之前，中国南北水路交通的最长航道有两条：一为汉水—长江—湘江—沅江，一为汉水—长江—赣江。灵渠的开凿以及秦岭和大庾岭山路的大规模拓展，使这两条航道在陆路的连接下向北延伸到了黄河水系的渭水和珠江水系的西江、北江，并进而沟通了黄河、长江、珠江三大水系。

自秦汉到隋唐，由于政治中心一直在关中，所以从西北政治中心地区到东南经济重心地区的水路沟通主要是由汉水和长江完成的。而以广州为起点的海上丝绸之路对接的内河交通，则是汉水—长江—湘江—西江—珠江。

两汉时期，关中地区的财力已表现出难以支持全国政治中心的无奈。从隋文帝带领政府官员和关中百姓“就食”洛阳，到隋炀帝营建东都、开凿运河，实质上反映了西部政治中心从被动到主动向东部经济重心靠拢的趋势。从五代到北宋，完成了中国政治中心的东移过程；元、明、清定都北京，更巩固了中国政治中心东移的格局。虽然比起开封，北京距离东南经济发达区更为遥远，但运河的全线开通，将这一空间距离大大缩短。

政治中心东移及大运河开通之后，汉水—长江—湘江—西江—珠江这一南北交通要道失去了往昔的地位；而运河—长江—赣江—北江—珠江则成为国内主要的南北通道。这条通道全长近3000千米，贯穿今日北京、天津、河北、山东、江苏、安徽、江西、广东8个省市，在江西境内几乎占四分之一。

有意思的是，政治中心的东移及大运河的开通，即中国中古至近古时代政治格局与交通格局的变化，都与一个被妖魔化的人物——隋炀帝有关。所以我常常说，所有地方的人民都可以骂隋炀帝，但至少扬州人民和江西人民需要感谢他。因为他的“下”扬州，给扬州带来了取之不尽的文化遗产；因为他组织营建东都洛阳和开凿大运河所造成的中国政治格局和交通格局的变化，给江西经济文化带来了“千年等一回”的可遇而不可求的发展机遇。

其二，江西的地理环境有利于农业生产，而且较少成为兵家争夺之地，故而远离战乱。

8世纪以后江西经济文化的发展，与中原地区发生的三次大的长时期战乱关系密切。第一次是两晋之际“永嘉之变”前后发生的中国历史上称为“五胡乱华”的事件，这一事件的结果是北方的长期战乱和中国境内南北政权的对峙；第二次是唐朝天宝年间发生的“安史之乱”，这一事件的结果是北方陷入长时间的动荡和藩镇割据；第三次是两宋之际的宋金战争，这一事件的结果是宋室的南渡和宋金之间的持续战争及对峙。

这三次战乱都导致了北方居民的大规模举族南迁。为了逃避战乱而发生的北方民众的南迁，有两个显著特点：一是远离战争，这是为了保护生命的需要；二是不过于远离战争，这是为了保护财产（主要是房屋、土地等不动产）的需要，也是为了维护家族政治地位的需要。所以，北方居民迁徙的落脚点，总是在那些既远离战场又便于返回中原的地区。于是，当战乱发生在黄河流域时，移民便主要迁移至江淮之间，江西北部开始接纳移民；当战乱延伸到淮河一线，移民便迁移至长江以南，南昌、鄱阳、宜春、吉安、抚州乃至赣南也有了北方移民；当战乱蔓延到长江两岸，移民便更集中地南迁到吉安、抚州、赣州。

北方移民洪水般地涌入，既为江西的开发带来了大批劳动人手，更将相对发达的中原文化及宗族制度带到了江西，促成了近世以来江西家族的发达和“耕读治家”生产生活方式的形成。这种生产生活方式与江西的自然生态环境相结合，使得江西人进可入仕取得功名、退可居家温饱无忧。孟子所说的“兼济天下”和“独善其身”，江西人为其提供了大量的实证。此后江西的发展，正是在这个基础上形成的。

三、发展的“黄金期”

8至18世纪，也就是从中唐开始到清朝中叶，是江西经济文化发展的“黄金期”。

人口的多寡是古代衡量一个地区经济发展的“硬指标”。经过从秦汉到隋唐的积累，到两宋时期，江西已经成为全国经济文化的先进地区，其人口之众、物产之富，均居各路前茅。宋徽宗崇宁元年（1102年），全国在册户口数为2026万户、4532万口，其中江西地区为201万户、446万口，约占十分之一，居各路之首。历元至明，江西的这一经济优势继续保持并加强。元世祖至元二十七年（1290年），江西在册户、口数分别占全国的20%、23%，居各省之首。明代江西在册人口虽次于浙江，但居全国十三布政司的第二位。

缴纳税粮的多少，是衡量地区间经济发展和地位的又一重要参照系。“安史之乱”后，江西成为唐王朝财赋重心之一，“朝廷倚为根本，民物赖以繁昌”。白居易《除裴堪江西观察使制》称：“江西七郡，列邑数十，土沃人庶，今之奥区，财赋孔殷，国用所系。”《宋史·地理志》述江南东西路的物产及缴纳税粮盛况：“（自）永嘉东迁，衣冠多所萃止。其后文物颇盛，而茗荈、冶铸、金帛、粳稻之利，岁给县官用度，盖半天下之入焉。”北宋江西籍文学家曾巩《洪州东门记》讲洪州一州，“其赋粟输于京师，为天下最”。吴曾《能改斋漫录》记南宋漕粮数：“本朝东南岁漕米……诸路共计六百万石，而江西居三分之一，则江西所出为尤多。”至元代，江西仍然是朝廷财富的主要供应地，所缴赋税一直位于各行省前列。历元至明，江西的这一经济地位仍然继续保持。明代江西人口次于浙江而居全国十三布政司的第二位，但江西每年所纳税粮，据孝宗十五年（1502年）和万历六年（1578年）的统计数，超过浙江，由此可见产粮之富，也可见其经济地位之重。清代前期，随着政治形势的变化，江西经济地位有所起伏，但大体说来，仍具有重要地位，其时江西缴纳的田赋占全国总量的一至二成。因此，自五代两宋直至清前期，江西既是人口稠密之地，又是财富聚集之处，是国家财政收入的重要来源。此外，这一时期，江西的其他农副产品，如茶叶、纸张、苎麻、蓝靛、木竹、油料以及制瓷、造纸、木竹加工、夏布、火药等手工业也都在全国占有重要的地位。

经济的发展，使江西逐渐取得了辉煌的文化成就。

以科举而言，宋代江西一地即有进士五千余人（这个数字其实并不准确，宋代进士问题比较复杂，有“州进士”“部进士”之分，这个五千余名进士即包括各类进士。与明清时期的进士有《进士题名碑录》又大不一样），且多一门数进士的情形，如王安石、曾巩、刘恕、孔文仲等一门三进士，洪迈一门四进士，著名的乐安流坑董氏家族更有一门同科五进士之事，时号“五桂”。更重要的是，宋代江西向华夏文明贡献了一大批大师级的人物。以节义论，有胡铨、洪皓、江万里、文天祥、谢枋得；以政治论，有欧阳修、王安石、周必大；以文学论，有晏殊、欧阳修、曾巩、王安石、黄庭坚、杨万里、刘辰翁；以史学论，有欧阳修、刘敞、刘恕、刘攽、乐史、徐梦莘、徐天麟；以哲学论，有李觏、周敦颐、朱熹、陆九渊；以科学论，有曾安止、张潜；以艺术论，有范宽、徐熙、黄庭坚等。“人才之盛，遂甲于天下”（洪迈：《容斋四笔·饶州风俗》）。

迄明代，江西文化继续着这种辉煌。明朝的所有故事，无论是风光的故事还是尴尬的故事，都少不了江西人的表演，俊彩奔驰的江右王门令人神往，“朝士半江西”的盛况至今人们津津乐道，赤手搏龙蛇的异端开风气之先。明代的江西至少存在三组对应的文化现象：精英文化与大众文化、正统文化与异端文化、摇篮文化与主流文化。这三种文化又在不断地转化之中。以今天的眼光看，尽管地位有高低、境遇有贫富，朱权、解缙、杨士奇、汤显祖、宋应星、艾南英等人所代表的，自然属于精英文化；而大量无名氏的农民、工匠、商人、术士、儒士在生产生活中所表现出来的，则应该属大众文化。三千名进士、数量居全国首位的举人，以及无数修习“举业”的士人、无数通过各种方式进入仕途的各色人等，他们身上所体现的，主要是正统文化；而朱季友、李孜省、乐新炉、颜钧、何心隐，以及尚未被主流思潮接受的吴与弼及王门诸弟子、被正统儒学视为邪术但又在江西乃至全国广泛流行的种种思潮及法术，自然属于异端文化。

由于从来没有成为过全国性的政治中心，甚至也很少成为区域性的政治中心，所以江西更多时候表现出来的往往是摇篮文化的特征。从这里可以走出大思想家、大政治家、大文学家，也可以走出未来的富商巨贾，却很难有“土生土长”的大思想家、大政治家、大文学家，更难以产生富商巨贾。但在两宋及元明时代，由于周敦颐、朱熹、陆九渊及吴与弼、王阳明等人的活动，由于农业、手工业及商业的发展，这里一度成为学术中心、经济中心，又产生了大思想家、大政治家、大文学家，江西文化也一度由摇篮文化演变为主流文化。程朱理学在这里成就了儒家常说的集大成，陆九渊、王阳明的心学在这里由异端变为主流，晏殊、欧阳修、王安石、曾巩、杨万里、文天祥、解缙、杨士奇、严嵩、汤显祖、宋应星、艾南英在这里完成了由大众文化向精英文化、由摇篮文化向主流文化的转变。白鹿洞书院、象山书院、豫章书院、白鹭洲书院及鹅湖书院，使江西成为全国学者向往的学术中心。在江西发生的这些现象，在全国也具有重要的意义。无论是精英文化、摇篮文化、正统文化，抑或是大众文化、主流文化、异端文化，以及有名无名的代表人物，均在宋、元、明代社会历史中起了不可忽视的作用。

明世宗嘉靖末年严嵩的倒台，标志着江西士人退出中央决策圈。江西在进士榜的名单，也由全国第一退居第三（落后于南直和浙江）。严嵩的倒台看似偶然事件，却蕴含着其必然性。那就是随着明朝前期对江南发达地区的苏、松、杭、嘉、湖地区的压制政策成为历史，江南地区重新展示出它的强大经济、文化实力，从而在政治上重新把江西落在身后。进入清代，江西政治文化继续边缘化。表现在科举上，清代江西的进士人数屡屡下降，在全国的排名也屡屡落后，明代“朝士半江西”的盛况不复再现，这预示着江西在朝廷中的发言权丧失，也使江西的正统文化不再风光。另外，无论是清统治者，还是抱着经世致用的乾嘉学者，都以“空疏”为借口，不遗余力地抨击江右王门，江西的异端文化遭受重创。当然，尽管整体气势，清代江西文化不足与宋明比拟，但在一些具体的文化领域，仍然如点点繁星，闪耀着创新性的光辉。如八大山人的书画创作，蒋士铨的《藏园九种曲》、“样式雷”世家的建筑艺术等，都不逊色于此前任何一个时代，也对后世产生了深远的影响。

特别要指出的是，尽管“精英文化”受挫，但大众文化依旧辉煌，江右商人更进入它的活跃期。

四、无处不在的“江右商”

江西社会经济的发展，使部分地区开始出现人口过剩现象，并刺激了豪族大户对土地的兼并，从而导致鄱阳湖地区和吉泰盆地等经济发达地区大量农民的脱籍外流。以元末明初的“江西填湖广”为发端，一直延续到晚清，五百年间，江西约两千万在册人口流出省外，并在湖南、湖北、云南、贵州、四川、广西等地留下了至少一亿后裔。在这些江西移民中，工商人口占相当大的比重，他们或久居一方，或往来于江西与各地之间，形成了人数众多的江西商人的巨流。由于当时江西又称“江右”，而江西商人又往往结成商帮从事经营，故被称为“江右商人”或“江右商帮”。

湖南、湖北是江西商人的主要活动地区，以至于有“无江西人不成市场”的民谚；云南、贵州、四川、广西，是江西商人活动的又一地区，特别是云贵，时称“非江右商贾侨居之，则不成其地”；福建、广东也遍布江西商人的足迹，特别是福建武夷茶的加工和经营，江西商人起重要的作用；地处中原的河南，由于江西商人势力强大，布政使年富出于地方保护主义，甚至请求明廷将其尽行驱逐。北京是明清时期全国的政治经济中心，明人张瀚的《松窗梦语》说：“今天下财货聚于京师，而半产于东南，故百工技艺之人亦多出于东南，江右为伙，浙（江）、（南）直次之，闽粤又次之。”有学者统计，明代各地在北京的会馆见于文献者有41所，其中江西会馆有14所，占34%，居各省之首。清光绪时，北京有会馆387所，江西会馆有51所，占12%，比重虽少于明朝，但仍居各省之首，比当时势力最大的山西会馆（45所）还多。虽然对于这些会馆的性质迄今仍有争议，但其中相当数量为商人所建或仕商合资共建则毋庸置疑。于此可见江西商人在京的地位。位于东海和黄海之交的“琉球”（今日本冲绳），以及安南、占城（今越南），时为明清的“藩属”，其通事来中国，汉语娴熟，一问，竟然多为江西商人。[①]

当然，江西商人最为活跃的地区，仍然是湖南、湖北、云南、贵州、四川。故此，近年来我多次往西南地区，对当年江西商人的活动进行考察。

湘潭在清朝为“壮县”，知县号称“不贪不滥，一年三万”。这相当于近千万元人民币购买力的一年三万两白银，全靠商人进纳。县城极盛时有56个商人会馆，其中16个为江西商人的会馆。在湘潭，我们为昔日宏伟的江西会馆牌楼和万寿宫码头所震撼，始建于清朝顺治七年（1650年）的江西会馆后花园中的“夕照亭”，今天仍然屹立于雨湖畔。长沙人有时不解，来自湘潭的毛泽东为何能在长沙的橘子洲头

①参见方志远著：《明清江右商帮》，香港：中华书局，台湾：万象书局，1995年。

指点江山？殊不知，由于江西商人和其他各地商人的打造，湘潭当年的繁荣程度超过省会长沙。

经过作家沈从文和画家黄永玉的渲染，经过二十多年的维护和开发，湘西凤凰城如今已是中国名城，当年则是江西商人的重镇，至今仍有数千江西丰城石滩镇商人的后裔。使凤凰城成为文化名城的主要标志，是江西会馆“万寿宫”。苗族同胞、凤凰文馆所龙所长认为：“如果说凤凰城是只凤凰，那么，凤凰的翅膀是由江西商人插上的。”晚清时期，这里成为军事重镇，贵州苗民因军功获“顶子”者甚多。因而民间有“江西商人的银子多、贵州苗军的顶子多”的说法。

同样地处湘西的洪江，以沱江为依托，当年是湘黔边境的商业重镇，至今仍然保留着全国最为完整的古商城。这里最大的行业是造船业所必需的桐油业，桐油业的主要经营者，是江西商人。当地居民介绍，当年的洪江，每天傍晚主要有三种响声：军民等的交杯换盏声、江西商人的数白银声、商船靠岸的号子声。

四川成都的洛带镇，如今已经开发成著名的古镇旅游景点。而洛带镇旅游景点的基本构成，是清代建成的江西会馆、湖广会馆、广东会馆。面对江西会馆前宏大的“万年台”，当年江西商人组织演出的“弋阳腔”戏班，宛在眼前。而史料上所记载的重庆江西会馆每年超过300场的演出，当不是出于虚构。

云南威信县的所在地在扎西镇。1934年年底，中国工农红军第一方面军和第二方面军在扎西镇会师，一方面军及中央红军总部驻江西会馆、二方面军总部驻湖广会馆。因为这个当年汉藏杂居的小镇，商人的会馆乃是城里最豪华的建筑。时至今日，湖广会馆和根据原貌重建的江西会馆（现名扎西会议纪念馆）仍然是扎西镇的大去处。

贵州镇远县的青龙洞周边，也建成了规模宏大的旅游点。这个旅游点的核心是“万寿宫”。继江西商人之后，福建商人、广东商人、湖南商人也来到了这里，各自建起了会馆，青龙洞遂成了“会馆”街。

在当时的中国，哪里有江西移民，哪里就有江西商人；哪里有江西商人，哪里就有江西会馆（万寿宫）；哪里有江西会馆，哪里就唱江西戏（弋阳腔）。据“青藤山人”徐渭《南词叙录》记载，在明代中后期，弋阳腔为国内流传最为广泛的地方剧种。而近人丁文江院士在重印《天工开物》时为作者宋应星作序，特别指出：作为分宜县学教谕的宋应星，所以能够写出《天工开物》以介绍手工业特别是矿冶业为主要内容的科学技术著作，是因为当日中国之矿业，“皆操于先生乡人之手”，也就是说，当日中国的矿业多在西南，而西南地区的矿业，大抵上由江西商人经营。

五、19世纪的衰退

从19世纪五六十年代至20世纪二三十年代，因国内政治经济大格局的变化，江西在经历了千年的发展并在经济文化居于全国先进行列之后，开始没落到“欠发达”的地位。如果分析其具体原因，大致有以下数端。

一是战乱。

如前所述，江西自唐末五代至两宋，社会经济得以发展，很大程度上是因为北方战乱而导致的人口南迁。在两宋之际的宋金战争、南宋末年的宋元战争、元明之际的红巾军大起义、明清之际的农民大起义、清军入主中原及平定南方的战争、清初的三藩之乱等大规模战乱中，江淮、江汉、西南、中原乃至江南的部分地区，都一次或数次卷入战祸，江西则受害较小，社会财富及生产条件没有遭受大的破坏。但在19世纪五六十年代及20世纪二三十年代，江西经历了两次战火蹂躏，造成了人口锐减和山林焚毁。道光三十年（1850年）江西在册人口为2450万人，到1953年统计时，仅为1670万人，100年间，人口不但没有增长，反倒减少800万人。江西商人赖以生存的主要商品，如茶叶、纸张、木材等的生产，则因山林焚毁而受到严重破坏，景德镇的瓷业也一度陷入停产。

二是交通格局的变化。

从中唐到清前期，运河—长江—赣江—北江一直是国内主要的南北通道，它对于促进江西商品经济的发展起了重要作用。但到清中期，长期以来对山林的超量砍伐及开山造田所造成的后果开始显现，水土流失严重，赣江水运发生困难。几乎与此同时，运河的淮河—黄河段因黄河泛滥及改道而淤塞，南北水道被拦腰截断。尤其是京汉、粤汉铁路修通后，南北运道改走两湖、河南，江西成了陆运和海运的盲区。虽然后来有浙赣线，也只是在赣北穿境而过，整个赣中、赣南因远离交通线，物质流通十分艰难，过境贸易也相当稀少。由于交通格局的变化，从外部渗入的新思潮、新风尚也绕过江西，或沿广东、湖南、湖北，或沿上海、江苏、安徽，向中原挺进和扩散。这些新思潮、新风尚在扩散过程中，又不断地被抵制、被削弱、被改造，然后再反射到江西，致使江西在观念的更新上，不仅落后于沿海，也落后于中原和南北交通线上的湖南、湖北、安徽等地。

三是经济格局的变化。

鸦片战争以后，广州、厦门、福州、宁波、上海成为通商口岸，外国资本开始渗入沿海地区。到19世纪七八十年代，广东、福建、浙江、江苏等地开始兴办近代私人企业。马关条约后，外国资本深入沿（长）江地区，辽东、山东、云南、广西等地相继被纳入外国资本的势力范围，近代民族资本也开始生长。

在这一形势下，江西虽然也有九江一个口岸对外通商，但在南浔铁路修通之前，九江更多的是与沿江的汉口、安庆连为一线，与江西内地的联系反倒薄弱。以明时九江钞关为例，它主要只能对长江江面往来的商船收税，在没有设置湖口分司时，管不到出入湖口下行的商船。即使南浔铁路开通之后，也只有赣北地区才与九江联系较为密切。

20世纪初开始，九江、南昌也先后出现了一些近代企业，但无论从速度还是规模看，不仅落后于东南沿海各省，也落后于湖南、湖北等内地邻省。除了夏布、瓷器等极少数手工业品仍有一定的市场外，江西一度居领先地位的传统手工业品已无法与洋货及沿海地区的工业品竞争。

四是自身的弱点。

鼎盛的科举文化，曾给江西带来过许多个世纪的骄傲，但也使江西重功名、轻工商的“官本位”观念根深蒂固。小有积累的江西商人一旦摆脱贫困，便将资金投放在后人的举业上，希望子孙进入仕途，光宗耀祖。或者花数百上千两银子为自己及子弟捐个空头官衔，以改变在家族及社会中的地位。截至太平天国起义之前的清代，资本并非雄厚的江西，以捐钱为手段而获得的国子监监生的名额，竟居全国的首位。不少学者曾指出，文章节义为江西人的传统美德，但这种“美德”主要是受到正统儒家思想的熏染，它有利于农业社会的巩固，却不利于商业社会的形成。背上这种包袱，使江西商人远不如闽商、粤商、晋商、浙商那样潇洒轻松。

嘉靖末年严嵩的倒台，标志着江西士大夫开始退出中央决策圈；而人口的流动和大量俊秀子弟从事工商业，使得江西在清代的科举入仕人数较明代大为减少。这样，缺乏特权为依托的江西商人很难与徽商、晋商相抗衡。与此同时，江西商人虽然有人数多、操业广、渗透力强等优势，但存在以商脱贫、资本分散、小本经营等先天不足。长时期以个体经营为主要方式，使得本来就分散的资本难以集中。

尤其遗憾的是，即使在江西经济文化发展的黄金时代，即使在江右商始与徽商争雄，继与徽商、晋商三足鼎立的时代，江西官员、江西商人也没有在江西营造出一个像广州、汉口、南京、上海，或者是杭州、苏州、扬州，乃至临清、湘潭那样的大都市或消费中心乃至商业中心，因而无法刺激消费水平的提高，也无法吸引外来的消费者积累资金。同时，江西也没有形成以大都市为中心的市镇辐射网络，整个商业活动始终停留在以商补农、以商脱贫的低层次上。

当然，这也不能全怪江西。因为江西在中国格局中地位的衰退，与同一时期中国在世界格局中地位的衰退几乎同步。从这个意义上说，“只有江西代表中国”。三十年河东三十年河西，随着中国在世界格局中的地位重新崛起，江西的崛起也应该指日可待。但是，需要江西民众与当年一样，带着平和的心态而非焦虑的心态，在改变中国大格局的过程中，在维护这片蓝天、这方绿土、这汪清水的过程中，稳步前进。

2014年5月

江西师范大学青山湖校区北区寓所

（方志远著：《江西文化概论》，北京：中央广播电视大学出版社，2011年初版，2014年再版，2021年三版）

怀念这里的人，连同这一座城

——《老城·吉安》序

一

我的“祖籍”是安徽休宁，但我是地地道道的“吉安人”。

不少“祖籍”的朋友邀我“回”休宁去看看，但至今尚未成行。当然，如果说“回”，应该是代表已故的父亲。因为在我的印象中，对于休宁这个“家”，父亲离开之后就好像没有“回”过；而作为“祖籍”，我却从来没有“去”过。如果哪天真的“回去”，特别想看看祖先的生存环境，看看在明代有“方半街”之称的岩镇古街是否还有踪迹。可以肯定的是，如果哪天回到休宁这个徽商和状元之乡，一定会有意想不到的惊喜。

回吉安是不需要“邀”的，因为那里是自己的“家”。从1950年2月18日出生，到1968年10月18日“下放”，我在这个“家”中生活了整整18年零8个月。但是，坦率地说，当年“下放”离开吉安，我对吉安这个“家”并没有多少留恋。从60岁的父亲，到3岁的妹妹，全家“下放”，一个不留。那种感觉，更甚于1966年被迫离开学校。当时的想法是：有生之年，不再踏入吉安一中一步；此别吉安，即和吉安永别。但是，此后吉安对父母弟妹的接纳，使我重新认了这个家，那是1974年。但每次回吉安，虽然要从吉安一中门前路过，也只是过而不入。尽管少年时代的愤懑早已化解，但仍然有被扫地出校的心结。谢谢同班同学、年级同学的一再敦促，使我重新踏入吉安一中的校门，这是2016年。

《老城·吉安》书影

2016年是我们初中毕业50周年，吉安一中1966届初三的五个班，都在张罗聚会。谢谢文丞相的生日，谢谢青原区在2016年6月6日文丞相诞辰780年之际举行系列活动，我们班的聚会就定在这个时间，不经意间碰上多个6：1966届、2016年6月6日，大家都是66岁。这么多的顺，让别班同学羡慕不已。聚会之时，虽然许多同学是“纵使相逢应不识”，但一个眼神、一个动作、一个称呼，记忆全回来了；耄耋之年的老师，精神爽朗，似乎容貌依旧。三年同学情、终身教诲恩，这是毕生难以忘怀的。

在纪念文丞相诞辰的活动中，梦星兄告知，从2015年11月开始，由中共吉安市委宣传部推动，开始了“庐陵人文谷·寻找吉安老城文化记忆”的系列活动，《吉安晚报》连续刊登了几十篇记者采访，并且将在7月至9月，发起征文活动，动员市内外热爱吉安的人士书写在老城的亲身体验和往事，并准备将其中一些文章汇集成书。这个信息令我振奋，虽然我没有参与这一活动，却希望这次征文活动能够成功，呼唤起所有吉安人对老城的记忆。

二

在我的印象中，吉安实在是一座“小城”。从市中心“标准钟”附近的家，步行到坐落在赣江边、榕树码头旁的“南洲小学”，不到5分钟。读中学的时候，从家里量着步子去市郊的吉安一中，一刻钟也就到了。1966年开始，没书读了，晚饭后和同学结伙遛圈，大家都迷惑，以后该怎么办？谁也不知道，只是一个圈一个圈地遛。从“大街”到“后街”，从“中山路”到“田侯路”，从“仁山坪”到“高峰坡”，从“阳明路”到“盐码头”，遛一个圈，也就个把小时。遛着遛着，迎面不时遇上一伙又一伙和我们同样没事可干、同样为前途迷惑后来又同样“上山下乡”的同学。

这些年常回吉安，发现一年一变。时至今日，吉安已经不是“小城”了，而是形成“两江三岸”的宏大格局，当日尽是稻田的“河东”成为青原区，高楼林立；城北荒凉的螺子山是吉州区大型工业园区，据说发展到了樟山；城西有物流大市场，和兴桥镇相连，听说还在建高铁站；城南已是新的市行政区、文化中心和商住佳地，正向吉安县城延伸。

从历史的眼光看，旧的不去，新的不来。新的不来，旧的不去，这是一个自然过程。但是，城市的扩张和建设，把这个自然过程变成了人为过程，老的东西转眼不见了，新的东西瞬间起来了。儿时的小学，在“龙王庙”旧址而建的“南洲小学”不见了；儿时的住处，“后河”边的房子不见了。虽然“榕树码头”不见了，但是生存了400多年的榕树还在，这是我小学六年级开始学会“写作文”的地方。

从小学三年级到五年级，一直不会“写作文”，老师见到我的作文，照常都是给60—69分，从来没有突破70分。六年级的时候，一位转学到我们班的同学（据说在《儿童时代》发表过作文）带我们到榕树码头找灵感。那是1962年的八月十五日，我们一行四人来到榕树下看月出。随着月亮从东边天玉山的“呼之欲出”“喷薄而出”，到“扶摇直上”，会写作文的同学给我们描述天玉山容貌的变化、赣江江面波浪的变化、天边云层色彩的变化，突然之间，竟然悟出了“写作文”的奥妙，原来就是观察、想象、思考。

后来学历史，知道“写作文”还得查阅资料、发现问题、解读现象，于是知道我曾经打算舍弃的吉安这个“家”，竟然拥有着太多的文化遗产。暂且不说人们熟知的欧阳修、文天祥，不说吉安的“文章节义”，也不说曾经的科举从第一名到第七名全是吉安府人，就凭着儿时记忆中布列在赣江江面密密麻麻的木排、竹排，货轮、客轮，以及大大小小的渔船，就是一部吉安的商业史、民众生存史。自从南北大运河开通之后，从中原地区特别是北宋的京城汴梁，元、明、清的京城北京，到海上丝绸之路起点的珠江口，赣江乃是必经之路。所以我和许多朋友开玩笑，全国人民都可以批评隋炀帝，但江西人民、吉安人民需要感谢他，正是从运河到长江、从长江经鄱阳湖到赣江、从赣江到章江，翻越大庾岭，再从浈水到北江、到珠江，这样一条3000公里的南北通途，使江西吉安处于全国交通格局的中心地带。正是因为有这样一个地位，吉安的布商、纸商，才能和樟树的药商、南昌的钱商、饶州的瓷商、南城的杂货商等，共同汇成“明清江右商帮”的大潮，散布全国，远行东南亚，并且和当地民众一道，开发了中国的大西南，开创了明清时代中国西南的矿冶业。

三

由于18岁就离开吉安，后来每次回家，又都是小憩短住，所以对于吉安老城本身，我并没有太多的了解。没有想到的是，梦星兄向我透露向社会征文不到半年，竟然给我寄来了100多篇承载着“吉安老城”记忆的文章，说即将结集出版。这让我大开眼界，对自己的这个“家”，我有了更加全面和深入的认识。

这100多篇充满着浓浓怀旧气息和绵绵倾诉乡情的文章，从人文名胜到山水景观，从沿革变迁到名人工匠，从街巷风情到红色故事，从不同的视角展示老城吉安不凡的历史、厚重的文化和浓郁的市井风俗。每篇都倾注了作者的真情实感，都是远去场景和往昔生活的再现。一一读去，既像是回到了几十年前的“老”家，又像是进入一个从未到过的“新”家。尤其是那些描述市井生活的文章，使我更加怀念起大蒜炒腊肉、20个头的薄酥饼及立新水酒店门前的香味，似乎又看到渔民追捕已经上钩的100多斤重的鲤鱼的喜悦和紧张，也引起我自己的一些回忆。

那个时候读小学，早上起来先到学校“早读”，早读完了回家吃早饭，早饭后再到学校上课。每天去“早读”的时候，路过油条铺子，香得不得了，就想自己能变成孙悟空该多好，拔根毫毛，让店主人睡觉，我和同样空着肚子的同学，把刚炸出来的油条全吃光，那才叫爽快。当然，这样的事情并没发生，也不可能发生。但时至今日，每当路过油条铺，我总是忍不住买两根，至于是否有明矾、是否有地沟油、是否有损健康，吃了再说。

那个时候读书也真是快乐，好像成绩没有“排名”，无论成绩好、成绩差，都是好朋友、好同学。上课的时候心血来潮，在一张纸片上写“呼保义宋江”，向后传递，后面的同学便“玉麒麟卢俊义”“智多星吴用”……“花和尚鲁智深”“行者武松”写下去，如果纸片在哪位同学手上中断，下课就得受惩罚。当然，传递都是在男同学之中进行，“天罡星”中没有女的。

这些年人们喜欢说“文化”，但什么是文化，有无数种解释。在我看来，文化至少是一种认同，是一种对家乡、对故土的追忆。但是，这种追忆既是对“故物”，更是对“故人”的追忆。

虽然离开吉安已经48年，但为什么吉安仍然是我的“家”？不仅仅是因为我在那里出生，更是因为在那个家中，有我的弟弟、妹妹，有长眠地下的父母。时时想起余光中先生的《乡愁》：“小时候，乡愁是一枚小小的邮票，我在这头，母亲在那头……后来啊，乡愁是一方矮矮的坟墓，我在外头，母亲在里头……”文化归根到底是要靠“人”留住的。

有时候想，为何游牧民族习惯天葬而农业民族习惯土葬，其实是和生活方式及信仰联系在一起的。对于农业民族来说，人是根，墓是基，有活着的人，有故人的墓，这个民族、这个国家才有它的根基。有时又想，如果父母在“下放”之地安福或者万安终老，如果吉安没有弟弟妹妹，我还会把吉安当成“家”吗？它是否只是我人生中的第一个驿站？所以又想，一个城市，一个地区，只有它的民众，只有真心善待它的民众，才能留下真正的文化，才能获得人们对它的认同，老城的记忆、新城的建设，也才具有真正的意义。否则，天下美好的地方多的是，为何偏偏要认这个老城、这个“小城”？

我不擅长写序，只是奉梦星兄之命、蒙锦良君的张罗，特别感谢善待我父母、弟妹的同学、亲友及吉安的领导，写下一些感言，权当为序。

2016年11月18日

江西师范大学青山湖校区寓所

（江西庐陵人文谷旅游集团编：《老城·吉安》，南昌：江西人民出版社，2016年）

可以不信宗教、不可没有信仰

——《青原山志》序

一

我出生在吉安的“后河”畔，这是一个典型的“小市民”区。没有上“幼儿园”的经历，也谈不上接受“学前教育”，回想起来，小学之前甚至根本就没有接触过“书”。

就读的小学叫“南洲学校”，后改名为“文山四小”。学校的校址本是“龙王庙”，校门和台阶都由大青石板砌成，雄伟壮观，门楣上的牌匾雕刻精美，一、二年级的时候，教室是一座大殿。如果没有被拆除，这些建筑应该够得上是文物。

校门面对赣江，不远处是“榕树码头”，这棵榕树种于明朝万历年间，距今已有400多年，据说树根延伸到了赣江对岸的“河东”。隔着赣江，眺望远山，那里是形如奔马的天玉山和俨然端坐的青原山。

毕业后才知道，这样一座风水极佳并且可以成为文物的学校，竟然是当时吉安的一所条件很差的学校。但我对这所学校有着十分深厚的感情。不仅仅是它的建筑和风水，更因为在这里，低年级的老师对我的种种“劣迹”进行了包容，比如在作业本上涂鸦却声称是“草字”、玩完了一个假期后不得不借同学的暑假作业蒙混过关、将教室的扫把板凳当武器和同学打得昏天黑地，等等；高年级的老师则将我培养成了一个比较能够应对各种考试，并且兴趣比较广泛的学生。我认为，这个条件很差的学校的老师，敬业精神和教学水平绝对不比其他学校差。

中学上的是“吉安一中”。当时，戴着吉安一中的校徽，可以让二中、三中的同学和他们的家长羡慕不已。后来知道，直到今日，在江西全省，这也是一所很好的学校。我怀念这里的同学和老师，他们当时对家中并不富裕却成分有些偏高的我充满同情和信任，并通过各种方式给予帮助。

十分有趣的是，这又是一座面对赣江的学校，每天放学出校门，向着赣江俯视，白鹭洲的郁郁葱葱中，是和吉安一中齐名的“白鹭洲中学”。若干年后知道，这个洲上造就了许多著名人物、创造了许多神话故事。当把目光从白鹭洲上延伸而去，赣江的那边，远远横亘着的，依然是天玉山和青原山。

虽然在“上山下乡”的浪潮中离开了吉安，但对生活了18年的故乡却是魂牵梦萦。“那一个个早晨和黄昏，像一幅幅图画出现在眼前”，其中包括被神秘色彩笼罩的青原山。

二

1977年恢复高考后，我学的是历史专业。专业所致，使我对江西和吉安的历史和文化有了更多的了解和认识。

尽管徐孺子在东汉被称为“南州高士”，但自中原视之，无论是经济还是文化，江西尚为“蛮荒之地”。陶渊明的横空出世，其实是江西的意外之喜。所以当王勃乘着酒兴龙飞凤舞地写下“物华天宝、人杰地灵”时，人们还是理所当然地将其视为远道而来的客人对热情主人的客套恭维。而且，将“徐孺下陈蕃之榻”作为“人杰”的例证，如果不是客人过于随意，也说明主人实在提供不了太多让客人称道的素材。

两晋之际的“永嘉之乱”、唐朝天宝年间的“安史之乱”，以及此后发生的宋金之间、宋元之间的战争，不断把中原乃至江淮地区卷入战乱，造成了大量北方人口的南迁，使得吉安和江西的其他地区一样，接纳了一波又一波来自中原地区的著名家族和劳动人口。

始于隋炀帝的营建洛阳、终于宋太祖的定都汴梁，中国的政治中心从此东移；南北大运河的开通，改变了中国的南北交通版图。这两个因素的共同结果，是吉安随着江西进入全国交通格局的中心位置。

自唐中期开始的全国经济重心的南移，受益最大的无疑是江西，吉安又和江西的其他地区一样，不仅共享了这一变化的成果，并且成为全国经济重心南移的重要内容。从此以后，吉安和江西一道，跻身于全国经济文化的先进行列之中。

当中原的人们正为晏殊父子蜚声词坛而钦羡、为欧阳修独步文苑而仰止、为王安石策划国是而疑惑的时候，他们更加惊讶地发现，后面接踵而至的，竟然是长长一列的一流文化人：曾巩、黄庭坚、陆九渊、周必大、杨万里、姜夔、文天祥、马端临、吴澄、朱思本、周德清、解缙、廖均卿、杨士奇、吴与弼、邹守益、罗洪先、魏良辅、颜钧、何心隐、汤显祖、朱耷（八大山人）、蒋士铨，等等。当这样一支浩浩荡荡的江右文化大军，连同着白鹿洞书院、鹅湖书院、白鹭洲书院、江右王门，以及《文献通考》《岛夷志略》《广舆图》《天工开物》“禾谱”“茶经”“陶录”“龙码”“样式雷”等等，密集而持续地产生影响时，怎么可能不让人叹为观止，“文章节义之邦”“家孔孟而人阳明”之美誉遂纷至沓来。而在这个过程中，比起得中原风气之先的九江、南昌、宜春等地，吉安和抚州的“后发优势”日渐显现。

三

但是，在这个经济文化的发展过程中，人们往往忽略一件发生在吉安、发生在青原山的大事，那就是禅宗的青原系、青原山的净居寺和青原讲会。唐代是中国多民族国家发展的重要历史阶段，也是宗教特别是佛教和佛学的繁荣时期。天台宗、三论宗、唯识宗、华严宗以及净土宗、密宗等，兼容并包。禅宗更以“不立文字，教外别传，直指人心，见性成佛”为特征，异军突起，成为最具中国特色最受大众欢迎的佛教派别。吉安僧人行思，前往曹溪南华寺，拜禅宗六祖惠能为师，成为其门下首座。15年后，行思回到青原山，弘法于净居寺，从此开禅宗青原法系，并派生出曹洞、云门、法眼三宗。

行思既为禅宗“七祖”，青原山净居寺亦成佛教名寺。这一事件既是宗教传承中的大事，也是世俗生活中的大事。“七祖”行思继承了“六祖”惠能“顿悟”之法，并将其发扬光大，把佛教从少数人的学问修行引入更多人的道德修行。这种佛教新观念，既坚持了佛教的基本教义，又与时俱进，适应了唐代社会的变革和发展，不仅对吉安地区，而且对全国都产生了深刻的影响，并为宋明理学的形成奠定了思想和理论基础。吉安的士风、民风，也在这一次洗礼中得到了升华。从某种意义上说，“文章节义”之邦的根源即在于此。禅宗既不立文字，“讲会”遂为主要的传道方式。宋、元、明、清，吉安书院为海内翘楚，书院讲学与禅宗“讲会”，相互激发，相得益彰。明武宗正德年间，时任南赣巡抚的王阳明讲学于青原山；十多年后，阳明高足邹守益等于青原山建起青原会馆，始称“惜阴讲会”。江右王门的第一代弟子邹守益、欧阳德、聂豹、罗洪先等，皆主盟此会。浙江王门掌门弟子钱德洪、王畿等人，专程捧场。“青原讲会”遂成天下盛会，也成为吉安一府九县（庐陵、吉水、安福、泰和、永丰、永新、龙泉、万安、永宁）读书人的骄傲。万历年间，邹元标等人重开青原讲会，从者如云。黄宗羲《明儒学案》说，“阳明一生精神俱在江右”，实在青原讲会。

大概也是因为禅宗“不立文字”，致青原山直到清初才修撰山志。顺治年间，大然禅师住持青原山净居寺，不遗余力，搜括岩穴，网罗旧闻，创修《青原志略》，又经名儒施闰章辑补，成13卷。是为青原山有志之始。300年后，民国时期吉安居士彭大融，以《青原志略》编撰年代久远，倡修《青原山志》，列青原禅宗系统，录前辈文藻翰墨，以表青原宗派兴盛不紊，也使300年尚存文物得以保存。今当中华人民共和国盛世年华，富而思文，盛世修志，青原区政协新修《青原山志》，是为青原山有史以来第三部志书，可喜可贺。

新编《青原山志》，对青原山及青原山周边的峰峦叠翠、奇山秀水、历史沧桑、文化底蕴作了周到的梳理，这是前志所不具备的。同时需要指出的是，新志突出了青原山的佛教人文气息，呈现了禅宗文化的光彩，这在当下更属难能可贵。

人可以不信宗教，但不能没有信仰；人可以不信鬼神，但不能没有畏惧。我相信，随着时代的推移，《青原山志》的人文价值将更加显现，它的启迪意义也将更加深远。吉安市青原区政协领导命我为新志作序，才疏学浅，本不敢当。兹因家乡水土哺育长大，却之不恭。一个在“龙王庙”接受启蒙教育的学者，竟然为《青原山志》作序，是否也算是天意?

儿时所见青原山，至今历历犹在目。

2011年11月25日凌晨

江西师范大学青山湖校区寓所

(青原山志编纂委员会编:《青原山志》，北京：方志出版社，2011年)

说不尽的景德镇

——为《瓷行天下》序

人生走过七十多年，业余爱好有一些，但既是业余爱好又是专业喜好的，那就是读书了。过去有点手不释卷，如今是手不离本（笔记本），书读得多了，好书与坏书、超凡脱俗的书与平淡无奇的书，也就很容易判断了。

但是，一面是每年几万、几十万的海量出版，一面是个人阅读的局限，为了不放过好书，在相当长的时间里，我比较关心《文汇读书周报》和《中华读书报》，许多好书的信息是从这两张报纸上获得的。好像从2013年或2014年开始，又有了一个介绍好书的平台，叫“中国好书榜”。虽然我并不

《瓷行天下》书影

认为进了“中国好书榜”的书都是好书，但胡辛大姐的《瓷行天下》榜上有名，提升了我对“中国好书榜”的信任度。

2019年的世界读书日，中央电视台为“2018年度中国好书”揭榜，据主持人白岩松说，2018年出版图书50万册，入选32本，这就是真正的万里挑一了。知道胡辛大姐的《瓷行天下》上榜，我不由得有点小激动，既为胡辛高兴，也为景德镇高兴、为中国瓷高兴，特别是，为中国明代史的研究有文学家参与而高兴。

中国是瓷的祖国，瓷是中国文化不朽的表征，中国的瓷曾领先世界1000多年。瓷器作为中华文明和文化物化的符号和载体，自汉唐始，通过陆上丝绸之路和海上陶瓷之路，向世界各地辐射，至元明清，中国瓷风行世界。白岩松朗读《瓷行天下》的颁奖词：

> 本书“以‘外销瓷’为切入点，追溯了汉唐至明清时期历代帝王的政治制度、个人意志和审美情趣对瓷器、瓷业和外销瓷的影响，以瓷带史，全方位呈现了中国陶瓷文化海外传播的历史沧桑，勾勒出中国瓷器行走天下，光耀世界的华美图景”。所言不虚。

二

胡辛以她惯有的大气魄、大构架、元叙事，将《瓷行天下》向读者娓娓道来，用文字的经线、瓷史的纬线，编织出中国瓷行天下的千年之路，将脆弱而又坚美的瓷器小道，与国家、民族的大运紧紧相连。诚如近人许之衡在《饮流斋说瓷》中所言："瓷虽小道，而于国运世变亦隐隐相关焉。"胡辛俨然是一位博古通今的导游，通过《瓷行天下》，引导读者穿越古今，进行一次追根溯源式的中国外销瓷史的漫游。

虽然说历史悠久，但元、明、清三代特别是明代在中国瓷史，特别是中国外销瓷史上占有重要地位，所以，全书九章，明代占了六章，可谓浓墨重彩。其中，16位明代皇帝与瓷的兴衰占了三分之二以上的内容：太祖朱元璋杀伐果断，却对柔美艳丽的青花釉里红情有独钟；太宗朱棣戎马倥偬，偏偏痴爱婉约清丽的青花瓷；深受南国儒雅濡染的宣德帝，所喜青花瓷却分明见着龙腾的威武霸气；成化帝的斗彩鸡缸杯，明显融入了他的姐弟之恋；弘治与正德这对三观、性格、风格迥异的父子，为何在大航海时代的裹挟中既创造了外销瓷繁荣的奇迹，又硬是错失了千载难逢的"与时俱进"的机缘？难道是嘉靖帝不可思议的固执冥顽，造就了景德镇的一枝独秀？隆庆帝的"开海"、万历帝人生的开挂与逆转，与克拉克瓷、出海芙蓉之谜有何干系？崇祯帝的无力回天，与晚明外销瓷的文人气有着怎样的纠结……

胡辛以她那支如椽之笔，将小瓷器和大历史进行了严丝合缝的镶嵌，外销瓷既折射出那个时代的光辉灿烂，也透视出体制笼罩下的沧桑乃至阴霾。作者用此不同于通行著作的体例与风格，别出心裁地梳理出了中国瓷器外销的脉络，体现了作为一位文化学者、学者型作家的敏锐眼光和人文情怀。

看似一部历代帝王与外销瓷的历史故事，其实不然。外销瓷固然与历代帝王有着千丝万缕的关联、体现着帝王意志下瓷路的起起伏伏，但是，作为中国发明、中国创造的瓷，首先表现的是中国陶工、瓷匠的勤奋智慧，是他们探索烧炼的结晶，是“南青北白”“东出西进”千年物质与文化交流互鉴的结果。臻精臻美的中国瓷器，是中华民族海纳百川、传承创新的积淀，并非帝王的专利。那些中国瓷行天下的实践者，无论是哪个窑口出品的瓷，无论是陆地的肩挑、车运、驼载，还是水路的行舟，哪一个不是胼手胝足的劳动者，以及为利而来、为利而往的瓷商。

古窑口、古码头、古道，或出土或传世的外销瓷、海底沉船海捞瓷……渐渐还原出自汉唐宋至元明清的陆海陶瓷之路，这是人类文化史上不可思议的奇迹。所以，《瓷行天下》积淀的、张扬的是一种精神，是中国人排除万难、不屈不挠“走出去”的精神，这才是中国人笃定沉稳的文化自信的真实展示。

二

《瓷行天下》与众不同的是，作者胡辛是以其女人的眼光、女人的笔致来书写瓷行天下的。

我对西方女性主义理论和女性文学不甚了了。但是，恩格斯早在1884年写成的《家庭、私有制和国家的起源》一书中就已指出：“母权制的被推翻，乃是女性的具有世界意义的失败。丈夫在家中也掌握了权柄，而妻子则被贬低，被奴役，变成丈夫淫欲的奴隶，变成单纯的生孩子的工具了。妇女的这种被贬低了的地位，在英雄时代，尤其是古典时代的希腊人中间，表现得特别露骨，虽然它逐渐被粉饰伪装起来，有些地方还披上了较温和的外衣，但是丝毫也没有被消除。”所以，我们是否可以这样说：我们所知道的中国历史、世界历史，由于是男性书写，于是有意无意间忽略了乃至遮蔽了、扭曲了女性的历史？包括“历史”的英文单词“history”，也是“他的”故事，这就有些不公平了。因而，时至今日，无论是研究，是创作，还是日常生活中，洞开新的一扇窗，用女人的眼睛看到的风景与以往是会不同的，看历史亦如是。这应该是件好事。

胡辛在该书的前言中称：“翻开权威性的《中国陶瓷史》，第2页见：‘陶的出现无疑应归功于女性。’”如此权威的理论书籍尚能有如此富有想象的大胆推断，那么，胡辛作为一个非专业陶瓷史的爱好者、探研者，为什么不可以张开想象的翅膀呢？胡辛以女人的特质，既合情合理又不无偏激地论述了瓷的特质：“瓷的烧炼就给人怦然心动的感悟，瓷是土与水在火的炼狱中的结晶，这太像人生历程；而一不小心轻轻一碰就粉粉碎的瓷，又太像人的情感，尤其是女人的情感。”

胡辛由此联想到在漫漫的千年之中，中国女性的双足曾被缠为“三寸金莲”，她们的心更是被套上了厚厚的铠甲，被压抑、被窒息，那么，是她们借瓷行天下，还是瓷寄托了她们的梦想行天下？是以中国瓷拟中国女人，抑或以中国女人拟中国瓷？无论是拟人还是拟物，皆是浸透了女性的感觉、感悟。以我对胡辛的认知，她正是想从陶瓷史、瓷器外销史中，洞穿出一部被男性历史掩盖了的女性史。这才真正是女人的思维、女人的梦想！

胡辛说："瓷行走于陆上丝绸之路和海上陶瓷之路，娇弱又强健、轻盈又沉重地飞翔于六大洲五大洋，既让各国皇帝将相贵族富豪竞相折腰顶礼膜拜，又让全球平民百姓也终享有瓷的清洁、美丽和快乐。中国瓷，负重若轻。大气磅礴，又灵动飞扬。"这种女人的笔致，使胡辛的写作一以贯之地给人独辟蹊径的体验。在浮沉千年的中国瓷行天下之路中，既看到中国瓷器走向世界的丰富图景，给人荡气回肠的震撼，同时，又有女性命运的思考和发人深省的启迪。

三

我认为，这部《瓷行天下》，满满地溢出胡辛对第二故乡景德镇的真情实感。

胡辛是江西师范大学（当时称"江西师范学院"）1967届中文系毕业生，非常岁月中分配到景德镇，八年期间，从深山到郊野，从女孩到母亲，从农耕到炼瓷，在生存的艰辛和人性的温暖中，渐生出对瓷的特殊的女性感悟。此后，胡辛调到了江西为民机械厂。这个厂所在地在乐平，前些年划归升级为"设区市"的景德镇。正如胡辛所言，作为女人的她，一个女人的花样年华、黄金岁月，就留在了这方水土。

正是与景德镇血脉相通的真情，使得胡辛离开景德镇之后，仍然是心心念念，此情不了。在我的印象中，胡辛的处女作《四个四十岁的女人》，虽然主要以南昌为背景，但中心人物村小教师柳青的原型，就来自景德镇兴田山村，其中也有她自己的影子。《昌江情》《瓷城一条街》《这里有泉水》《禾草老倌》《陶瓷物语》《怀念瓷香》《惊艳陶瓷》，等等，听名字就是说不尽、写不尽的景德镇故事。

1990年，江西电视台播出的9集电视系列片《瓷都景德镇》，胡辛是主创之一。该片获1991年度全国优秀电视节目二等奖，当是最早的关于景德镇的大型电视纪录片。30年过去，多少瓷厂已不复存在，多少老街古巷已灰飞烟灭，多少陶工瓷匠大师们已垂垂老矣，有的已离开人世，幸亏还有这个9集电视系列片《瓷都景德镇》，加上在景德镇建镇千年时拍摄的9集电视片《瓷都名流》，完全可以作为景德镇的历史资料予以保存。历史不会重复，更不会再生，读胡辛的《瓷行天下》，字里行间皆蹦出"珍惜"二字，那份热腾腾、沉甸甸的历史，是景德镇的独有。

与为着创作而去体验生活的作者不同，景德镇对于胡辛而言是一片热土，胡辛则是在生存的艰难奋斗中感悟人间冷暖。《瓷行天下》回溯的是历史，却饱含了胡辛对景德镇、对瓷的挚爱，有厚度，有深度，有温度。她与景德镇有着血肉相连的真情实感，瓷是有生命的，瓷既传承闪耀着中国文化的灿烂光辉，又承载寄托着浓浓的乡愁。

作为历史学者、明代史学者，我十分欣喜地看到，尽管将景德镇视为第二故乡、视为心中的热土，在《瓷行天下》中，胡辛既怀着满腔的热忱，描述了明清时代景德镇的繁荣与景德镇瓷的"瓷行天下"，又客观地表述了中国瓷的起源与发展，指出：景德镇并非中国瓷的唯一源头，在中国诸多瓷的源头中，景德镇只是后来居上的"小女子"。虽然地方文献有“新平冶陶，始于汉世”之说，尽管早在唐朝，就有昌南镇人将自家烧炼的瓷运到长安城的惊艳记载，被誉为“陶玉”，但并没有奠定昌南镇进入中国名窑的地位。尽管为宋真宗赵恒所青睐，将自己的年号景德赐给昌南镇，世间遂有了景德镇，但是，无论北宋、南宋，五大名窑、六大名窑中皆无景德镇。

景德镇的瓷都地位起于元代。自元代忽必烈指定浮梁瓷局烧造皇帝的瓷以来，历经明清，一枝独秀，独步天下，成就了景德镇的御窑“皇”字号。皇家的御用瓷，当是景德镇的地标和名片。而起于五代的湖田窑为主的民间青花瓷则是景德镇展翅飞翔的双翼之一，缺一不可。景德镇的崛起，是因为有着海纳百川的胸襟，始终坚持传承与创新，这才有了千年窑火不熄的独特历史。

《瓷行天下》，以文学家的热情笔触，记叙了中国瓷、景德镇瓷的历史，比历史学家的客观记载，更具有冲击力。没有办法，这就是文学的力量，由此想起余秋雨的散文《抱愧山西》、张洁的散文《潇洒稀粥》，我忍不住对朋友感叹，要让大众了解中国历史上的晋商、了解中国历史上的赈灾，不能光读历史学家的研究，还得读文学家的咏叹。

四

包括《瓷行天下》在内的《瓷上世界》套书三本，首发式暨研讨会于2018年3月在故宫博物院成功举办。同年，该套书入选国家“十三五”重点图书出版规划项目。翌年5

月，《瓷行天下》从套书中被单独挑了出来，入选“中国好书”2018年2—3月榜单。

2019年4月23日世界读书日，《瓷行天下》荣获2018年度“中国好书”。同年8月，《瓷行天下》入选“新中国成立70周年精品出版物展”，走进“一带一路”沿线国家暨图书6个语种（分别是希伯来语、阿拉伯语、尼泊尔语、印地语、英语、乌尔都语）版权输出签约仪式，这个仪式在北京国际展览中心成功举办。12月，《瓷行天下》又入选2019年“中国图书对外推广计划”（希伯来文）……

瓷行天下，负重若轻；瓷行天下，是一种精神。《瓷行天下》，正是胡辛对这种精神的体悟和揭示，而这种精神，则是今日景德镇需要传承并创新的。

胡辛曾经私下和我讨论，当下有责任感的景德镇人、希望景德镇重新腾飞的有识之士，都在为新时代景德镇的新发展出谋划策，令人感动，令人鼓舞。但胡辛有自己的看法：千条路、万条河，陶瓷生产才是景德镇生命力存在的根本，也是景德镇重振雄风的关键路、快捷河。“传承”和“创新”是关键，落脚点应是“实业”，是强大的陶瓷产业基础。没有这个基础，就是无根之木、无源之水，所有的“文化平台”也无从确立。因此，重振景德镇陶瓷工业，拿出国人喜欢、世人钟爱的新瓷种、新产品，是根本所在。今天的人们不能仅仅消费历史，而应该延续历史，再创辉煌。

不由赞叹，大姐什么时候从文学家转型为市场观察家、政策指导家了？

人们都说，读书改变命运，会读书是一种福分。为了让更多的有志青年陶醉于书本，使得赵氏江山万万年，宋真宗赵恒《劝学诗》下了一剂猛药："富家不用买良田，书中自有千钟粟。安居不用架高堂，书中自有黄金屋。出门莫恨无人随，书中车马多如簇。娶妻莫恨无良媒，书中自有颜如玉。男儿若遂平生志，六经勤向窗前读。"

但是，读书未必就要那么功利。赵恒所说的所谓千钟粟、黄金屋、颜如玉，以及多如簇的车马，只是建立在一个前提之上，那就是"仕"，如果不仕，所有的粟、屋、玉及车马都成为泡影。所以江西及浙江、安徽、福建许多家族的家训中都有类似的条文：俊秀子弟修习举业，要读书，争取进入仕途，这是光宗耀祖、体面脱贫的需要。但是，修习举业的同时，还必须学一门手艺，这门手艺要做到方圆百里第一。什么意思？养家糊口是第一要务。所以江西等地区的传统是"耕读治家"。为何是"耕读治家"而不是"读耕治家"？物质生活、物质生产永远是第一位的。用一个常识性的观念，叫作"存在决定意识"。

大凡中国及世界的发达地区、发达国家，都是鼓励读书的，但读的书早已不是赵恒倡导的"六经"，读书的目的并非为做官。读书更多的是充实自我、培育情操，在社会多元化的今日，读书读得好也确实可以有千钟粟、黄金屋、颜如玉，可以有车马多如簇，但从何而来？从投身产业而来，此粟、此屋、此玉、此车马才更为干净，对社会的贡献也更大。

我们天天在说振兴江西、振兴江西文化，为何江西生产发展没有别人快？民众收入没有别人多？辉煌的历史，可以增强自信，但真正的自信，还是来自当下的经济发展。从这个角度说，我赞成胡辛大姐的主张。景德镇的振兴、江西的振兴，当然需要发掘传统，但发掘传统的目的，不是套现传统，而是从传统中吸取经验和教训，生产拿得出手的硬产品。

景德镇准备好了吗？

2022年9月8日

南昌艾溪湖畔寓所

（胡辛著：《瓷行天下》，南昌：江西美术出版社，2017年；江西人民出版社，2023年）

千年之交的千年窑火

——为《怀念瓷香》序

一

2022年的夏天，堪称全球酷热。

还好，我有幸在井冈山避暑并做“历史作业”，漫山遍野的青青翠竹给人间带来清朗和惬意。上山度假休闲或像我这样在山上做点事情的人还真不少，处处生机勃勃，却并不喧哗躁动。走进挹翠湖公园，“红色山歌”的旋律婉转悠长，想起十年前带着大孙女爱宝来井冈山，看着两岁的小姑娘“闻乐起舞”，其乐融融。真心希望，环球兄弟，同此凉热！

令我惊喜的是，日前收到胡辛大姐用快递直寄井冈山的10本巨著。依稀记得她已经出版40多本书了，年近耄耋，还在笔耕不辍。这些入眼大气、入手厚重的著作，见证了一位当代伟大女性作家的生命价值追求过程。胡辛的这些著作，有的以往曾经读过，记忆犹新，有的则是第一次见。我是学历史的，大姐希望我用历史学者的眼光为她的《怀念瓷香》

和《瓷行天下》分别写序，实在是抬爱。

生命是缘。我已记不起我们是哪年哪月、何地何处相识的，初次见面就似曾相识，原来是书中已经见过。好像从未生疏过，也从未过从甚密，恰恰应了“君子之交淡如水”。好像是在2017年的暑假，景德镇学院召开“景德镇学”研讨会，地点在景德镇浮梁县的宝积寺。落日熔金，暮云合璧，寺外原野的田埂上，见到大姐夫妇迎面而来，我疾步前趋，姐弟相拥，真情实感，本能自然。这才知道，他们已经转战景德镇，不但建立了自己的工作室，还从文学跨界到艺术。

我的硕士学位是史学，博士学位则是文学，虽然是“友情客串”，却有喜爱文学作品的情结。史学与文学，虽说前者强调记录的真实，后者认为是艺术的虚构，但岂不闻鲁迅称太史公《史记》为“史家之绝唱，无韵之离骚”？

二

我主攻明史，胡辛的《瓷行天下》曾获2018年“中国好书”奖，在明史圈中也引起了关注。《瓷行天下》以大散文的笔调，叙写了自汉唐经宋元至明清“瓷行天下”的荣耀与沧桑。浓墨重彩的中心部分，是明代16个皇帝与景德镇外销瓷的种种纠葛。貌似历朝历代皇帝与瓷的故事，却是全景式地描绘了瓷路的真正开拓者和践行者：坯工、绘工、窑工、樵夫、挑夫、商家、航海者，等等。景德镇瓷器的“衣被天下”、景德镇的“瓷行天下”，正是他们一代又一代的心血和汗水凝聚而成。陆上之路，印下他们的屐痕累累；海上之路，烙进他们的帆影重重。他们普通平凡，却又分明是出类拔萃。该书获得“中国好书”奖，我以为实至名归。此类文化读物在专业研究者和广大读者间搭建起了桥梁，深入浅出，雅俗共赏，功德无量，是非常精彩的中国走向世界的陶瓷历史、陶瓷故事。

《怀念瓷香》书影

与《瓷行天下》的纪实不同，《怀念瓷香》是地道的当代长篇小说，写的是千年瓷都皇瓷镇的当代情感故事，丰厚曲折，引人入胜，如若拍成电视连续剧，应该圈粉无数，让人夜夜追剧，但让我写序，还真是有点无从下笔。只是，当代故事岂能割裂历史？所以，读着读着，历史的积淀又浮现眼前，人与瓷，瓷与人，历史的变迁，现实的纷繁，路在何方？景德镇，这方水土这方人的爱恨情仇，自有它的现实意义和历史意义。

这本书其实是20世纪末写的，原名《陶瓷物语》，2000年由花城出版社隆重又精致地推出，当时即引起了不小的轰动。书中讲的是陶瓷和当代人的故事，江西评论界和江西经济发展一样，总是比得风气之先的广东慢几拍，有时几乎是麻木不仁。2019年8月，国家发展改革委、文化和旅游部印发了《景德镇国家陶瓷文化传承创新试验区实施方案》的通知之后，关于景德镇的文学、影视、短视频、抖音等创作，瞬间火热起来，这部长篇小说才重新引起当地的关注。

《陶瓷物语》是比较早涉猎当代景德镇地域盘根错节的家族故事、爱情故事的文学作品，虽然出版于20年前，今日读来却没一丝过时的感觉，反而更加振聋发聩。这既是因为作者有超越当下的预知预判，更是因为她所捕捉到的那些故事、产生的那些哲理思考和人生感悟，随着时代的发展，更加凸显起来。人与瓷，瓷与人，作家和作品，难分难解。

回想起来，2000年是个极不平常的年份，既是百年之交，更是千年之交。当时的中国，正意气风发“走进新时代”。对于跨越了这个门槛的人们来说，皆是刻骨铭心的记忆。跨越千年的人不见得都是幸福的，但肯定是幸运的。胡辛在那个时刻捧出她的《陶瓷物语》，可以说是永恒的纪念。

2005年，具有人文情怀和超前视野的二十一世纪出版社，为胡辛出版了6卷本的《胡辛自选集》，《陶瓷物语》被收入，更名为《怀念瓷香》，不但文学情调更浓，而且更耐人寻味。瓷香，瓷乡，瓷香……

三

CHINA，中国；china，瓷。中国，是瓷的祖国，瓷的故乡。要说中国的世界第一，瓷器无疑名列其中。而景德镇，这个偏僻的中国江西内陆山城，窑火千年不熄，如今，又承担起了中国陶瓷、世界陶瓷活的历史书写重任。

1995年，景德镇启动了十几座国有瓷厂的体制改革。在《陶瓷物语》中，已然见到改革的阵痛：个体瓷业、个体瓷商，如雨后春笋；招商引资，形形色色。虽然御窑遗址还是市政府所在地，但仿古瓷异军突起，就像岁月长河中，每逢历史的节点，就必有它独到的作用……

2005年，景德镇十大国有瓷厂已然退出了历史舞台。这是怎样的不舍，又是怎样地追求新生！只见民营企业、绝技绝活及形形色色的大师一派欣欣向荣，传统柴窑把桩师傅胡火旺愈来愈红火，老传统禾草包装老倌却遭遇挽歌，火凤凰飞天婆把珍贵藏品捐献给国家博物馆，毕教授种水稻只为青花瓷的草木灰……是历史的高峰，还是别样的热闹中的荒凉？《怀念瓷香》描摹渲染着这一切，书中的陶瓷考古学者林陶瓦，则将现实和历史悄然相连。历史是现实的一面镜子，历史给今天感悟与启迪。历史巨流始终滚滚向前，它不会为某个城市、某个农村、某种行业、某个人物而停留片刻。谁能把握历史演变的规律？谁能预知未来？让历史告诉今天，让今天告诉未来。今天应该与历史对话，了解过去，方能把握未来。

克罗齐的名言时时被人提及："一切历史都是当代史。"但是，一切当代的故事，又怎能离得开历史的土壤？

江西的地域特色是"红与绿"，胡辛则在很早就在自己的散文中提出了"白色土"的概念。中国瓷领先世界的重要缘由，是因为中国人早早地解密了制瓷的骨骼是高岭土。高岭土是白色的，拿一匿白色土放进盛着水的玻璃杯里，它会像一朵玫瑰那样一瓣瓣盛开，但转眼就凋零了。在胡辛眼中，高岭土的特性是女性化的，所以，她视瓷文化的本质为女性。女性与陶瓷，在胡辛的视野里互为符码，衍生了博大精深的中国文明，折射出瓷的光芒。当然，这只是她的一家之言。

在红色的井冈山上（今日来井冈山寻找红色的人们，最早映入眼帘的应该是绿色），读着白色土的历史和白色土的故事，真有点不同凡响。

胡辛是学者型作家，或曰作家型学者。她在文学创作时有着学者的严谨思虑，做学问时又敢天马行空、我行我素。她极为自然地将女性命运的追求与独立价值的寻觅融入她的小说创作中。

她的处女作《四个四十岁的女人》荣获1983年全国优秀短篇小说奖，开篇即问："女人为什么要有自己独立的节日？"她的长篇小说《蔷薇雨》，则以古城南昌为地域背景，讲述如同蔷薇花开花谢的南昌女人们的故事，一样引起南昌人的共鸣，不分男女老少。好的作品，既穿越时空，亦不分性别。

胡辛以女性作者特有的情感感叹：

> 土是卑贱的，水是灵秀的，火是神威的，瓷是土与水在火的炼狱中糅合冲撞挣扎拼搏后的结晶，这太像人生历程；而一不小心轻轻一碰就粉粉碎的瓷，又太像人的情感。等到天地归于寂静时，砸开窑门，捧出匣钵，看看都变成了些什么吧。也许大多数都属正常也平常的产品，可也有期望为精品的就成了精品，可仍有次品，还有废品，乱七八糟的什么也不是。偶有那意想不到的

巧夺天工之极品，真让你大喜过望！这就是一窑千变的火的艺术。可不管结局如何，一句话，它们再也回不到从前了。而愈是精美的瓷器愈怕碰撞，一不小心，它就会粉粉碎。整个炼瓷的过程就像人生一样，特别是像女人的人生和女人的情感。

这就是一窑千变的火的艺术。读到这一段，想起一位学生送我的一个“窑变”瓶，说是天下就此一个，因为入窑之后，坯上的图案到底会发生什么变化，自己也不知道。

我曾在朋友圈中发短言：江西作家中，我比较“作兴”的是胡平、胡辛，两位之间，和胡辛更亲。胡辛说她见到后感动得热泪盈眶。胡辛受到委屈或被人误解时，会给我发短信、微信。那个时候的大姐有点像小妹。没过多久，胡辛释怀了，来了微信：“一生向阳，在这片土壤，随万物生长。”

好的小说里应该积淀沉甸甸的历史，好的历史作品应该时时处处绽放着文学的绚烂。我渐渐明朗：《怀念瓷香》就是怀念瓷乡，昌江情、瓷城一条街、地上有个黑太阳，都是瓷都梦，是《瓷行天下》荣耀与沧桑的源头和见证。

仅此为“迟到的”序。

2022年8月28日

井冈山红东方寓所

（胡辛著：《怀念瓷香》，南昌：二十一世纪出版社，2005年；江西人民出版社，2023年）

宏大叙事需要细节支持

——《万历朝鲜战争全史》序

朱尔旦是我一位未曾谋面的小友的笔名，我们是通过电子邮件建立起联系的。我很少给朋友和学生的著作写序，担心写不出著作的精义，辜负了朋友和学生的好意；我自己的著作也没有麻烦师友写序，不是因为清高，而是不忍心耗费师友的时间。

《万历朝鲜战争全史》书影

对于万历朝鲜战争，我只是在万明、陈尚胜、孙卫国、杨海英、郑洁西诸友及日、韩同行的推动下，做了一点“友情客串”式的研究，同时被中、日、韩合拍的纪录片《万历朝鲜战争》聘为中方顾问，应韩国海军军官学校的邀请，做了一场关于李舜臣的学术报告，虽然如此，根本不具备为这类著作写序的资格。但是，在朱尔旦小友在电子邮件中向我讲述了他的学习和工作经历之后，并且把他在工作之余撰写的一部50多万字的《万历朝鲜战争全史》发给我，希望我作序时，我又感到不好推辞。

作者自幼喜爱历史，曾经立志治史，即使不能“究天人之际、通古今之变”，也希望能够“立一家之言”。从2009年开始，作者开始关注万历朝鲜战争，至今已经有十年。作者重视域外史料，多次前往日本，穿梭在各大学图书馆、市立图书馆，走访神保町的各个古书店，苦苦搜集、购置了大量国内稀见的万历朝鲜战争资料。

作者告诉我，“朱尔旦”出自《聊斋志异》的《陆判》，朱尔旦原先是一个愚钝的书生，但被身为地府判官的陆判换心后，才思敏捷，文章练达，一举夺魁。这个故事给作者的印象非常深刻，希望“朱尔旦”这个名字能够为自己带来史学写作的“运气”。“朱尔旦”果然带来了运气，作者不但以这个笔名发表过几篇关于“壬辰战争”的文章，还在相关爱好者的圈子里积攒了一定的知名度，开始撰写《万历朝鲜战争全史》一书，至2019年底终告完成。

写这篇序的过程，是我学习朱尔旦《万历朝鲜战争全史》的过程，最大的感动，是作者非“专门”从事历史研究，却写出了一部“很专业”的历史著作。全书行文流畅，史料运用娴熟，对万历朝鲜战争（朝鲜称“壬辰倭乱”，日本称“文禄・庆长の役”）进行了全景式的描述和评价，做出了一些超越前人的贡献，略举其要。

一、关于人物评价

沈惟敬是浙江嘉兴府嘉善县人，当日军势如破竹向大同江挺进时，明朝宁夏的哱拜之乱尚未平定，兵部尚书石星“计无所出”，提出派人前去“侦探之”，其实是与日军谈判，迟滞其前进。但官方没有合适人选，遂向民间招募，沈惟敬正是应募者之一。

不少记载说沈惟敬熟知“倭情”，可以用日语和日军将领交流。但是，当石星拟用沈惟敬时，正在翰林院任职的嘉兴籍学士朱国祚向石星提出警告：“此我乡曲无赖，因缘为奸利耳，公独不计辱国乎?”（《明史·朱国祚传》）在朱国祚的眼中，沈惟敬为其“乡曲无赖”。《明史·朝鲜传》也把沈惟敬定位为“市中无赖”。但是，另外一位嘉兴籍官员袁黄，则是沈惟敬的支持者。袁黄当时为兵部职方司主事，后随宋应昌、李如松援朝为赞画，对朝鲜问题有很大的话语权。石星用沈惟敬，极有可能出于袁黄的推荐，而后来袁黄也因沈惟敬的牵连而罢职。

就是这位沈惟敬，过去的研究多将其视作周旋于中、日、朝三国中间的投机取巧的小人，只知道一味行骗，同时欺骗了万历皇帝和丰臣秀吉，最后导致明朝和日本的谈判失败，战争再次爆发。但是，作者通过当时的史料指出，沈惟敬在早期的和谈活动中，为明朝争取到出兵时间做出了大量贡献，成功牵制了日军的军事行动，并且巧妙地取得了日军的军事情报。人们所指出的沈惟敬欺骗双方，很大程度是由石星、宋应昌等人直接授意的，最后让其背黑锅，承担石星、宋应昌等人应该承担的责任。

再如宋应昌和李如松，由于各种原因在当时受到言官们的猛烈批评，清修《明史》也对他们在朝鲜战争的表现多有非议。后世学者因为视其为英雄，对于他们应该承担的责任则多加掩饰。本书充分肯定了宋、李二人的战争功绩，同时也客观指出，他们由于客观形势的逼迫，也做了一些上不了台面的暗箱操作，并提供假情报，向朝廷伪报战功。

再比如朝鲜水军将领李舜臣，多次挫败日本水军的攻势，战功赫赫。一些韩国、欧美的观点，甚至认为光凭借他，不依赖明军的支援，也可以击退日军。但是，本书根据史料指出，李舜臣在其主动发起的釜山海战、熊川海战、巨济岛海战，都是遭遇挫折的，也从来没有达到切断日军水上补给线的目的。和明朝、日本的将领一样，李舜臣也在时时捏造战绩、夸大功勋。这大概也是战争时代的通例。

二、关于战争细节

碧蹄馆之战，在“壬辰战争”中具有重要的意义。由于李如松的轻敌冒进，致使数千明军遭遇了数万日军的围攻。《明史》的记载说经此一战，明军主将李如松“气索”。

但据日方的史料，日军同样“气索”。参与此战的日本各家大名，都在各自记录里相互指责对方。

立花宗茂家臣荐野增时的《宗茂公朝鲜军之次第御物语觉》，指责黑田长政、大谷吉继怯战，不敢迎战明军，使得立花家孤军奋战；小早川隆景家臣梨羽绍幽的《梨羽绍幽物语》，则说立花家的士兵战死大半，根本不是明军对手，全靠小早川军奋战；筑紫广门家臣筑紫上野介的《筑紫记》，则指出小早川军刚和明军交战，就落入下风，直接溃败。

再如，据《丰臣秀吉文书集》，1592年，丰臣秀吉在收到了朝鲜战场传来的关于日军在闲山岛海战失利、明军攻向平壤（第一次平壤之战）的消息后，立即指示日本水军大将胁坂安治停止与朝鲜水军作战，转而筑城自保；同时指示小西行长以及一众日军大名，婴城固守，防备明军袭击。虽然战争开始阶段，日军在陆战中势如破竹，但随着明军主力的入朝作战、随着朝鲜水军的连战告捷，在战争发动的第一年，日军在陆上、海上就已经表现出守势，丰臣秀吉开始丧失发动战争之初意气风发、狂妄不可一世的姿态。

又据《萨藩旧记杂录》，1597年底、1598年初，明军发起第一次蔚山之战，日军虽然最后勉强击退明军，但对明军的战斗力已经十分忌惮，纷纷联名上书，要求放弃前沿的日据城池，全面撤守到朝鲜沿海，为此引起丰臣秀吉震怒，但又不得不妥协。

由此也可以看出，无论是明军还是日军，对这场战争，其实都没有必胜的信心，都对对方充满忌惮。

三、关于中日和谈

对于“壬辰战争”过程中的中日和谈即“封贡”，其间细节一直没有真正被揭示。一些相关作品不是叙述太过简单，便是理解太过简单，认为只是中方代表沈惟敬、日方代表小西行长相互串通，各自欺骗各自君主、伪报对方的和谈条件。最后因为露出破绽，使得和谈破裂。但正如本书所揭示的那样，“壬辰战争”中日之间的和谈史，从一开始就充满了各种欺诈。

以“碧蹄馆之战”结束后双方的表现为例。明朝兵部尚书石星、经略宋应昌、提督李如松因为粮尽兵疲、财政困难等原因，已经无意进取，再次派遣沈惟敬与日军议和。事后，双方各取所需，各自表述。宋应昌向明朝伪报，说我军在碧蹄馆大捷，日军已无斗志，向本朝乞求封贡。日方代表也向丰臣秀吉报告，说在碧蹄馆大败明军，明朝派出使者，前来谢罪。在双方一线谈判者对各自当局的误导下，在各种谎言的交织下，明、日双方的各自期望越拉越远，这是和谈谈不拢的根本原因所在。万历皇帝误以为日本完全服软，请求封贡，所以制定的对日策略，也是针对“封贡”展开。丰臣秀吉同样误以为明朝完全服软，制定了七项苛刻的议和条件，包括要求大明公主下嫁日本、朝鲜割让一半国土给日本、朝鲜王子渡海到日本作为人质，等等。

本书根据中日两方面的文献，描述了明、日双方和谈过程中的欺弊细节，应该是当前涉及这方面最全面的“一说”。但作者恐怕自己也没有想到，他对于这一问题的讨论，在某种意义上揭示了中国历史上与“强邻”谈判过程中的“普遍现象”。

宁夏之役、朝鲜之役、播州之役，史称“万历三大征”。由于万历朝鲜战争具备国际性特点，对整个东北亚此后的形势，产生了重大的影响。又由于事件涉及中、日、韩三国，所以也一直受到三国乃至更多国家研究者的关注，成果迭出。作者能够在这些研究中冲出重置，对“万历朝鲜战争”研究做出新的贡献，得益于他多了一个立场，多了一批资料。由于作者重视运用日本史料，所以比我们这些学习“中国史”出身的学者，他在中国的立场、中国的视角之外，多一个日本的立场、日本的视角。又由于作者多次前往日本，穿梭于图书馆、搜罗于古书店，购置了大量国内稀见的万历朝鲜战争资料，并且加以解读和运用。胡适说：“有几分材料说几分话，有七分材料不说八分话。”材料多了，也就可以多说了。

作者在本书所用的日文材料多为原始资料，主要是文书、战地日记、觉书（备忘录）三个系统。文书，是日本方面各个层级的往来文件，有直接下达命令的指示文件，也有相互间的交流书信，这为了解当时日方的第一手动态提供了帮助。此类文书，目前整理出版的有《丰臣秀吉文书集》《德川家康文书的研究》等。战地日记，是参与战争的日本武士、僧侣，每天记录各军活动轨迹的日记，据此也可以掌握日方的第一手动态。其中，比较有名的有下濑赖直的《朝鲜渡海日记》、新纳忠增的《渡海日记》、西荆的《西征日记》、庆念的《朝鲜日日记》等。觉书，是参战的日本武士撰写的备忘录，不少觉书都详细记录了战史的细节，尤其是一些大战役。比如记载碧蹄馆之战的觉书，有立花家臣荐野增时的《宗茂公朝鲜军之次第御物语觉》、小早川家臣梨羽绍幽的《梨羽绍幽物语》；记载泗川之战的觉书，有岛津家臣的《帖佐彦左卫门觉书》《伊东壹岐入道觉书》等。这些觉书的存在，可以使我们换个角度了解那些重要战役的细节，其中许多内容都是汉文文献没有记载的。

日本史料之外，作者对于葡萄牙方的史料，也给予了重视。随着大航海时代的到来，有许多葡萄牙人在日本及中国东南沿海活动，他们与日方主要人物进行直接接触，也留下了关于这场战争的珍贵记录。其中最为著名者，是路易斯·弗洛伊斯所著的《日本史》一书。在葡萄牙人的记录中，可以看到当时西方人看待东亚的视角，他们毫不吝啬地赞美明军的武器装备精良、战术高超，与之交手过的日军感受到极大的压力，被迫放弃了征服明朝的计划。同时，他们又极尽称赞明军外交官沈惟敬的足智多谋，多次巧妙地与日方周旋。有意思的是，沈惟敬在中、朝文献的记录中，大多数情况都是以脸谱化的小人形象登场。

我曾经发表过一个观点："宏观叙事需要细节支持。"[①]如果说特点，我觉得本书最大的特点就是"细节"。由于作者同时运用了中国、朝鲜、日本、葡萄牙四方史料，又希望能还原这场战争的场景，所以，才能够对细节有很好的描述和掌控。而书中大量表格所展示的数据，可以使读者更加客观地了解这段历史；而大量的图片，则可以将读者带入历史的场景。对于本书的出版，值得期待。

当然，正如作者自己所说，由于不是从事专门的历史研究，这部著作中也表现出来一些"非专业性"，但并不影响

①方志远著：《历史研究无误区》，载于《光明日报》2015年5月16日。

它的价值。恰恰相反，对于“非专业”的读者，也许更加亲切、更加容易接受。

在此书即将付梓之时，我对该书出版表示祝贺！

2020年1月8日

海南澄迈景园悦海湾

（朱尔旦著：《万历朝鲜战争全史》，北京：民主与建设出版社，2020年）

以良知之是非为是非

——《阳明心学与明代内阁政治》序

我和焦堃小友迄今未谋面，只是因为一个时代、一个人物，把我们联系在一起，这个时代就是明代，这个人物就是王阳明。

焦堃毕业于南京大学匡亚明学院，后负笈东渡，经过8年的学习，在日本京都大学文学研究所获得硕士、博士学位。焦堃自陈，对王阳明的兴趣产生于攻读硕士学位期间，持续至今，可谓“十年一剑”，虽然年轻，却可以说是研究王阳明及其学说的“资深”学者了。这部由博士论文拓展、由国家社科基金青年项目资助的《阳明心学与明代内阁政治》，正是他十年来磨的这一“剑”。

四十年前，我撰写的硕士论文，是关于明代内阁的研究，这也是我步入明代史研究的第一篇习作，后来以《论明代内阁制度的形成》为题，发表在中华书局《文史》第33辑（1990年）。最近发表的两篇文章，都与王阳明、与王学相关，一篇名为《“亲民”：王学要义所在》[1]，一篇名为《盖棺未必论定：王阳明评价中的庙堂和舆论》[2]，最近出版的一部著作，书名是《王阳明：心学的力量》[3]。所以，读到焦堃小友的《阳明心学与明代内阁政治》，有一种亲切感、一种好奇心，在青年学者看来，阳明学是什么样的学说？明代内阁政治是什么样的政治？二者之间，又有什么样的关系？

历史学者习惯于将讨论的人和事安放在其生存的时代，用最近比较时髦的说法，是将其安放在历史的现场。正是由于这个习惯，我一直认为，中国古代的“思想家”“哲学家”和西方不同，他们都是社会活动家，他们是在关注民生、关注社会的过程中，提出自己济世安民的思想和主张并努力践行之。他们的思想和主张，首先是用来解决社会问题，而不是用来完成自己所谓学说的。由于有这种一直以来的认识，使我和焦堃之间产生了共鸣：“所谓‘思想家’‘哲学家’等称谓，皆系现代人加之于王阳明等人头上，古人原无此类标签。以此等现代的概念套用在古人身上，再去对其加以理解，这种做法实属西人所谓的‘时代错误’（anachronism）研究过去的人物，首先需要设身处地、感同身受、将心比心，不可从概念和理论的预设出发，否则很容易有毫厘千里之失。”

①方志远著：《“亲民”：王学要义所在》，载于《光明日报》2020年12月28日第14版。

②方志远著：《盖棺未必论定：王阳明评价中的庙堂和舆论》，载于《清华大学学报》2021年第2期。

③方志远著：《王阳明：心学的力量》，北京：商务印书馆，2019年。

《阳明心学与明代内阁政治》书影

无论是对朱学的批评，还是对陆学的继承，无论是对程朱将《礼记》中的“亲民”望文生义解释为“新民”的公开挑战，还是直言“此心在物则为理”对“心即理”的推进，特别是在经历“百死千难”后揭示出“致良知”并将其视为自己的“一生精神”，都是在长时期的左右彷徨、上下求索中体悟的，都是身体力行在事上“磨”出来的。如果没有这种认识，只是和西方同时代的学者进行所谓比较研究，实则为比附研究，是进入不了王阳明及王学的，用王阳明的话，必然是“物理吾心，终若判而为二”。

焦堃毫不讳言自己是余英时“新儒学”论的服膺者，并且自认为“延续了余英时先生以来关于阳明心学的研究思路”。而余英时关于宋以降士大夫阶层政治担当的意识和实践的描述，我也认为至少揭示了这一群体的部分特征。我在多种场合指出，无论是被王阳明批评的程、朱，还是被王阳明继承的陆九渊，特别是王阳明本人，都具有这种政治担当的意识和实践。这种意识和实践，正是先儒“修齐治平”的体现，也是儒家学说深入人心、生生不息的根本原因。2018年初，因为《千古一人王阳明》的出版，《中国纪检监察报》记者对我进行了一次专题采访，采访稿发表时的标题是《无论穷达，皆有兼济天下之心》。我认为，这是在新的历史时代，思想家兼政治家的王阳明对思想家孟子“达则兼济天下、穷则独善其身”情怀的继承和推进。

通过细致的考察，焦堃在《阳明心学与明代内阁政治》中揭示了一个很有意思的现象，尽管阳明弟子及再传弟子中有大量的官员，但入门弟子仍然以各地生员、举人为主。焦堃自己可能也没有意识到，他的这个带有“个案性”的发现，实则揭示了一个“普遍性”现象：一种新思想、新主张的提出，总是首先在社会的中下层得到传播、响应和共鸣，而上层则自觉与不自觉地对这种思想、主张进行压制和打击。这并不是人们的有意为之，而是“存在决定意识”。事实上，无论是李东阳时代的内阁，还是杨廷和时代的内阁，或者费宏、杨一清及张居正时代的内阁，王阳明及阳明学都是受压制的。但是，压制王阳明及阳明学的，不仅仅是内阁，更有嘉靖皇帝。而且，整个清朝，王阳明及阳明学也是不受待见的。

我在《盖棺未必论定：王阳明评价中的庙堂和舆论》一文中说到一个观点，也是一个事实：

> “王学”对于统治者来说，其实是柄“双刃剑”。王阳明及其学说，是明代一百年前后社会多元化的产物，也推动了社会的多元化进程；王学对朱学的批判精神，

对于任何权威都是一种挑战。所以，在整个清朝，虽然对王阳明的“盖棺定论”评价甚高，但从稳固统治的角度考虑，却是压制王学而尊崇朱学。

王阳明及阳明学是明代社会多元化的产物，同时又推进明代社会的多元化。在这个过程中，自然与当时的“权威”、与当时主流思想的“朱学”格格不入。倒不一定是内阁，王阳明和阳明学是挑战一切权威的。但是，王阳明的影响力并不只是在“立言”，更在“立功”和“立德”。如果没有王阳明的事功，就不可能有传遍天下的阳明学。王阳明的伟大，是把陆九渊的“心即理”改造为“实学”、改造为行动之学，“真知即所以为行”，心在物上，理在心上，“此心在物则为理”。尤其是，虽然将“致良知”视为自己“一生精神”，却明确指出，如果只是“致良知”，那还只是佛家的学说，只有既“致良知”又“亲民”，那才是孔子的学说，才是真正的“圣学”。

作为一位青年史学者，焦堃在《阳明心学与明代内阁政治》中，表现出比较扎实的史料功夫和比较强劲的研究潜力，为明代政治史、思想史的研究做出了重要贡献。而且正如上文所指出的，他所研究的一些具体问题，带有普遍意义。比如，焦堃认为，王阳明及王门弟子之所以受到内阁的压制，或者说王阳明及阳明学对内阁的权威形成挑战，是因为内阁的集权：“王阳明本人及其相当多的弟子乃是极为坚定的反内阁集权、主张分权共治的一派，这在嘉靖初年的‘大礼议’之争中表现得尤为明显。”

但事实是，不仅仅是王学，包括朱学、陆学，乃至孔孟之学，从本质上说，都是挑战权威的，他们本身就是社会开放的产物，孔子的讲学，孟子的讲学，朱、陆及王阳明的讲学，他们追求的是“道”、是“理”，为了这种追求，他们不屈从于任何权威。所以，朱熹死后，朱学被斥为“伪学”；王阳明死后，王学被斥为“邪说”。孔子在传播学说的过程中，也不断遭受非议和打击，致使居无定所，被讥讽为“丧家之犬”。但无论什么样的处境、不管遭遇什么挫折和屈辱，他们都在锲而不舍地追求道、追求理，他们不是以君主之是非为是非，而是以自身良知之是非为是非，并且把自己的体悟传播给大众。正因为此，才有孔、孟，才有程、朱，才有陆、王，才有延绵不断的中华文明，才有延绵不断的文化传承。中华民族的核心价值，正是经过他们总结和揭示，并从他们的追求中体现出来。

作为一位青年史学者，焦堃学习和研究的道路还很长，需要关注更多的问题，需要有更加丰富的人生，需要以更为开阔的视野对历史进行审视。我热切地希望，焦堃在《阳明心学与明代内阁政治》的基础上，取得更为丰硕的成果。

2021年5月23日

南昌艾溪湖畔寓所

（焦堃著：《阳明心学与明代内阁政治》，北京：中华书局，2021年）

另类锦衣卫

——《万历谍影1604》序

我从小喜欢读小说，特别是历史小说，有时到废寝忘食的地步。

中国的历史小说，有比较靠谱的，如《三国演义》《东周列国志》《隋唐演义》，等等，也有不怎么靠谱乃至完全不靠谱的，如薛家将系列、杨家将系列、岳家将系列，等等。但是，不管靠谱不靠谱，我们这一代人的历史知识的启蒙，大抵都是从读历史小说开始的。比如，从比较靠谱的《三国演义》中，我们知道了曹操、刘备、孙权，知道了郭嘉、荀彧、司马懿、诸葛亮、庞统、周瑜、鲁肃，知道了关羽、张飞、赵云、马超、黄忠和张辽、张郃、许褚、典韦，以及甘宁、吕蒙，等等。从不怎么靠谱乃至完全不靠谱的薛家将系列，我们知道了唐太宗、薛仁贵、张士贵以及辽东、高丽，等等。这就使得后来读《史记》《汉书》，读《三国志》《资治通鉴》等，不显得过于陌生。

对于小说的借实说虚、借真人说假事，研究明清史的祖师爷孟森先生坚决反对："凡作小说，劈空结撰可也；倒乱

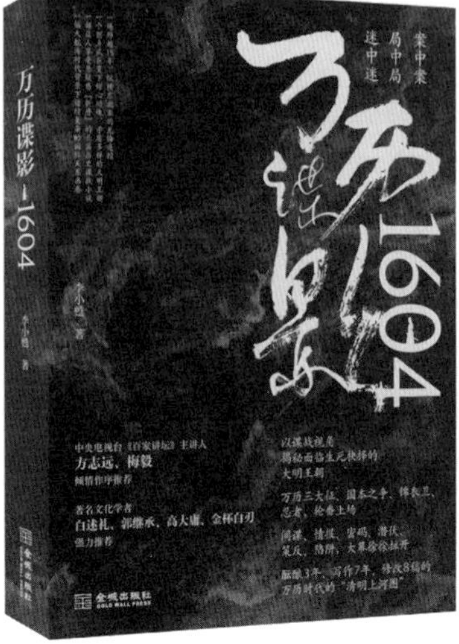

《万历谍影1604》书影

史事，殊伤道德。即或比附史事，加以色泽，或并穿插其是，世间亦自有此一体。然不应将无作有，以流言掩盖实事。”我十分钦佩孟森先生的学问，只是把写小说牵涉到道德高度，未免过分。但也十分理解孟森先生，他一生致力于考证被传说、被小说搅乱的史实，辨孝庄皇太后到底是否下嫁多尔衮、辨顺治皇帝死于天花而没有出家、辨乾隆皇帝并非传说中的浙江海宁陈氏的儿子，等等。辨不胜辨，于是愤怒之下发出狠话。

但是，小说家根本不在乎历史学家说什么，只要读者喜欢就可以。武侠小说家金庸振振有词扬言：“历史学家当然不喜欢传说，但写小说的人喜欢。”于是，在金庸的《鹿鼎记》中，李自成不但出家做了和尚，还和陈圆圆有私情，并且有个女儿陈珂，嫁给了无赖韦小宝。顺治皇帝不但在五台山出家，还告诫儿子康熙皇帝，如果汉族人不喜欢我们，我们就退回关外去。在《书剑恩仇录》中，不但说乾隆皇帝是浙江海宁陈氏之子，而且和红花会首脑陈家洛是亲兄弟，兄弟两人又纠缠于和回族香香公主的感情之中，等等。由于大众买账，历史学家一点办法都没有。受金庸《倚天屠龙记》的影响，一位刚进校门的名校研究生郑重其事对我说，原来吴晗先生写《朱元璋传》遗漏了一个极为重要的人物。我问漏了谁？答曰：张无忌。无语。

我和小甦迄今未谋面，根据他的自我介绍，知道是“70后”的北京人，我是“70后”的江西人，都是“70后”，这可以说是第一层缘分。第二层缘分，是在通信中发现，虽然相差二十多岁，但我们对历史的喜好和认识，有许多相通的地方。比如，自小喜爱历史，持续关注历史，同时也关注当今，认为古今相通，了解历史更能清晰地看待当今和未来。至于第三个缘分，是因为他写的这本《万历谍影1604》。受金庸的影响，我在20世纪八九十年代一度产生过一个想法，以武侠小说的方式，演绎一个明代史，觉得大众应该喜欢。但是，这个想法过去了三十多年，迄今未动手。意外中得知小甦小友以谍战的方式，写了一个万历时代，引起我的兴趣。有意思的是，他开始以“谍战”的方式演绎明朝时的年龄，正是我产生以“武侠”的方式演绎明朝的那个年龄。不同的是，小甦做了，我没做。从这一点说，我佩服小甦。这可能和他大学毕业之后的经历有关。1998年在原中央工艺美术学院毕业之后，小甦从事过媒体和设计，又做过采编、星探，还做过群众演员和角色演员、出版过绘本《生活总要继续》，这就突破了我的认知了。大概正是因为有这样的阅历，特别是对历史、对明代历史、对万历时代有着特殊的喜好，所以才有这本《万历谍影1604》。

小甦告诉我，从最初确定要写这本书，到最后完成这本书，前后有十年之久；实际的写作和修改过程，也有七年。从全书来看，小甦是想通过以明朝“锦衣卫”为中心，全景式地展示明朝万历年间的社会风貌，特别是将明朝的万历时代，置于大航海时代的大背景中，使得人物关系、民族关系、社会关系更加复杂也更加丰富多彩。

通过这部小说，小甦想向世人展示：哥伦布、达·伽马、麦哲伦的远航，开启了大航海时代，虽然各国之间、东西方之间，还存在着严重的隔阂和不信任，但是，在这股大潮的冲击之下，世界各国都或早或迟、或快或慢地发生了一些前所未有的变化，中晚明时期的中国，处在历史的大拐点处。以王阳明、王艮、李贽以及公安、竟陵等为代表的文化人的思想启蒙，和以福建、广东沿海民众为代表的海外走私，相互交融、相互促进，自由与约束、开放与保守，西学东渐带来的西方价值观和中国传统的儒家核心价值观的冲突与渗透，等等。在这个过程中，明朝发生了什么？明代发生了什么？中国社会应该向哪个方向、将向哪个方向行进？

通过这部小说，小甦还希望向人们表述他的一个思想：在大航海时代到来之际、在中国处于大拐点的时候，中国社会是应该“收”还是应该“放”？如何才能既不压抑人性又不任性失控，既不闭门造车又不放任自流？作为统治者的明朝皇帝、明朝士大夫，如何审时度势、与时俱进，进行制度和政策的调整？同时，也希望通过对明朝万历年间的演绎，警醒当今的人们关注和提高生存危机感、重视生存空间的保护意识。

当然，不管作者有多少创作意图，作为小说，最终还是由它的结构、情节，特别是人物形象表现出来。应该说，小甦在这方面的努力是成功的。它向读者刻画并展示了诸多真实的历史人物，比如曾经胸怀壮志却最终心灰意冷的万历皇帝朱翊钧、特立独行并以身殉道的思想家李贽、近世中国第一位放眼看世界并付诸实践的官僚科学家徐光启、第一位在中国传播西学并立下脚跟的意大利传教士利玛窦，以及极力主张开海贸易、募兵垦海的福建许孚远，特别是受许孚远派遣、前往日本搜寻情报、九死一生向朝廷提供《倭情备览》，又在援朝御倭战争中建立不朽功勋的史世用，等等。同时，又向读者详细描述了宁夏哱拜之乱、抗倭援朝、国本之争、京察，以及伪楚王案、妖书案和劫杠案等万历年间的重大历史事件。

上述的塑造和描述，既依据传世史料，又不拘泥史料，使其既符合大的历史背景和历史真实，又充分发挥小说创作的想象力和形象化，所以引人入胜。小甦在小说中一方面对于明朝中晚期社会风貌的真实状态，包括各种商业、生活、服饰、人们常说的资本形态初级阶段的出现，以及其所带来的社会方方面面的变迁进行了描述。另一方面又描写了古代密码、锦衣卫与日本忍者之间的暗战，以及情报搜集等情节，各种人物，包括一些意外介入国际暗战的普通人的境遇，活灵活现，有血有肉。

作为一个有六十多年历史小说的“资深”阅读者和爱好者，读了无数的好小说和无数的滥小说，我毫不犹豫把小甦小友的《万历谍影（1604）》列入好小说之中，并向读者推荐。

2022年5月15日
南昌艾溪湖畔寓所

（李小甦著:《万历谍影1604》，北京：金城出版社，2023年待出）

挥不去的怀念

——《韩振飞纪念集》序

我和韩振飞的关系，属于人们通常所说的“亦师亦友”。

说“师”，是因为韩振飞就学于江西师范大学文博专业时，我给他们讲授入学后的第一门课“中国古代史”，从远古到明清。韩振飞是这个班的学生，自然是我的学生。

一个学期的“中国古代史”在愉快中结束，其中的一个插曲，使我和1985级文博班建立了比一般的任课老师更加深厚的感情。由于文博班是在国家文物局的支持下，由江西省文化厅和江西师范大学联合创办的成人“大专班”，教育厅要求严把质量关，所以对课程进行“抽考”，结果“抽”到了“中国古代史”。为了应对这场考试，我和1985级文博班的同学一起准备，从重点、要点到答题方法，地毯式地对可能的考点进行梳理。韩振飞当时还不是班长，但有着天生的热心肠，成了我和1985级文博班的联络员，我们之间自然就更加熟悉了。考试的结果皆大欢喜，全班最低分是60分。这个结果令“有关部门”十分诧异，但考试的时候监考严格，没有任何人作弊，事后也没有发现任何作弊的迹象。

后来我给他们解释了全班通过的三大因素：第一，文博班的每一位同学都珍惜来之不易的两年学习机会，又都全力以赴地准备考试，没有任何人有侥幸心理；第二，你们看看这门课是谁教的，从自己的高考、考研究生，到指导别人的高考、考研究生，从来都是高手；第三，命题老师的水平高，因为他出的题全在我的复习范围。

说是“师”，不但是我教过韩振飞的课，还因为韩振飞也在教我。人一得意，就易忘形。带着指导全班考试过关的自得，我对教育厅请人批改的试卷进行了审查，发现给分有诸多的不合理，于是自作主张，按自己的标准重改一遍，有的低分成了高分，有的高分成了低分。现在看来，完全是没事找事，但当时的我认为这才是对学生负责任。韩振飞和我商量，说这样可能不好，大家已经知道自己的分数，调高的固然高兴，调低的就会有意见，没有调的也会有看法。我没有顾及韩振飞的提醒，重新判分。后来提及此事，我对韩振飞说，当时你是对的，你是我的老师。韩振飞用他习惯的“憨笑”回答，同学们对您没意见。我说，那是因为你

《墨耕录：韩振飞纪念集》书影

们做了工作，同学们对我包容。

如果说“师”是当时的系领导汪祖德老师的安排，那么“友”则是因为“投缘”。我也不知道从什么时候开始，凡是在赣州有事情，不管是自己的事情还是朋友的事情、学生的事情，统统都找韩振飞，从来没有想过这些事对他是否有困难；每次去赣州，不管是讲学还是办事，有饭局必找韩振飞出席，韩振飞只要在赣州，每叫必到。学院组织几十位老师到赣州考察，不需要我劳神，全是韩振飞安排。从这个意义上说，韩振飞成了我在赣州的办事处，但这个办事处是不给编制、没有经费和报酬的。当然，一些事情也可以请赣州其他朋友帮忙，但每每找韩振飞，说明我心里有他。

韩振飞也一样，每次到南昌办事，只要有时间，必来见我，没时间见也打电话“报到”；因为办事而从赣州带来的土特产品，必给我留一份。他也知道我并不缺这点土产，只是因为他心中有我。有一次韩振飞到南昌办事，我请他给研究生和高年级本科生做了一场客家文化的报告，弄得一批学生热血沸腾地表示要研究客家，也让我大开眼界。我那时刚刚拿到驾照，开着手动挡“桑塔纳”送韩振飞去火车站，先是忘了放手刹，接着忘了低挡调高挡，说：韩振飞对不起，刚刚学，水平不行。韩振飞鼓励我，还有比你更差的。我说你这小子是表扬我还是批评我？

要特别感谢韩振飞的太太小陈，如果没有太太的“纵容”，韩振飞没有这么自由，也不可能有这个集子里同学、朋友所说的古道热肠的韩振飞。一个乐意帮助别人的男人背后，一定有一个支持他帮助别人的太太。

随带提醒一下天下为人妻者，如果你想把丈夫圈在家中，或者反对丈夫助人为乐，就别怪丈夫在外面没有出息。一个不愿意帮助别人的人，怎么可能得到别人的帮助?

由韩振飞的太太自然想到他们的儿子韩化楠，一个阳光青年，和韩振飞一样古道热肠，一样愿意干事、能够干事。有一次和朋友开玩笑说：如果你弄不懂曹操为何有“生子还如孙仲谋”的感叹，那就去看看韩振飞的儿子韩化楠。

从江西师大毕业后，韩振飞在赣州工作得风生水起。每当他有什么进步，都有别的学生和朋友向我通报：韩振飞做赣州市博物馆馆长了，韩振飞做赣州市人大常委会副主任了，韩振飞获首届郑振铎、王冶秋文物保护奖了，我很高兴，说明韩振飞在进步。后来又有人告诉我，说韩振飞做赣州市博物馆馆长、赣州市人大常委会委员了，我说韩振飞是不是犯错误了?博物馆馆长不是早做了吗?过去是人大常委会副主任，现在怎么成了常委?朋友告诉我，原先的那个馆长和副主任，是“小赣州市”的，现在这个馆长和常委，是“大赣州市”的。我对古代中国的官制比较熟悉，但那个时候却不懂这些职务之别。传递消息的朋友给我扫盲，说原来的那个赣州市是县级市，现在的这个赣州市是地级市。这下明白，原来的那个“小赣州市”，其实就是过去赣州府“倚廓”的那个赣县，而现在的那个“大赣州市”则是过去的赣州府，韩振飞原来是“县里”的官，现在是“府里”的官。

坦率地说，我一直跟不上形势，比较关注学生、朋友的学术成果和工作业绩，并不太关心学生的仕途成长。所以对韩振飞，我特别看重的是首届郑振铎、王冶秋文物保护奖，如果我没记错的话，当时全国只评了10个基层博物馆的馆长。我很高兴，10位馆长中，有两位是我的学生，赣州的韩振飞、泉州的陈建鹰，而且都是1985级文博班的。

当然，不管担任了什么职务、不管获得了什么荣誉，韩振飞还是原来的那个韩振飞。他一面把赣州博物馆管理得井然有序，并且给到访的国家领导人、省市领导人做赣州历史、赣州文化的导游和导读，一面仍然驾着个破车到处跑，一旦风尘仆仆地赶上饭局，别人以为他是一个刚从地里跑来的乡村干部。确实是从地里跑来的，只不过不是稻田而是考古工地。

谁也没有想到，从来都是生龙活虎的韩振飞说走就走，而且一走就是两年了。两年前，我因为一件“无厘头”的事情，没有能够出席韩振飞的追悼会，失去了和他告别的机会，至今为憾。

日前，龙年海给我打电话，说他们几位朋友正在给韩振飞编集子，希望我写一个《序》。他们的行动令我感动。韩振飞虽然走了，他的朋友却在默默地做着一件让韩振飞真正“千古”的事情。仅凭这样一帮朋友，韩振飞的人生也不虚此行。

2017年3月26日

G1483次南京—南昌的高铁

虽不能至，心向往之

——《迁想偶得》序

得知家骅兄正在整理三个文集（《迁想偶得》《方寸之间》《尺牍见情》），十分期待，希望早日付梓，以飨众友。而家骅的一个电话，则将我提前带入《迁想偶得》。

《迁想偶得》"写在前面"的一段话，我深有同感。为友人的著作写序、写跋、写前言，既是"无法推辞"的事情，又是不太好做的事情，因为"既要对著作有客观准确的评论，又要对作者有恰如其分的评价"。但为家骅这本书作序，我觉得是十分愉快的事情，因为对于家骅及其学术，自认为已经有了比较贴近而直观的认识，所以不必纠结是否"恰如其分"、是否"客观准确"。

我和家骅相识二十多年，由客客气气地点头握手，到不知不觉中成为至交，其间并没有"标志性"事件，一切都在"润物无声"中发生。

有段时间，我和家骅、邵鸿、赵明诸友一道，陪同周銮书老师前往庐山、井冈山等地考察；在更多的时间，我被家骅拉到江西各个遗址、遗迹的工地及景点，提建议、做论证。在我的印象中，大凡出行，都是家骅事前做好安排，食宿行止，大会小会，一概井井有条，我不由得暗暗称奇。因为完成课题的需要，我曾经多次往湖南、湖北，往云南、贵州、四川进行调查，只要家骅知道，他都提前帮我打好招呼。有当地朋友的安排，一切顺利。有时不想惊动、不想麻烦，结果时时碰壁、处处麻烦。不由得感叹家骅人脉的强大，也想起邹校长道文兄的一句名言："朋友就是用来麻烦的，不麻烦算什么朋友！"我想，我和家骅由点头到至交，大概就是麻烦出来的，于是大事小事，总是想起家骅。

当然，把我们紧密拴在一起的，不能不说协助钟起煌主席组织编纂《江西通史》。事情由家骅首先提出，他和邵鸿、和我一道商议。接着，我们和彭适凡老师一起，向刚由省委副书记转为省人大常委会副主任、不久又任省政协主席的钟起煌汇报。钟主席以他一贯的行事风格，当即拍板。说干就干，立即组成编委会，钟起煌主席自任主编，请周銮书老师为顾问，彭适凡老师、家骅、邵鸿及我协助。

《江西通史》的编纂从2002年初启动，经过彭适凡、许怀林、周兆望、何友良、梁洪生、卢星、赵树贵、陈金凤、吴小红、陈晓鸣、李平亮、谢宏维、温乐平等10多位老中青三代作者的共同努力，并且得到时任江西省省长黄智权、省社联主席傅伯言，以及江西出版集团、江西人民出版社的支持，时为江西人民出版社副总编辑的游道勤，从始至终跟进编辑。历时八年，到2008年，11卷本的《江西通史》全部出齐，成为江西文化建设的一件大事，在全国各地的省级通史编纂中，也具有重要影响。

作为这套书的主编，钟起煌主席当之无愧，没有他的威望和资源，特别是办事的果断和力度，在那个年代、在那个年代的江西，要做这样的事情几乎是不可能的。这套书的副主编是邵鸿、彭适凡和我，家骅坚决谢绝。但是，我心里清楚，这本书如果没有家骅策划和推动，以及一切“后勤”事务的处理，11卷本《江西通史》不可能问世。

这套历时七年并且还有诸多后续工作的《江西通史》，也使我对家骅有了更加深刻的了解。令我刮目相看的是，家骅对于各卷作者，开始并不是都熟悉，但一段时间以后，通过与提供各卷书稿的作者沟通、召开论证会，竟然对每位作者的个性、习惯、学术短长，都有精到的评价。他的贡献不仅在策划和“后勤”组织，在学术组织方面，同样起了非常重要的作用。如何做到这一点？在《迁想偶得》中，可以得到答案。

若干年前读金庸的《射雕英雄传》《神雕侠侣》，金庸笔下的郭靖修习“降龙十八掌”，是“用心”打出每一拳、“用心”推出每一掌。最近几年被朋友拉出去讲王阳明、讲阳明心学，总要解释一个问题：为何王阳明想做什么就能做成什么？我说，也不是做什么就能成什么，比如他想救言官就没救成，自己反倒挨了40廷杖、下诏狱、贬龙场。但如果能给他平台，他确实做什么成什么。成功的诀窍是什么？两个字：“用心。”王阳明是时时用心、事事用心，此心在理、理在心上。

在《迁想偶得》中，我们可以看到，无论是在德安县方志办，还是在德安县人民政府，无论是主政庐山白鹿洞书院，还是做江西省文物局局长，无论是作为省文化厅的巡视员，还是作为省政协委员及省文史馆馆员，家骅都是在“用心”思考、“用心”办事。

为了把方志办的工作做好，家骅去了上海师范大学进修，发掘出宋代德安人物王韶不为人知、不为人重视的历史，使王韶的事迹、王韶的功业重新为人所知。

主政白鹿洞书院，家骅硬是让早已破败不堪的千年古书院重放异彩、让沉睡百年的“白鹿”重新苏醒，把白鹿洞书院打造成“文物管理、教育培训、学术研究、旅游接待、林园建设”的新型书院。

在任省文物局局长期间，家骅深入基层，对全省文物的普查、保护、利用，对全省各博物馆的建设及考古发掘，对全省文博系统从业人员专业水平的提升，都提出了建设性的指导意见，并且有具体的措施，有力地推进了江西文博事业的发展，得到国家有关部门的高度评价。其间的艰辛和委屈，只有他自己知道。

退出领导职务后，家骅仍然利用省政协委员、文史馆员的身份，积极推进江西的文化建设。书中收集的《江西省展览馆应该“退商还文”》一文我是知道的。2015年，家骅和王东林兄一道，联名向省政协提交了江西省展览馆“退商还文”的提案。由当年著名的“万岁馆”改名的“江西展览馆”，后来成为电子商品市场，要重新回归“展览馆”，牵扯到各个方面的利益，不断有好心朋友劝他们放弃。但他们没有放弃，第一年没有采纳，第二年再提。由于当时的省委书记强卫的强力推动、省政府秘书长张勇的坐镇指挥、相关部门的通力协作，“江西省展览馆”回归了本来的属性。我想，如果第二年不成，他们一定还有第三年、第四年。这就不仅仅只是“用心”就可以了，还要有情怀、有追求，有对江西的情怀、有对传承优秀文化的追求，正是这种情怀、这种追求，使他们锲而不舍。

对于白鹿洞书院，同样表现了家骅的情怀和追求。离开白鹿洞书院已经20多年，家骅仍然情系书院，时时关注书院的发展，不遗余力地为书院的发展出谋划策、尽心尽力。最近收到他主编的一套八本“白鹿洞书院文化旅游丛书”，包括《白鹿洞书院洞主传》《白鹿洞书院诸生传》《白鹿洞书院师友传》《白鹿洞书院诗文选注》《白鹿洞书院建筑赏析》《白鹿洞书院摩崖石刻赏析》《白鹿洞书院楹联匾额解析》《白鹿洞书院揭示诠解》；主持出版了《白鹿洞书院百年纪事》，填补了白鹿洞书院115年的史料文献空白，被省社联评为优秀课题；正在主编《白鹿洞书院志续编》《白鹿洞书院通志》；着手主编《白鹿洞书院通史》和“白鹿洞书院研究丛书”；这些都是在发掘白鹿洞书院的文化底蕴、传播白鹿洞书院的内在精神，为白鹿洞书院在新时代的新进步摇旗呐喊。

有时候在想，我和家骅个性不同，他认真执着，我懒散疏慢，相互间也没有共同的利益，或许是因为共同的情怀，使我们不断走近。《礼记·礼运》说“大同”社会的人们特征：“货恶其弃于地也，不必藏于己；力恶其不出于身也，不必为己。”《明史·王守仁传》说王阳明之伟大，不仅仅是因为天资高，是因为“有得于中”，这个“中”，就是“良知”，是为国家、为民众的情怀。大概是因为这种情怀，使我们之间有共同语言和追求。

圣贤之道，虽不能至，但心向往之，在力所能及的情况下，做出自己的努力。我想，这既是家骅平日给我的印象，也是《迁想偶得》对我的启示。这篇《序》的写作过程，是我对家骅进一步了解的过程，也是我自己良知的又一次检讨过程。

2021年5月2日

南昌艾溪湖畔寓所

（孙家骅著：《迁想偶得》，南昌：江西人民出版社，2023年待出）

穷理非一端，所得非一处

——《良知正道王阳明：心学新说》序

我和皇甫先生的相识，是在2011年的11月。

当时我的《万历兴亡录》书稿由商务印书馆出版，在南昌青苑书店举行了一次小规模学术交流。正是在这次交流中，结识了皇甫，并且一见定交。后来知道，皇甫兄和我一样，是在“文革”结束后恢复高考时考上大学，也由于类似的原因，上的是新开办的“大专”，后来留校任教。因为在专业上和行政上的突出表现，在20世纪80年代中期被选拔为“后备干部”，赴美国学习管理。回国之后，皇甫的“赴美”同学大抵都走上领导岗位（我认识的都是正厅级，不知道有没有更大的），他却在“下海”潮中选择了“弃官经商”，赴海南创业，从此开始了企业家的历程。

记得初次见面时，皇甫向我提出了一个很有意思的问题：知行合一，是按“知行”为主语、“合一”为谓语的主谓结构理解？还是按“知行”为定语、“合一”为宾语的定宾结构？

我当时的第一感觉是，此人看上去温文尔雅，但喜欢钻牛角尖，有些与众不同。对此，我好像做出了如下回答：两种理解都可以。“知行合一”是王阳明在贵州龙场悟道时提出的命题，也是贯穿一生的行为特征。知行合一的“知”应有两个层面：一是对事物的认识，二是良知。“良知”二字的提出，为“知行合一”注入了灵魂。所以，我们之间的交往，可以说是缘起于对王阳明学说的讨论。但没有想到，几年之后，皇甫兄竟然完成了一部关于王阳明心学的著作：《良知正道王阳明：心学新说》。

我不知道是因为我们第一次见面的方式带来的影响，还是皇甫长期以来的思维习惯，一问一答成了《良知正道王阳明：心学新说》的重要表述方式，全书关于“良知正道”的立论和“一本三达”的体系也从这一问一答中表现出来。

在《良知正道王阳明：心学新说》中，皇甫兄尝试用“一本三达”即“义利合一、善恶合一、乾坤合一、知行合一”的体系来梳理阳明心学的核心价值，尝试从“返本开新”上打通整个中华传统文化的核心价值，尝试打通中西、打通人类、打通未来、打通义理与实践。这是一个极其大胆、极具挑战的理论探讨的尝试。

《良知正道王阳明：心学新说》书影

皇甫用“良知正道”作为心学的第一价值关注点，以替代此前世人把“知行合一”作为心学第一价值关注点的主张，我认为更符合王阳明“心学”的终极取向，也和我的看法不谋而合。我在最近发表的一篇文章中指出：“在王阳明那里，‘知行合一’的‘知’，既是对事物的认识，更是‘良知’。是非之心加担当精神，是为‘良知’。以‘良知’为灵魂的‘知行合一’，才是王阳明所倡导的真正的‘知行合一’。”①

在《良知正道王阳明：心学新说》中，皇甫在解读阳明良知心学方面，还有许多新角度与新观点。

比如，通过对比阳明良知心学在中国与在日本的读法与成效的差异，指出：“把阳明心学往儒家上读、往贯通儒释道三家上读，是把王阳明读偏了、读漏了、读小了、读弱了，甚至读丢了。”这个错误，是儒家读书人的错误，而不是王阳明的错误。

比如，认为心本体（良知）的本质源头，是人的认知慧力与人性慧力这两部分组成的心源慧力。其中认知慧力又由人的认知能力、认知动力、认知选择力三部分组成；人性慧力由人的本能与同理心两部分组成。心源慧力是人与人类一切力量的源头，就是人与人类的洪荒之力，就是人与人类的初心。

比如，认为从人与人类的心源慧力导出“天下为公”“三

①方志远著：《“知行合一”与王阳明的“三不朽”》，载于《光明日报》2017年4月10日。

民主义”的可能性并重新准确地定义了“三民主义”，导出“无中生有”获取社会实现行动力量的可能性与有效方法。

比如，努力更完整、更精确地定义“知行合一”的内涵与外延，厘清“知行合一”命题是必须还是必然，是既必须又必然还是既不必须又不必然。

比如，尝试做出《大学》与“三纲八目”的新定位新解读，尝试对“立志”“至诚”“反身而诚”等儒家重要命题的新解读。

……

在该书的目录中，每一节的命题，几乎都是成对出现的中国传统文化核心名词，都是老词汇，但实际上，皇甫在每一节都有自己的新角度、新发现、新论点。

对于自己的这些新角度、新发现、新论点，皇甫有极度的自信，认为达到了新的高度，认为对心学与中国传统文化而言，都有一定程度的突破。而且，都用极为简单易懂的语言进行表述，极接地气。

由于大家都忙，我和皇甫兄最近很少见面，但并不妨碍信息沟通和思想交流。虽然已是至交，而且对王阳明“心学”的认识有诸多共同语言，但我和皇甫的思维方式并不完全相同。由于“事功”的推动，皇甫一如既往地喜欢“钻牛角尖”；由于“学术”的自由，我越来越感到解脱和超然。所以，对于皇甫在大著中所表述的种种观点，我其实并不完全认同。

但是，作为一位日常工作繁忙的企业家，皇甫主要是通过自己工作、生活的体悟，用业余时间开始这样一件理论探索与理论应用工作，这是难能可贵的。正因为如此，当看到皇甫这部带着一些“常识性”硬伤而又“钻牛角尖”的著作，我却产生出由衷的敬意。王阳明说，真知即是行，不行不能说知。皇甫正是在这条“知行合一”的道路上前行。尤其难能可贵的是，作为一位企业家，皇甫在自己的实践中，带着强烈的“现实关怀”，体悟出、揭示出王阳明的心学实为“良知心学”，这既是一种自我警示，也是向企业界和政界、学界及从事一切行业的人们所提出的警示。我想，这是一位成功企业家自身的“良知发现”，也是我们当代社会最需要发掘、最需要倡导、最需要践行的核心价值。

正因为如此，不管学术界的朋友会如何认为皇甫的这部著作可能陷入“六经注我”的自我陶醉，但我赞赏皇甫对于王学核心价值带有“良知发现”的体悟和实践。和王阳明同时从祀孔庙的江西余干学者胡居仁说，“穷理非一端，所得非一处”，在和皇甫兄的交流中，我也受益良多。

2017年9月20日

江西师范大学青山湖校区寓所

（皇甫金石著：《良知正道王阳明：心学新说》，南昌：江西教育出版社，2017年初版、2019年再版）

历史是多彩的，感觉有些沉重

——为《历史的岔路口:甲申1644》序

电脑屏幕上显示的，是作者李目宏先生即将出版的书稿《历史的岔路口：甲申1644》。

作者对明朝灭亡特别是对李自成大顺政权“其兴也勃焉，其亡也忽焉”的关注，始于20世纪80年代初阅读姚雪垠先生的长篇小说《李自成》，以及2004年明亡清兴、李自成败亡360年时，阅读郭沫若先生的《甲申三百年祭》，因此有了写作此书的想法。

无独有偶，我早年对“晚明”、对“明亡”的兴趣，也是受到这两个作品的影响，但顺序不同。先读《甲申三百年祭》，好像是1974年前后，读下来的感觉是“酣畅淋漓”，从此知道了“李岩”和“红娘子”。然后读《李自成》的前三卷，那是在20世纪70年代末，印象最深的是李自成夫妇的“高大全”，以及“孝庄”劝降洪承畴的片段。当然，那个年代使我对“晚明”、对“明亡”产生兴趣的还有金庸的《碧血剑》《鹿鼎记》，特别是顾诚的《李岩质疑》《明末农民战争史》。

把这四位前辈及其著作放在一起，似乎有些不伦不类。郭沫若先生是诗人、学者、社会活动家，顾诚先生是纯粹的明史学家，姚雪垠和金庸二位先生，则是小说家。其实也很正常，史学从本质上说是“人学”，记载人类及其活动，以及与人类活动相关的事物，后来才被上升为“科学”，成为专门的“学问”，于是反倒离“人”远了起来。所以有了史学的大众化问题，即如何通过普及的方式，让正在脱离大众的史学重新接近大众。

我曾经不止一次和朋友交流，我们这一代人最早的“历史知识”，一般是从小说和普及读物中得来的，如《三国演义》《东周列国志》，如《中国历史故事》《世界历史故事》，而关于自然的知识，则是来自《十万个为什么》。所以，当后来把“历史”当作“专业”来学习的时候，一方面是其中的人物、时间、地点、事件，大抵上耳熟能详，另一方面，却又时时犯糊涂。比如，在关于“三国”时期的信息储备中，哪些信息来自陈寿的《三国志》及裴松之的注，哪些信息来自司马光的《资治通鉴》，又有哪些来自《三国演义》？很难分清。所以在撰写并讲述《国史通鉴》的“秦汉三国”时，不得不时时进行核实，以免误将彼“三国”弄成此“三国”。但是，《三国志》及裴松之的注，以及《资治通鉴》就一定符合历史的真实、一定可靠吗？《三国演义》的演绎就一定不可靠、一定不可信吗？这不仅仅是一个历史学者必须思考的问题，更是一种思维习惯和工作方式。

随着社会的开放和学术的普及，学习历史和撰写历史读物，已经成为不少朋友的喜好，民间高手层出不穷。当然，这也不是今天才有的事情，中唐出现的唐人传奇、宋代发生的话本小说，已经开启了历史撰写和解读的“下沉”过程。明朝人更以他们对当代政治的关心而投入到对历史的书写中，我们所知道的著名历史小说，如《三国演义》《水浒传》《东周列国志》，以及不怎么著名的《全汉志传》《北宋志传》《大宋中兴通俗演义》《隋史遗文》《皇明英烈传》《三宝太监西洋记通俗演义》《皇明大儒王阳明先生出身靖乱录》，等等，都是来自那个时代的作品。不但男人喜欢，女人也有不少热衷于此道，所以有“女通鉴”之说。只是由于作者本身的素养不同、性格不同、喜好不同，作品的风格和水平也不一样。

虽然从历史学者的角度，回过头来再读这些曾经读过的小说，几乎一本都读不下去，但是，它们对于大众、对于未入“专业”的爱好者的影响力，不是所谓“二十五史”以及我们这些“专业”学者的著作可以比拟的。要向大众传播我们认为相对合理、相对正确的历史常识和历史观，只有一条路，那就是史学的大众化，而不是要求大众的史学化。也正是基于这个考虑，我才和《百家讲坛》多次合作，有了《大明嘉靖往事》《万历兴亡录》《王阳明：心学的力量》，以及现在还在持续进行的《国史通鉴》，“B站”也正在播我录制的《大明为何说亡就亡》和《明朝的悲剧人物》。我想，也正是基于这个情结，我对作者的《历史的岔路口：甲申1644》有一种亲切感，因为我们都在做同一件事情：史学大众化。

作者告诉我，在撰写这本书的时候，他给自己提出了一系列的问题：

史书上评价崇祯是一个想把国家治理好的皇帝，但为什么偏偏把一个延续了二百多年的庞大明朝给弄得灭亡了？是天灾还是人祸？是内忧还是外患？是官员腐败无能还是崇祯决策失误？

李自成义军浴血奋战十多年终于攻进北京城做了皇帝，他的成功有什么特点？但为什么仅待了四十二天就被打出京城仓皇出逃，最后败死九宫山？是偶然战败还是必然灭亡？

一直偏居东北一隅的清军又是如何趁势而起，以区区十几万军队进入北京，最后清朝迁都北京？一统中原成为新霸主的清朝为什么也亡了，没能走出封建朝代更替兴亡的怪圈？

甲申1644年，大明、大顺、大清，三个朝代走马灯似的快速更替，以令人眼花缭乱的形式，完成了延续两千多年的中国封建社会的最后一棒交接，其兴亡历史，对后世产生了怎样的深远影响和值得研究借鉴的经验教训？

1944年，郭沫若的《甲申三百年祭》在重庆发表后，为什么国民党组织文人写文章打压，而共产党领袖毛泽东看到后极其重视，批转为整风的文件发至全党？

1949年3月，在党中央机关从西柏坡迁至北京时，毛泽东又为何提出“进京赶考”“不学李自成”？

进入新时代，习近平总书记又为何多次在重要讲话中重提“赶考”命题？

写历史书应该给当下的读者以怎样的启示？

正是这些问题，推动作者进入这段历史。他希望从“以史为鉴可以知兴替”出发，探究这段历史留给后世的疑问、教训、经验。

通读全书，可以感受到作者的良苦用心。既非“三分史实、七分虚构”的小说，也非“有七分材料不说八分话”的学术，他是以既灵活又以文献记载为依据的具有穿透力的纪实文学的风格，梳理了明亡清兴之际各种势力特别是“大明”“大清”“大顺”三个政权之间的生死博弈，描述了诸多的历史人物及其活动与性格，如崇祯帝朱由检、清太宗皇太极、永昌帝李自成，袁崇焕、杨嗣昌、温体仁、范文程、多尔衮、多铎，高迎祥、张献忠、李岩，等等，不仅言之有据，并且提出了不少令人耳目一新的看法，略作摘录：

朝政腐败已到如此地步，皇上的罪己诏还有用吗？罪己诏规整的排比句式，转化不成威武雄壮的士兵战阵；罪己诏婉约回转的遣词造句，根本唤不醒见利就贪婪、遇事就躺平装睡的百官大臣；罪己诏态度恳切欲哭无泪的诚意，凝聚不了天下民心。以至于那些曾经被官府逼得揭竿而起、现在锋芒正锐的农民义军听说了皇上的罪己诏，只会嗤之以鼻，丢出一句：甚罪己诏？哄娃呢！

虽然孟子早就给出了国家体制理想的遵循秩序——

"民为贵，社稷次之，君为轻"，但后面的封建王朝统治者都把这个秩序从根本上颠倒了，成为"君为贵，社稷次之，民为轻"。所以，即便崇祯在位能通过行政手段暂时化解一些局部矛盾，但对于积重难返的社会根本性矛盾，他无法也无意从体制上加以改变，因此，明王朝走向消亡也只是时间问题。这也是所有封建王朝无解的千年难题。

闯王李自成进北京城时，从箭囊中抽出三支箭，拔去箭镞，向后面的士兵连发三箭，大声号令，大军入城，"伤一人者斩！"进城后贴出告示："大师临城，秋毫无犯，敢有掳掠民财者，凌迟处死。"闯王的官兵们，还有谁记得吗?！此时的闯王，你自己还记得吗?！

李自成出身农民家庭，经过一番浴血拼搏，终登皇位。但他最后却死于农民的锄头之下，以这样出人意料的方式，完成了一个从农民生到因农民死的轮回。李闯王，还算是农民英雄吗?

多尔衮从马上征战夺得胜利，但治理一个大国不能全靠武力。他下马换车，以这样"止戈"的外部形象，宣示了他的治国基本理念。这个"下马"的动作很文雅，很潇洒。多尔衮未必知道老子《道德经》中的"治大国如烹小鲜"这句经典名言，但他清楚，从马背上征战得来的江山，现在需要的是纸面上有条不紊的管理。暂时把战马盔甲收起来吧，在庙堂上施展统揽全局运筹帷幄的智慧韬略。

因为有“以史为鉴”的使命感，所以，书写的历史和真实的历史同样是多彩的，感觉却有些沉重。没有办法，这是所有有良知的学者在研究、追述那一段历史时共有的心情。

学者总是想通过历史给人们提供经验与教训，作者于此有深厚的情怀，也希望读者能够体谅他的良苦用心。

史学家、文学家能够做的，是尽可能地把历史这面镜子打磨得平整一些，更客观地反映历史的真实。

2022年10月19日

南昌艾溪湖畔

（李目宏著：《历史的岔路口：甲申1644》，南昌：江西人民出版社，2023年）

文天祥“浩然正气”说

一、气度风范

“人生自古谁无死，留取丹心照汗青。”这句诗在中国、在全世界华人圈里，应该是家喻户晓，而诗的作者，更是妇孺皆知，因为他的名字叫文天祥。

文天祥是南宋末年吉州庐陵人，也就是现在江西吉安人。但是，《宋史·文天祥传》开篇就说：“文天祥……吉之吉水人也。”包括《大清一统志》乃至个别《吉安府志》在内的一些文献，也沿袭此说，造成了一定的误会。

原来，文天祥的家乡是“顺化乡”的富川，管着“富川”的“顺化乡”本属庐陵郡（宋为吉州）的庐陵县，但在南唐的时候（950年），将庐陵县赣江以东包括顺化乡在内的11个乡划出，设吉水县。这样，顺化乡就不属庐陵而属吉水了。到北宋的时候（1092年），庐陵县用同水乡把顺化乡从吉水换了回来，这样，顺化乡在归了吉水近100年后，回归到了庐陵县。再过150年，文天祥出生在这个已经回归到庐陵县的“顺化乡”的富川小镇。《宋史》编撰者知道顺化乡划归过吉水，却忽略了后来庐陵把它换了回来，故称文天祥是吉水人。

其实，无论是庐陵还是吉水，从更高一级的行政区划来说，都属宋代江西的吉州，元明清时代的吉安路、吉安府，现在的吉安市。文天祥不但属于吉安，更属于中国。虽然出生地可随着行政区划的变化而变化，如果哪天这个顺化乡（现在叫纯化乡）或者富川镇又划到吉水，那么情况又复杂了。但作为中国人，是亘古不变的。

几乎所有的记载，都没有忘记描述文天祥的形象。《宋史》说文天祥："体貌丰伟，美晳如玉，秀眉而长目，顾盼烨然。"刘岳申《文丞相传》说文天祥："英姿俊爽，目光如电。"古人认为相由心生，以文天祥这种貌相，应该是典型的太平宰相、国家形象，是一种"软实力"。但是，时局的凶险没有让文天祥成为"太平宰相"，但这种"软实力"在一定程度上成就了文天祥的"国家形象"。

少年时代的文天祥曾经就读于一所著名的学校——吉安白鹭洲书院，在这里接受了系统的儒家教育。白鹭洲书院有宋代吉州"乡贤"欧阳修、杨邦乂、胡铨等人的画像，欧阳修大家熟悉，杨邦乂在金兵攻陷汴梁时誓死不降，胡铨曾怒斥秦桧及宋高宗与金议和，皆以气节著称，欧阳修死后谥号为"文忠"，杨邦乂为"忠襄"，胡铨为"忠简"，都有一个"忠"字。文天祥的人生观因此受到极大的影响，经常对友人说："没不俎豆其间，非夫也！"死后如果不能跻身于这些先贤之中，算什么大丈夫！

从宋元到明清，白鹭洲书院以文章节义教育学生，也培养出大量的名人文士。1256年，21岁的文天祥不但中了进士，还在皇帝亲自主持的“殿试”中，中了状元。考官对文天祥的对策作了十个字的评价：“古谊若龟鉴，忠肝如铁石。”在实事求是批评现实的同时，体现出古人襟怀坦荡的气度和风范，作者坚如铁石的拳拳报国之心更溢于言表。

二、生逢末世

文天祥出生的那一年是1256年，正值南宋理宗皇帝赵昀下“罪己诏”。皇帝为何事下“罪己诏”？说来很窝囊。

文天祥出生前的一百多年，1127年，北宋京城汴梁被女真人建立的“大金”所破，退位的宋徽宗和在位的宋钦宗父子被俘，北宋灭亡。这个事情在中国历史上被称为“靖康之变”。由于岳飞、韩世忠等将领的拼死抗击，阻止了金兵继续南下，宋高宗赵构得以在临安也就是现在的杭州重建政权，这就是我们所说的南宋。安定下来之后，南宋朝廷杀了一心要恢复中原的岳飞，并且向金称臣纳贡。

从此，南宋和金以淮河、大散关一线为界，形成了南北分立的局面。这种局面对于南宋的朝廷、南宋的士大夫，对于汉族人来说，是一种感情上的耻辱，汉族人的政权何时公开向“戎狄”称臣纳贡？所以，一直有一股力量，要“北伐”中原、要收复失地。机会终于来了，在北方草原，形成了一股比女真人更强悍的势力，这就是蒙古人，当时被称为“鞑靼”。蒙古英雄铁木真统一草原各部，被尊称为“成吉思汗”。成吉思汗带着来如潮、去如风的蒙古骑兵，东征西讨，曾经和宋对峙的西夏被蒙古所灭，曾经灭了北宋的金也成了成吉思汗及其子孙的打击对象。

面对蒙古人潮水般的攻势，金抵挡不住了，派人来到临安，说长期以来，宋金和平共处，如今蒙古灭四十余国，西夏被灭，轮到了金。如果金被灭，唇亡齿寒，宋还保得住吗？所以，希望金宋联手，共同抵挡蒙古。

这个时候在位的南宋皇帝是理宗赵昀，赵昀想利用蒙古的力量灭金，清洗百年耻辱，打算拒绝女真的要求，与蒙古结盟，共同灭金。但是，有人提出反对。他们提醒赵昀，历史的教训值得注意。什么教训？当年北宋和辽对峙，辽不但占据了“燕云十六州”，还迫使宋签订“澶渊之盟”，宋每年要给辽若干万白银和丝帛。后来，辽的北边兴起了女真建立的金，北宋和金联盟，灭了辽。但是，灭辽之后，金无后顾之忧，长驱南下，灭了北宋。这就是历史教训。如果和元结盟，共同灭金，灭金之后挡得住蒙古军的南下吗？

这个认识有没有道理？有一定道理。那么应该怎么办？那么与金联盟，共同抗御蒙古，结果会怎样？也许会延缓乃至阻止蒙古的南下，使其全力西进；也许会引起蒙古的恼怒，和金联手进攻南宋；也许还会有其他可能。但一切都没有成为可能，因为不但是宋理宗，南宋的上上下下在感情上都难以接受与金结盟，都认为这是收复失地的千载难逢的好时机。

于是，南宋与蒙古结盟，灭了金。金亡之后，南宋军队趁蒙古军休整，火速抢夺了汴梁、商丘、洛阳等地，一时之间，朝野欢呼雀跃，共庆胜利。但是，宋军的行动给了蒙古口实，蒙古指责南宋背约。果然是唇亡齿寒。金灭了，蒙古大军没有后顾之忧，大举南下。宋理宗慌了神，知道玩笑开大了，连忙下“罪己诏”，对“轻起边衅”给民众带来的灾难表示歉意，其实是在向蒙古人求饶。

文天祥不幸生逢末世，刚一出生，南宋就已经处在风雨飘摇之中。

在此后的近四十年，蒙古向西征服了中亚、西亚、南亚及东欧、中欧，在今伊犁河流域建立了察合台汗国，在今俄罗斯大地上建立了钦察汗国，在今两伊地区建立了伊利汗国，还有其他大大小小的汗国。同时，向南征服了吐蕃、攻灭了大理、占据了安南（今越南），向东占领了朝鲜半岛，内部则完成了最高权力的交替，成吉思汗的孙子忽必烈成为蒙古大汗。在已经归降的汉族人的帮助下，忽必烈给自己的政权取了一个国号，叫“大元”，“元朝”建立，时间在1271年。“大元”国号的出台，宣告忽必烈不仅仅是蒙古的大汗，而且是中国的皇帝，都城也定在了北京，称“大都”。此后，元军以摧枯拉朽之势，向南宋发起全面攻击。

南宋朝廷见形势危急，诏令各地官员及军民，火速组织军队，赶赴临安，保卫皇帝。在当时，这叫“勤王”，也就是勤劳王室。文天祥中状元后，由于不断上疏批评时政，仕途沉浮，几上几下，甚至一度被罢官。此时正在江西赣州知州任上的文天祥，手捧勤王诏书，声泪俱下，一面火速在赣州、吉州两地招募义兵，一面将自己的家产全部处置作为军费。然后，带着临时招募的一万多人的部队，奔赴前线。

有朋友劝阻文天祥，说天下之势，危如累卵，蒙古军队四处攻伐，无坚不摧，先生以万余乌合之众赴敌，不是驱群羊而搏猛虎吗？文天祥对形势其实洞若观火，回复朋友说：

> 吾亦知其然也。第国家养育臣庶三百余年，一旦有急，征天下兵，无一人一骑入关者，吾深恨于此。故不自量力，而以身殉之，庶天下忠臣义士，将有闻风而起者。

您说得完全有道理，放眼天下，蒙古的战争机器，几乎非人力所能阻挡。生逢末世，自己只是尽人力而听天命，是明知不可为而为之。希望自己的努力能唤起官场的良心、唤起民众的斗志，如此而已。

三、屡败屡战

1275年农历十月，元军占领南京之后，向常州推进。文天祥率军进驻平江（今苏州），并派兵增援常州。文天祥派出的援兵在常州东南的虞桥、五牧一带与元军相遇，几乎没有经过训练，完全凭着拼死之心，与元军血战，结果全军覆没，常州失陷。

文天祥奉命撤出平江，退守余杭，保卫杭州。这个时候，下“罪己诏”的宋理宗已经死去多年，在位的是一个5岁的小孩，宋理宗的侄孙、恭帝赵㬎，由理宗皇后、此时的太皇太后、66岁的谢氏临朝听政。“勤王诏”就是谢太后发出的。1276年初，元军逼迫临安，谢太后一面派人向元军统帅伯颜请降，一面命文天祥以右丞相兼枢密使的身份，和左丞相吴坚等人，赴元军大营议和，其实是协商投降事宜。

对于这个差事，文天祥万般无奈。一方面，各地民众和官员，正在自发抗击元军，文天祥更希望投身到这场斗争之中，与他们共赴国难；另一方面，作为朝廷的官员，又不能不为南宋的所谓“社稷”“宗庙”效忠。如果元军攻下临安，不但南宋灭亡，杭州城里城外百万军民，也都将玉石俱焚。蒙古军队在西征和南下过程中，屠城是家常便饭，无数城市被摧毁、无数生命遭涂炭。但文天祥心有不甘，他明确告诉元军主帅伯颜，自己是奉命议和而非投降的，并且在“议和”条件上与伯颜发生激烈的争论。文天祥的表现，不少人认为是书生意气、自欺欺人，兵临城下，议和不就是投降吗？何况南宋的请降书和皇帝玉玺都送到了伯颜大营。这种指责不无道理，但设身处地站在文天祥的立场，恐怕也是当时唯一可能缓解战争、减少杀戮的办法。

蒙古人佩服的是英雄，伯颜虽然恼怒文天祥的倔强，却赞赏他的勇气。文天祥被蒙古人、被元朝人知晓，应该是从这个时候开始。伯颜命人把文天祥及吴坚等人一并押送镇江。但文天祥趁元兵疏忽，竟然带着12位随从逃了出来。这个时候，元军已经占领临安，谢太后和小皇帝成了元军俘虏，作为一个政权，南宋灭亡了。文天祥从海路逃到浙江温州，与其他逃到这里的南宋官员一起，立年仅8岁的益王为皇帝，作为继续抗元的旗帜。

为了组织力量保护这个新立的皇帝，更为了阻止元军的向南推进，文天祥再一次明知不可为而为之，以“右丞相”

的身份来到福建汀州，招募义兵，占领了江西宁都、雩都（今于都）等地。不久，元军大举进攻，义兵大部被击溃。文天祥收拾残兵，由福建汀州来到江西会昌、兴国，继续集结力量，分兵攻打赣州及吉安的永丰、泰和，一时间，声势大振，南昌、樟树等处官员和民众纷纷响应，文天祥的抗元出现小小的高潮，也鼓舞了各地的士气。

但是，就在文天祥打算扩大胜利成果的时候，兴国的驻地受到元军的袭击。文天祥猝不及防，败走永丰。在永丰的空坑，被元军赶上，军士皆溃。有位名叫赵时赏的官员，是文天祥的监军，见形势危急，坐着轿子迎元兵而去，自称是文天祥。元军抓获了这个假文天祥，真文天祥因此脱险，但妻妾子女，皆为元军所俘。

石坑之败，是“勤王”以来文天祥遭受的最大挫折。但文天祥越挫越坚，退到广东潮阳，再次募兵，江西的旧部也闻讯而来。这时，温州拥立的益王在逃避元兵追杀的过程中已经死去，人们立了他的弟弟、7岁的卫王为帝，人称“少帝”。文天祥被“少帝”加封为少保、信国公。后来人们称文天祥为“信国公”，由此而来。

文天祥在潮阳重整旗鼓，元兵尾随而至。1279年2月2日，农历己卯年十二月二十日，元兵突袭文天祥的驻地海丰五坡岭，宋军殊死搏斗，七千余人，伤亡殆尽，文天祥被俘。这个时候又出了一个插曲。一支元兵押送被俘的文天祥，遇上了另外一支元兵。这支元兵欢声笑语，因为他们也抓住了一位文天祥。这是怎么回事呢？原来，文天祥的一位邻居加朋友，名叫刘子俊，自文天祥赣州起兵开始，受其气度与风范的感染，不离不弃，生死相随，海丰兵败被俘后，自称是文天祥，希望以此帮助文天祥脱险。为了保护对方，真假文天祥在元兵面前争了起来，都说自己是真文天祥。

从文天祥抵抗元军的地点，也可以看出，随着元朝对东南地区的占领，文天祥的活动空间已经越来越小。第一次起兵在江西赣州、吉州，与元军血战则在常州，那时南宋尚存。第二次起兵在福建汀州，兵败江西宁都，南宋此时已亡。第三次起兵在漳州，收复了江西赣州、吉州及建昌军的部分地区，但随后兵败兴国，在永丰空坑全军皆溃。第四次起兵在广东潮阳，兵败海丰，已经被元军逼到了天涯海角。

同样被元军逼到天涯海角，并且一直漂泊在海上的，是南宋的“行朝”。张世杰、陆秀夫等人率领二十多万军民，保护着“少帝”，退守在位于珠江口西南的广东新会厓山岛，这是宋朝的最后一支“主力”。

当时追着文天祥打、追着南宋“行朝”打的元军主帅，已经不是蒙古人伯颜，而是投降了元朝的汉族人张弘范。文天祥由状元至丞相，虽然是流亡政府的丞相，却以一介书生面责蒙古统帅伯颜，又屡败屡战，抗击元军，不但成为天下汉族人的楷模，也被元军上下视为英雄。听说俘虏了文天祥，张弘范大喜，以客礼相待，试探着让文天祥写书信招降张世杰、陆秀夫。文天祥断然拒绝：“吾不能捍父母，乃教人叛父母，可乎?”但是，文天祥给了张弘范一个交代。什么交代？把自己被俘之后过零丁洋的一首感怀诗也可以说是咏志诗抄给张弘范：

辛苦遭逢起一经，干戈寥落四周星。山河破碎风飘絮，身世浮沉雨打萍。惶恐滩头说惶恐，零丁洋里叹零丁。人生自古谁无死？留取丹心照汗青。

张弘范见文天祥心如铁石，敬他是英雄，没有过于为难，只是调动军队，围攻厓山。十多万“行朝”军民，或死于元军刀剑之下，或葬身南海波涛之中。陆秀夫眼见败局无法逆转，不愿被俘受辱，先让妻子投海，自己穿起朝服，背着9岁的“少帝”投入大海。几天之后，张世杰带着残部，回到厓山，准备再立新君，继续与元军周旋，但船队遭受风浪，连船带人被海浪吞噬。文天祥在元军船上，目睹着厓山的惨败，心如刀割。

四、生祭死祭

有记载说，文天祥在起兵“勤王”的时候，曾经带着一柄短刀，准备战败之后拔刀自尽，可见对失败是有准备的。但是，一次又一次的死里逃生，激发起文天祥一次又一次起兵抗元的斗志。从1273年赣州起兵“勤王”，到海丰五坡岭被俘，文天祥已经是四次组织军队抗击元军，也四次遭遇兵败。如果不是被俘，或许还会有第五次、第六次。屡战屡败，但又屡败屡战。自己效忠的朝廷已经亡了，皇帝、太后已经降了，没有友军援助，没有后方供给，更没有胜利的指望，却总有大批追随者，同生共死。靠的是什么？靠的只是一颗赤子之心，用自己明知不可为而为之的精神，延续民族的一线生机，保留中华的一股正气，至于生死，早已置之度外。所以，那柄准备自尽用的短刀，早已不明下落。

虽然如此，人们的意识和想法却未必总是“毫不动摇”，恰恰相反，是会反复“动摇”的。有记载说，文天祥在潮阳被俘之后，曾经吞食二两“龙脑香”。“龙脑香”是一种热带香料，按照一般的说法，二两足以致死。但文天祥吞食之后，只是昏迷，并未死去。在从潮阳押往江西的途中，文天祥绝食八天，竟然没死。这倒奇怪了。也许就是因为寻死而没有死，更导致文天祥放下死的念头，坦然前往北京，看看元朝皇帝如何处置自己。

但是，这边文天祥刚刚收敛起自杀的念头，那边却有人推动文天祥自杀。怎么回事呢？原来，有位名叫王炎午的安福人，曾经是文天祥的部下。这倒有意思了。

文天祥赣州起兵“勤王”时，王炎午投军，并且劝文天祥以家产助军资，文天祥慨然应允，并将王炎午招入幕府。但知道王炎午父死未葬、母亲病重后，文天祥没有让王炎午随军，而是让他回家葬父侍母。王炎午极其感佩，认为对于自己，“奖拔之公、许养之私，丞相两尽矣”。但是，得知文天祥被俘并被押往大都的消息，王炎午和朋友们十分担心。担心什么？他们不担心文天祥被杀被害，相信文天祥一定会视死如归。他们担心的是文天祥被俘之后受尽凌辱而丧失尊严，担心文天祥经受不了酷刑而屈辱降元。如果是这样，不但文天祥自己一世英名毁于一旦，文天祥所支撑的民族脊梁也将被折断，令蒙古人更看不起汉族人。

所以，王炎午写下了一篇《生祭文丞相》的奇文，分析了文天祥种种应该死的原因，否定了文天祥种种需要活的理由，抄录几十张，贴在文天祥可能抵达的各处码头，以及码头附近店铺的墙壁、寺庙的山墙，祭奠活着的文天祥。目的是什么？是“速丞相之死”。这就叫作爱之越深则忧之更切。由于元军看守得严密，文天祥也无心欣赏赣江两岸的故国景色，王炎午的祭文，文天祥并没有看到。

来到大都，文天祥面临的是一场新的考验，长达三年的囚禁，络绎不绝的劝降。世道沧桑，经历了800年的风雨，今日之北京已复昔日之大都，囚禁文天祥的监狱旧址还在，在北京的府学胡同，但名称已经是“文丞相祠”了。

这时的元朝，正在进行一场“人才”问题的讨论。“蒙古大汗”兼“中国皇帝”忽必烈问大臣：“南宰相孰贤？”人们公推：“北人无如耶律，其南人无如文天祥。”

所谓“南宰相”指的是“华人”中的宰相，因为在蒙古人眼中，契丹人、女真人、朝鲜人，等等，都是“汉人”。“耶律”指的是耶律楚材，是位汉化极深的契丹人，字晋卿，号湛然居士、玉泉老人，其名、其字、其号，无一不汉化。耶律楚材是忽必烈和他的祖父成吉思汗、叔叔窝阔台十分敬重的政治家，人们把文天祥和耶律楚材放在一起，其实是想提醒忽必烈对文天祥的重视。虽然身处狱中，文天祥的诗，文天祥的文章，特别是“天地有正气”的《正气歌》、“人生自古谁无死，留取丹心照汗青”的《过零丁洋》，已是“天下诵之”。

忽必烈亲自召见文天祥，要见识一下这位不但在汉族人中也在蒙古人中传颂的人物。文天祥见忽必烈，长揖不拜，以表明自己仍为“宋臣”。忽必烈并未见怪，倒是肃然起敬，表示如果文天祥为其所用，则授以中书令即宰相，这是耶律楚材当年担任过的职位。文天祥其实有种种选择“生”的理由，宋朝亡了，皇帝、太后降了，不但是中国，除非为海所隔，凡是听说过的地方，乃至没有听说过的地方，都被蒙古人占领了，蒙古的大汗，也愿意把自己当作中国的皇帝，选择“生”，不是可以像耶律楚材那样，用汉族文化、中原文化尽可能地改造蒙古人吗？但文天祥放弃了生，选择了死。为什么？用文天祥自己的话说：“孔曰成仁，孟云取义。惟其义尽，所以仁至。读圣贤书，所学何事。而今而后，庶几无愧。”为的是信仰，是“仁”和“义”培育出来的“正气”，仅此而已，但有此足矣！

忽必烈成全了文天祥的“正气”。1283年1月29日，为忽必烈至元十九年十二月初九日，文天祥神色坦然，被押往大都柴市即今北京菜口的刑场行刑，一路上观者如云，人们都想一睹大宋“状元宰相”的风采。不能不说的是，元朝的行刑官也十分给面子，遍告围观民众：“文丞相南朝忠臣，皇帝使为宰相，不可，故随其愿，赐之一死，非他人比。”同时又问文天祥：“丞相今有甚言语，回奏尚可免死。”文天祥坦然答道：“死则死尔，尚何言！”没有慷慨激昂的陈词，没有高声呼喊口号，只是问明方向，“向南再拜就死”。

来得坦荡，走得从容。

曾经生祭文天祥的王炎午和所有的人一样，悲痛万分，而且感到特别对不起文天祥，又写了一篇祭文，为死祭：“名相烈士，合为一传，三千年间，人不两见！”

需要说明的是，我们今天讨论文天祥，本来绕不开三个问题：第一，信仰与现实，如何看待历史上的“成功”与“失败”？第二，中国与周边，如何看待元朝的统一，以及统一过程中的血腥杀戮与民族融合？第三，抗争与归附，如何看待抗元的文天祥们和助元的张弘范们。但是，讨论这些问题是需要时间的，有机会我们再做进一步的交流。

附记：这是我在央视《百家讲坛·爱国篇》中做的一个节目的讲稿，节目的播出时间好像在2015年的某日。关于这篇文章结尾的三个问题，《国史通鉴》第五部《谁主沉浮　宋辽金元卷》中做了陈述，该书2022年由商务印书馆出版。

备荒金薯“千叟宴”

一、美洲舶来品

明朝的万历年间，随着大航海时代的到来，当然，也随着明朝海禁的松弛，有大量的舶来品，包括红薯、玉米、马铃薯、花生、烟草、向日葵等，传入中国，影响着中国人的饮食习惯，更为清代人口的急剧增长提供了基本的生存保障。

无论是红薯还是玉米，或者花生、烟草，每一种食物的传入，背后都有一些真实的故事和虚构的传说，二者之间相互渗透，有时难分真伪。幸亏当时的人们为我们留下了一些相关的记载，后来的研究者又力图梳理他们的来龙去脉，使我们有了一些接近于历史真相的认识。

仍然说红薯。因为在上述六大舶来品中，红薯、花生是我的最爱。

红薯（sweet potato）原产于美洲大陆，主要是墨西哥、哥伦比亚一带。当地的印第安人由野生采集到人工种植，他们对红薯的培育、种植，和中国人对水稻、小麦的培育、种植做出的贡献同样伟大。而红薯由美洲来到亚洲，则得益于把各大洲人们之间的距离拉近的大航海时代。

1492年，意大利人哥伦布受聘于西班牙王室，率船队抵达加勒比海一带，开辟了从欧洲大陆向西横渡大西洋抵达美洲的航道；1498年，葡萄牙人达·伽玛在葡萄牙王室的支持下，绕过好望角，抵达印度的卞里卞特（今科泽科德），开辟了从西欧向南沿非洲西海岸由大西洋进入印度洋的航道；1523年，葡萄牙人麦哲伦受聘于西班牙王室，环球航行，又开辟了从南美洲跨越太平洋到东南亚的航道。加上此前已经由阿拉伯、中国及其他地区商人开辟的由马六甲海峡沟通的印度洋到太平洋的航道，有人类生存的世界各大洲经由海洋，连成了一体。此后，源源不断的葡萄牙人、西班牙人，以及被他们聘请的、为他们服务的其他国家、其他民族的探险家、殖民者，以及来自西班牙、意大利、葡萄牙、德国、比利时等国的传教士，活跃在这些航道上。他们输送人口、交流物资、传播宗教，原产于美洲的红薯，以及花生、玉米、烟草，等等，正是在这个过程中，从美洲到了东南亚的菲律宾、越南、马来西亚等地，来到中国的台湾，以及东北亚的日本。

与此同时，福建漳州的月港，从明朝隆庆“开海”以后，成为中国对外贸易的重要口岸。中国的广东、澳门，菲律宾的吕宋，分别成为向南向西与印度洋、向东向北与南北美洲贸易的枢纽。一方面是西方的商人源源不断地将欧洲、将印度、将南北美洲的货物运往东亚，一方面是中国的海商将中国的瓷器、茶叶、丝绸及其他产品源源不断地运往海外，并将红薯、玉米以及苏木、香料等物品运往国内。顺带说一句，中国的海商不仅对中外物资的交流做出了重大贡献，而且还因为海外贸易的顺差，给中国带来了大量的白银。

红薯既然可以在很短的时间里，通过多个渠道从美洲移植到东南亚各地，同样也可以通过多个渠道，由东南亚各地传入中国。根据文献的记载，学者们理出了以下几个渠道：一、从菲律宾分别传入中国福建的福州、漳州和泉州；二、从越南分别传入中国广东的电白、东莞；三、从文莱、日本传入中国福建的泉州及浙江；四、从缅甸传入中国云南。红薯从这些渠道传入中国，都有文献记载为依据，时间都是明朝的万历年间，应该基本可信。只是有学者指出，从缅甸传入云南似乎并不可靠，因为在明朝的万历年间，没有发现缅甸有种植红薯的记载，既然缅甸自己都没有种植，哪里说得上红薯从缅甸传入中国云南？

但是，我这里要和诸位交流一个看法，当年红薯进入中国，远远不止上述几条渠道。虽然历史学家说话要凭证据，如胡适所说，有几分证据说几分话，有七分证据不说八分话。但是，当我们看到一种多发性现象的时候，我们又需要突破文献记载的“证据”局限，用“常情常理”来思考问题。什么是常情常理？那就是没有被文献记载下来的事情，要比有文献记载下来的同类事情多得多。

由于文献记载的局限，我们现在只知道为引进红薯做出重大贡献的三位人物：福建福州的陈振龙，从吕宋带来了薯种；广东电白的林怀兰、东莞的陈益，分别从越南带来了薯种。其中影响最大的，是陈振龙，也就是我们上一集说的陈文华教授说到的陈家老祖宗。

若干年前，牛群、冯巩有个相声，叫《小偷公司》，胡诌了一个流行很广的对联："说你行你就行不行也行，说不行就不行行也不行。"后来有个学生告诉我说，那个是老套套，现在有新套套：第一，先要自己行；第二，要有人说你行；第三，说你行的人要行；第四，这样才行。

很多事情还真是这样。比如我们正在说的将番薯带到福建的陈振龙，其影响之大，第一是因为他确实做了一件伟大的事情，第二是因为有人根据他的建议推广番薯种植，第三是因为有人记载了这些事情，第四是因为有人将这些记载发掘出来，第五是因为有人进行高度赞扬。其中，推广番薯种植、赞扬番薯种植的人都很行，所以陈振龙比其他两位更加著名。

二、金薯传习录

是谁高度赞扬陈振龙引进番薯？是曾经的大文豪郭沫若。1963年，作为文坛、史坛领袖的郭沫若写了一首词，叫《满江红·红苕（纪念红苕传入中国三百七十周年）》：

我爱红苕，小时候，曾充粮食。明代末，经由吕宋，输入中国。三七零年一转瞬，十多亿石总产额。一季收，可抵半年粮，超黍稷。原产地，南美北，输入者，华侨力。陈振龙，本是福州原籍，挟入藤篮试密航，归来闽海勤耕植。此功勋，当得比神农，人谁识？

郭沫若当年有强大的话语权，他的一个赞美，他的一个论断，足以让一件事情至少在一段时间成为定论。比如李自成死于湖北通城说，比如世界上最大体量的古青铜器得名“司母戊鼎”，都是因为郭沫若的一言九鼎。

有了郭沫若的这首诗，陈振龙走出了农学史家的论著、走出了福建民间传说，为受郭沫若影响所及的大众所知。更多的人通过郭沫若的赞誉，知道“陈振龙”这个人、知道原来红薯原产地在美洲、知道是陈振龙在三百多年前将它从菲律宾带到了中国。通过郭沫若的这首诗，更多的人才知道，1963年红薯全年的预计产量达到十多亿石。今天的人们，如果知道1963年的中国刚刚经受“三年困难时期”，就更加知道当时的十多亿石红薯对于粮食极度缺乏的中国人意味着什么。

那么，郭沫若凭什么对陈振龙如此赞许？凭什么说红苕传入中国370年？是因为他读了清代的一本小册子，陈振龙的六世孙陈世元编撰的《金薯传习录》。

《传习录》，我们现在都熟悉，那是王阳明和弟子们的对话录，是王阳明阐释自己学说的书信录。“传习”之说，取自《论语》中曾子的“吾日三省吾身”：“为人谋而不忠乎？与朋友交而不信乎？传不习乎？”王阳明弟子整理编撰的《传习录》，“传”与“习”的是王阳明的心学，是“致良知”；陈世元编撰的《金薯传习录》，“传”与“习”的是“金薯”种植与储存的方法，以及“金薯”的由来。

据《金薯传习录》所载，明神宗万历二十一年（1593年），陈振龙将红薯引入福州，并且栽种成功；万历二十三年（1595年），福建巡抚金学曾采纳陈振龙的建议，推广红薯种植。万历二十一年（1593年），距离郭沫若读《金薯传习录》、写作《满江红·红苕》的1963年，正是370年。可见，文献记载真的很重要，如果没有文献记载，陈振龙的光辉事迹如何传之后人，郭沫若又凭什么对陈振龙加以赞美？

在《金薯传习录》中，清朝人陈世元采录了明末清初福州闽侯县志书关于“番薯”由引进到推广种植的过程：

> 番薯种出海外吕宋，明万历间，闽人陈振龙贸易其地，得藤苗及栽种之法入中国。值闽中旱饥，振龙子经纶白于巡抚金学曾，令试为种，时大有收获，可充谷食之半。自是硗确之地，遍行栽播。

那个时候的人们，只知道“番薯”来自吕宋，即菲律宾，却不知道是从更远的美洲来到菲律宾。但当地志书的记载，说明当时的人们知道，番薯的藤苗及其栽种之法，是在吕宋经商的陈振龙带到中国的，并且由陈振龙的儿子陈经纶推荐给了当时的福建巡抚金学曾，由金学曾在福建推广种植。

福建傍山临海，农田缺乏，很长时间粮食供应依靠内地的江西、湖南，同时也依靠海外贸易。陈振龙和当地的许多读书人一样，弃学经商，来到了吕宋，发现这里到处都是“番薯”，种植简易，繁殖迅速，产量超高，味道甜美，而且耐旱耐涝，山坡地、砂石地都可以种植。陈振龙是位有情怀的商人，产生了将其带回家乡种植的念头。如何带回？其实很简单，把红薯或薯藤装上船就是了。但是，就是这个环节，有了种种传闻，环环相扣。说陈振龙开始将红薯装进袋子，准备运送回国，却被当地“海关”查了出来；然后，将红薯藏在毛竹里面，又被查出。怎么办？办法总比困难多。陈振龙将几尺薯藤编入“藤篮”，这才躲过了当地的检查；又航海七昼夜，终于在万历二十一年（1593年）五月二十一日，将这几尺薯藤带回了福州。郭沫若词中的“挟入藤篮试密航”一句，正是来自这个传说。

三、群众是真正的英雄

其实，事情并没有那么复杂。第一，当年的吕宋，是“自由港”，是中国、东南亚和美洲的贸易枢纽，虽然也收贸易税，但并没有将遍地都是的红薯作为“禁运”物品。《金薯传习录》转引《闽书》说：“万历甲午岁荒，巡抚金学曾从外番丐种归，教民种之，以当谷食，荒不为灾。”说明占据吕宋的西班牙根本没有对红薯进行封锁。第二，万历年间在吕宋的、以福建商人为主体的华商，人数众多。有多少？仅万历三十年（1602年），因为明朝皇帝的一个愚蠢行为，被吕宋的西班牙当局杀害的，就有两万五千人。如果加上中国广东的、浙江的，以及来自日本的、马来西亚的乃至欧洲的、美洲的商人，以那个时候的通信及装备水平，西班牙人能对那么多的商人、船只，对那么多的港口进行如此严格的“海关检查”？第三，当时从吕宋将薯种带到中国的，其实并非陈振龙一人，仅仅根据文献记载，陈振龙带到了福州，其他的人则带到了漳州、泉州，没有文献记载的就更多了。

所以我们不得不说，是以陈振龙、林怀兰、陈益为代表的中国沿海商人，出于对家乡的感情、出于民生情怀，当然也不排除出于对利润的追求，通过各种途径、各种办法，将原产于美洲的红薯，还有玉米、花生，等等，从海外带回中国。而陈振龙、林怀兰、陈益等，只是无数有情怀的中国沿海商人中的几位能够留下姓名者。这些年各地发生了谁是红薯引进“第一人”的讨论。从旅游的角度，是个很好的卖点；从学术的角度，则“甚无谓也”。无论是陈振龙还是陈益、林怀兰，都可以享受这一美誉。当然，如果有新的资料被发现，我们还会知道更多的有情怀的中国商人，在中外经济文化交流中，做出过重大的贡献。

《金薯传习录》也解释了红薯名称的变化：“本名朱薯，亦曰地瓜，以得自番国，故曰番薯，以金公始种之，故又曰金薯。”因为薯皮为红色及紫色，称为“朱薯”，犹如我们称之为“红薯”。因为来自海外“番国”，故称为“番薯”；因为生长于地下，又香甜可口，故称为“地瓜”；因为由巡抚金学曾推广种植，故称为“金薯”。

按理说，红薯由陈振龙引进，似乎应该以陈振龙的名字命名为“龙薯”更为妥当。但是，作为福建巡抚的金学曾，同样以民生情怀，不但采纳了陈振龙父子的建议，而且以他的行政权力，向海外的西班牙人大量购置薯种，推广红薯的种植，贡献同样巨大，将“番薯”称为“金薯”，也完全有道理。当然，如果同时纪念陈振龙的引进之功和金学曾的推广之功，将其命名为“金龙薯”，也许更有意思，这将是中国历史上最有意义的“官商结合”。

其实，我们能够想到的，前人也想到了。清朝道光年间，福州有位名叫何则贤的举人，筹资建“先薯祠”，祭祀金学曾和陈振龙、陈经纶父子，应该说是十分有眼光的。无独有偶，广东的茂名市电白区，为了纪念林怀兰从越南引进红薯，也建了“怀兰祠”，题为“番薯林公庙”。广东东莞，对陈益有诸多的纪念。可见“公道在人心”，只要对人民做出了贡献，人民是不会忘记的，至于是否读过书、是否参加过科举、是否做过官，完全可以忽略不计。

平定“三藩”及收复台湾之后，清朝的统治日益稳定，天下太平，人口迅速增长。人口的增长，在古代社会是“国泰民安”的体现。但人多口也多，“千事万事，吃是大事”。如何解决越来越多的人口的口粮，既是大众的事情，也被清朝“朝廷”提到议事日程上来。越来越多的官员向康熙、向雍正、向乾隆建议推广种植产量是稻米10倍乃至20倍的红薯。雍正皇帝也是情系民生，“国以民为本，人以食为天”，民众饿肚子，你大清江山坐得稳吗？雍正皇帝让人在自己曾经的雍亲王府邸试种，效果不理想：“番薯之益，朕早知之。前岁曾命于圆明园隙地播种，虽经种出，但甚觉细小不伦，或系南北水土异宜之故，亦未可知，试令再种看。”（《雍正朝朱批奏折》）

但是，皇帝做不成的事情，老百姓做成了，这才叫“高手在民间”“群众是真正的英雄”。皇帝做这件事情，是抱着“试试看”的心理；民众做这件事情，却是关系到自己的生死。所以，态度决定一切。有位福建漳州籍官员黄可润，为北直隶无极县知县，乾隆十年（1745年）回家奔丧，路过山东德州，发现当地竟然盛产红薯，远近购买。黄可润一打听，原来当地农民这些年已经解决了薯种窖藏过冬的问题。不但山东，河南的许多地方也解决了。

这是一个大大的利好，民众解决了种植和储存的难题，政府要做的事情就是推广了。就像当年在福建、广东，引进薯种的是陈振龙、林益等商人，大规模推广种植的则是金学曾等官员。官府虽然在“创新”上没有太大的作为，但在“动员”上有足够的力量。不但各地的巡抚及知府、知州、知县纷纷在本地“劝种”，乾隆皇帝也加入“劝种”的行列。乾隆五十年（1785年）八月，更敕谕军机大臣等，刊行前山东按察使陆耀所编的《甘薯录》，颁发各地，广种红薯。皇帝的亲自动员，自然非比一般，加上红薯窖藏越冬已经不是问题，红薯和水稻、小麦、玉米一道，成为中国人的主要口粮。

四、千叟宴席

我们花了如此多的时间，说红薯的引进和推广。大家可能会说，现在还在过年，你怎么老让我们吃红薯呢？哈哈，对不起。第一，我真的觉得吃一个烤红薯，味道比三十晚上去大饭店吃“年夜饭”的感觉好；第二，红薯在很大程度上解决了中国人的粮荒。和过年的大吃大喝比较，不挨饿才更加重要。如今的小孩已经没有这个概念了，我们小的时候，犯了错误，不许吃饭，那是最大的惩罚。

我们刚刚说到乾隆五十年（1785年）因为各地旱灾，乾隆皇帝亲自动员广种红薯，以解决民众的饥饿问题。其实也就在那一年的正月初六日，距离我们现在正好235年，清朝的皇宫举办了一次举国关注的大宴：千叟宴。

当然，千叟宴的发明者并不是乾隆皇帝，而是乾隆皇帝的爷爷康熙皇帝。康熙五十二年（1713年）三月十八日，是康熙皇帝爱新觉罗·玄烨的六十大寿。为了祝贺伟大的康熙皇帝甲子大寿，各地正在举行各类庆典活动，更有诸多的王公大臣，乃至一些对康熙皇帝充满崇敬之意的平民百姓，有满族的、蒙古族的，也有汉族及其他民族的，不远百里、千里乃至万里，来到北京，为皇帝祝寿。康熙皇帝既感动，又不安，下了一道“上谕”：“朕实凉德，自觉愧汗……朕若先知，必令止之。今已成矣，难违众志。”（《清圣祖实录》）

康熙皇帝是谦虚的，说我何德何能，得到军民、父老及王公大臣的如此爱戴。早知道这么多的人会来到京城为我祝寿，我一定会制止的。但是，“有朋自远方来，不亦乐乎！”即使普通人家有客人来了，也得请吃一顿饭吧？为了表示诚意和谢意，也为了让远道而来的各族朋友开开眼，就在宫中请客。康熙再次谕大学士等，对那些从外地来贺寿的，不管是王公贵族，还是民间父老，只要年龄超过65岁的，都予以统计。

三月二十五日，皇帝请客，在畅春园大宴诸老人。被宴请的老人有多少？当时的统计数字是：90岁以上的33人、80岁以上的538人、70岁以上的1823人、65岁以上的1846人，共4240人。大大超过了1900多人的流行说法。这个数字是依据《清圣祖实录》而来的，应该更加可靠。诸位想想看，4000多老人赴宴，是何等壮观的场面，又得有多少厨师、多少服务生、多少食材？

这是一次真正意义上的千叟宴，4000多位65岁以上的老叟，和康熙皇帝这位60岁的老叟一道，共享天下太平之乐。但千叟宴的正名，却是8年多之后，康熙六十一年（1722年）的正月，康熙皇帝在宫中设宴，又整了一轮千叟宴，而且赋诗一首，诗名就是《千叟宴》。参与这一轮千叟宴的，仍然是65岁以上的老叟，但千叟宴的壮观场面，深深地刻在一位12岁少年的心里。这位少年，就是康熙皇帝的孙子、雍正皇帝的儿子、以后的乾隆皇帝——爱新觉罗·弘历。

乾隆皇帝是其祖父——康熙皇帝的忠实粉丝，一生之中，处处效法康熙皇帝。康熙皇帝做了61年皇帝，乾隆皇帝做了60年皇帝，说绝对不能超过伟大的祖父；康熙皇帝办了千叟宴，乾隆也效法办千叟宴。但也只能办两次，绝对不能有三次。第一次是我们刚刚说的乾隆五十年（1785年）正月初六日，那是即位五十年大庆；第二次在退位后的嘉庆元年（1796年）正月初一日，那是为了给自己的统治画上一个圆满的句号。都是在“过大年”期间。

关于这几次千叟宴，我们在《国史通鉴》的“明清篇”还要说，这里只是和大家交流一下，由皇帝请客、由天下百姓——用我们现在的话说——就是由天下纳税人买单的千叟宴，到底吃了些什么？下面是乾隆千叟宴美食的上桌程序，供当代“吃货”共享：

丽人献茗：君山银针

蜜饯四品：怪味核桃　水晶软糖　五香腰果　花生粘

饽饽四品：花盏龙眼　艾窝窝　果酱金糕　双色马蹄糕

酱菜四品：宫廷小萝卜　蜜汁辣黄瓜　桂花大头菜　酱桃仁

前菜七品：二龙戏珠　陈皮兔肉　怪味鸡条　天香鲍鱼　三丝瓜卷、虾籽冬笋　椒油茭白

膳汤一品：罐焖鱼唇

御菜五品：龙舟鳜鱼　滑溜贝球　酱焖鹌鹑　蚝油牛柳　川汁鸭掌

饽饽二品：玉兔白菜　四喜饺

烧烤二品：御膳烤鸡　烤鱼扇

野味火锅，随上围碟十二品：鹿肉片　飞龙脯　狍子脊　山鸡片　野猪肉　野鸭脯　鱿鱼卷　鲜鱼肉　刺龙牙　大叶芹　刺五加　鲜豆苗

膳粥一品：荷叶膳粥

水果一品：应时水果拼盘

告别香茗：杨河春绿

不知道看了这些名目，各位感觉味道如何？有些遗憾是，虽然有“花生粘”，却没有红薯。谢谢大家，过年快乐！

附记：这是我在央视《百家讲坛·春节》中做的一个节目的讲稿，播出时间好像是2020年的春节，初几忘了。

一曲《鸣凤记》，忠、奸两重天

一

严嵩（1480年—1567年）是明代中期著名的政治家、文学家、书法家，而且是位长寿老人，一直活到88岁。

严嵩在中国，特别是在老一辈的中国人中，可能是家喻户晓。但并不是因为他的好名声，而是因为他的坏名声——“大奸臣”。然而，和严嵩同一辈的人，怎么也无法把严嵩和“奸臣”这个名号联系在一起。

有人记载年轻时候的严嵩，说他身材修长、眉目清秀、声音洪亮，是个真正的美男子。特别是两颗眼睛，宛如朗星，远远望去，飘飘然有神仙之慨。

明孝宗弘治十一年（1498年），19岁的严嵩在人才济济的江西乡试中了举人。别看现在的江西经济不甚发达、高等教育落后，但在明朝，江西和两浙一道，同为全国经济文化最发达的地区。至少在严嵩中举人、中进士的时候，江西进士总量在全国各省中排在第一位；而且在整个明朝，江西的举人数，也在全国13个布政司中居于首位。

几年后，26岁的严嵩中了进士。由于年轻，留在翰林院为“庶吉士”，继续读书。“庶吉士”有点像现在的“博士后”，当然不是学术上的博士后，而是官场上的博士后，所以名额极少。明朝的庶吉士对于升官很有利。《明史》说，新科进士一旦选为庶吉士，人们就以“储相”视之，就可能是未来的大学士了。三年之后，严嵩果然被留在翰林院做史官，前途一片光明。但就在被人们普遍看好的时候，严嵩做了一个惊人的决定。他向朝廷打报告，说身体出了一点问题，特别是少年成名，学业还不扎实，请朝廷批准回原籍江西分宜县，继续读书。这个举动在当时得到一片赞扬，人们认为，这个年轻的进士淡泊名利、注重修养，是个好苗子。

严嵩在原籍一待就是十年。在这十年中，他阅读了大批古今典籍，写出了许多格调高雅、情感真挚的诗文，受到人们的推崇。十年之后，严嵩回到北京，继续在翰林院供职。严嵩也主持过最高学府国子监的事务，做过礼部尚书。随后，在嘉靖二十一年（1542年），以63岁的高龄入阁为大学士。

63岁，对于今天的很多人来说，已经是退休的年龄；对于当时更多的人来说，还活不到这个年龄。但63岁的严嵩神清气朗、精力充沛，一直做到83岁罢官，成为嘉靖朝在位时间最长的大学士，也是整个明朝担任首辅时间较长的大学士之一。所以，在严嵩进入内阁以后的日子里，和他共事的同僚和下属，都是晚辈或学生，他是这些人中的“老祖宗”。

由于出道早、寿命长，所以除去在家乡读书的十年外，严嵩混迹官场近半个世纪。前20多年，严嵩有很好的“清誉”，是一个大家都称赞的好官。即使做了大学士之后，他仍然为人谦和、彬彬有礼。

人们不免感慨、疑惑：严嵩是怎么由极享“清誉”、人人称赞的好官，变成人人喊打、令人厌恶的大奸臣？这个变化是从什么时候开始的？原来，严嵩的变化有一个三部曲，是一个奸臣的生成三部曲。

二

三部曲的第一部曲，是嘉靖皇帝软硬兼施的调教和严嵩由无可奈何到心领神会的配合。

事情发生在严嵩担任礼部尚书不久的嘉靖十七年（1538年）六月。当时，关于嘉靖皇帝父亲名分的“大礼议”的喧嚣已经结束，嘉靖皇帝也已经如愿以偿地尊称父亲为“献皇帝”、母亲为“皇太后”。但是，在一群拍马屁的官员的鼓捣下，嘉靖皇帝决定把父亲“献皇帝”的牌位搬进太庙，让他的在天之灵能够和太祖朱元璋、太宗朱棣这些前辈见见面，能够和父亲成化皇帝、哥哥弘治皇帝、侄子正德皇帝叙叙旧。

皇帝想让父亲在天上高兴，却难倒了在人间的礼部官员。太庙本是用来供奉本朝历代已故皇帝牌位的，嘉靖皇帝的父亲虽然尊为“献皇帝”，并没有真正做皇帝，他的牌位如果搬进太庙，该摆放在哪里？是放在他哥哥弘治皇帝之后，还是放在侄儿正德皇帝之后？好像都不合适。

但是，皇帝只管做出荒唐决定，至于如何落实，则是礼部，特别是礼部尚书严嵩的事情。

满载着清誉担任礼部尚书不久的严嵩没有办法，只得召集有关部门负责人进行商议。大家一致认为，皇帝的这个决定匪夷所思。没做过皇帝，怎么能硬把牌位塞进去呢？

于是，由严嵩领衔，上了一道奏疏，指出将“献皇帝”的牌位摆进太庙不合理。嘉靖皇帝见到这个奏疏，心里自然不痛快。他将奏疏驳了回去，但语气比较缓和，让严嵩等人再议。其实是给了比自己大26岁的严嵩一次面子。

礼部的意见被驳回后，一位户部侍郎跳了出来，以个人名义对“献皇帝”牌位进太庙的做法提出了批评。对于这个本来没有议礼任务的户部官员的多管闲事，嘉靖皇帝毫不客气，指责他“肆欺不道”，下锦衣卫拷讯。这叫作敲山震虎，杀户部的“鸡”给礼部的“猴”看。

严嵩仍然没有畏缩。他改换战术，不再正面反对把“献皇帝”的牌位搬进太庙，而是对“献皇帝”莫须有的丰功伟绩大唱赞歌。说“献皇帝”封在安陆州，就和当年周文王在陕西一样；而“献皇帝”生了嘉靖皇上，又与当年周文王生了周武王相似。皇上的“中兴”伟业，也就是“献皇帝”的伟业。所以，给“献皇帝”追加任何尊号都不过分。他的功德，就是一座永恒的太庙。当然，严嵩有一句话没说：既然是永恒的太庙，这牌位进不进去又有什么关系呢？

这个马屁可以说是拍得有点过分，有点不伦不类。严嵩们也不考虑周文王、周武王父子是怎么得到天下的？但嘉靖并没有责怪，可以说又放了严嵩一马。嘉靖皇帝不反驳，当然也是因为不好反驳，总不能说父亲没有功德、不能说父亲的功德不是永恒的太庙。而且，千穿万穿，马屁不穿，有人拍马屁总是高兴的事情。

如果写抒情散文，嘉靖皇帝肯定不是严嵩以及礼部官员们的对手。但久病成医，经过“大礼议”的洗礼，嘉靖皇帝在“礼”的问题上已经是颇有心得，或者说已经成了专家。

当年，张璁以一篇《辩礼疏》、一篇《大礼或问》，向以杨廷和为首的满朝大臣发动攻击，嘉靖皇帝仍然历历在目。他仿照张璁的《大礼或问》，亲自写了一篇1200余字的《明堂或问》，让人抄录并分发给大臣，人手一份。

“明堂”本是古代帝王宣明政教的场所，这里特指太庙。嘉靖皇帝在《明堂或问》的开篇说：“明堂或问者，非上人以好辩……实不得已之言也。”意思是我亲自写《明堂或问》，并不是无事生非，实在是不得已而为之。你们这帮做臣子的，没有一个真心实意在办事。我只好教你们如何开窍、教你们懂得如何为君父分忧。接下来，嘉靖皇帝以一问一答的方式，引经据典，一步一步对父亲“献皇帝”入太庙的合理性进行阐述。

皇帝亲自写一篇千字文，和大臣讨论一个问题，这在明朝的历史上极其少见，可见嘉靖皇帝对此事的重视。

事情到了这个份上，摆在严嵩面前的只有两条路：一条是放弃自己的立场，按照皇帝的意思办。另一条是坚持己见，不惜罢官而去。在经过激烈的思想斗争和反复斟酌之后，严嵩和他的同僚们屈服了。

于是，仍然由严嵩领衔，礼部由反对“献皇帝”入太庙，转而帮助皇帝找到了“献皇帝”入太庙的理论依据和事实依据。理论依据是：“父子异昭穆、兄弟同世数。”意思是在太庙中，开国皇帝的牌位居中，然后左昭右穆，左边是儿子，右边是孙子，交替排列，即父子异昭穆。但这一条没有办法帮助“献皇帝”入太庙，于是用第二条，“兄弟同世数”。意思是，如果兄弟都做了皇帝，虽然有先后，但他们是同一辈人，应该同在一个“昭”位上或“穆”位上。事实依据是：严嵩们也帮皇帝找到了，那就是在北宋的太庙中，宋太祖和宋太宗两兄弟都位于“昭位”。既然如此，嘉靖皇帝的父亲“献皇帝”也可以和伯父“敬皇帝”也就是弘治皇帝，一同放在昭位或穆位上。

问题解决了，皇帝高兴了，不但实现了父亲入太庙的意图，还通过这件事教育了包括严嵩在内的一批人，教会了他们如何理解和贯彻自己的意图并坚决执行。

但这件事情使严嵩惊出了一身冷汗。如果不是脑筋急转弯，这个礼部尚书的位子可能是保不住了。因为那位跳出来反对“献皇帝”入太庙的户部侍郎，已被嘉靖皇帝下特旨削职为民了。

从此以后，严嵩变了，变得更加小心谨慎、变得唯君命是从了。他一次又一次地、越来越娴熟地，到后来就习惯成自然地不断把嘉靖皇帝的荒唐决定解释为正确决策了。

嘉靖皇帝对于帮助过他的人是一定会给予回报的。所以，他一次又一次地给严嵩加官晋爵，以礼部尚书入阁，到少保、少傅、少师，武英殿大学士、谨身殿大学士、华盖殿大学士，再后来是上柱国。最后无官可加了，便给他儿子、孙子封官。

一代“奸臣”，就这样在嘉靖皇帝软硬兼施的调教中逐步诞生了。

其实，嘉靖皇帝对每一位重要的大臣，也都进行过调教，但有的成功，有的没有成功。这就要看各自的个性和悟性了。

在整个嘉靖朝，影响最大的内阁首辅一共有四位：杨廷和、张璁、严嵩、徐阶。对于杨廷和、张璁，嘉靖皇帝没有能够调教成功。原因是：第一，杨廷和、张璁都是功臣，杨廷和帮助嘉靖做了皇帝、张璁帮助嘉靖皇帝议大礼，所以他们都有不听调教的资本。第二，杨廷和、张璁都有比较强的个性，有自己的为人原则和为官底线。越过原则或底线，不管皇帝如何软硬兼施，宁愿罢官，也不买账，所以后来都被迫退休。

比起杨廷和、张璁，严嵩有他的长处，那就是为人随和、肯帮助人，所以他的追随者远比杨廷和、张璁多。严嵩的短处在于他没有和嘉靖皇帝讨价还价的资本，却有明显的性格上的缺陷，那就是随波逐流，缺乏原则和底线，缺乏斗争性。表面上看是为了维护君臣之间的“和谐”，更多的却是在明哲保身。

正是因为这些长处和缺陷，使得严嵩比较容易被嘉靖皇帝调教，最终自然也要为嘉靖皇帝背黑锅。于是一个有意思的现象发生了。在严嵩做首辅之前，人们提意见，大多是冲着嘉靖皇帝；但严嵩做了首辅之后，人们提意见，却是首先冲着严嵩。其中固然有捏软柿子的意思，但更多的是因为人们看到，杨廷和、张璁，乃至严嵩的前任夏言做首辅的时候，他们都对嘉靖皇帝的荒唐决定提出过意见，并且都为此付出过代价：杨廷和被迫退休、待遇被剥夺，儿子、女婿都跟着遭难。张璁四上四下，每次复出后，仍然不断提意见。夏言不但被罢官，而且最终成为明朝第一个真正被处以死刑的内阁首辅。而严嵩却从嘉靖二十一年（1542年）入阁，一直到嘉靖四十一年（1562年）被弹劾致仕，从未离开过内阁，当然要为嘉靖皇帝的过错承担责任。

三

三部曲的第二部曲，是儿子严世蕃的招怨和老子严嵩的纵容。

严世蕃的长相和父亲截然不同。严嵩身材修长、眉目清秀，严世蕃却是“短项肥体”。严嵩目若朗星，严世蕃却坏了一只眼睛。但严世蕃极其聪明，也极其自负。他认为天下人才只有三位，他排在第一位。

严世蕃有什么本领如此自负呢？他至少有三大本领。

严世蕃的第一大本领，是“颇通国典、晓畅时务”，对国家的典章制度特别熟悉，对时务政局有通达的洞察力。

严嵩入阁时已经63岁，仍然神清气爽、精力充沛。许多人猜测嘉靖皇帝所以始终信任严嵩，很大程度上是因为严嵩长寿，因为严嵩越老越是仙风道骨，嘉靖皇帝想沾沾他的仙气，想跟着他长寿。但严嵩尽管身体好、长寿，精力总是在逐渐衰退。作为首辅，严嵩既要处理国家大事，又要值房上班，陪着皇帝向上天祈祷，帮着皇帝写与上天对话的“青词”。这些都是特别需要花精力对付的。所以，严嵩有很多公务就交给儿子严世蕃了。当时的记载说，六部九卿、朝廷大员向严嵩的代表严世蕃汇报工作，有人早上去严府排队，等到晚上也不得一见，只得次日继续排队，以致严嵩父子有“大丞相、小丞相”之称。如果有急事求见小丞相，还得先打点门卫，正所谓“宰相门前四品官”。

严世蕃的第二大本领，是能够认识嘉靖皇帝的字、读懂嘉靖皇帝的心。

嘉靖皇帝从小接受过良好的教育，也是个喜欢舞文弄墨的人，有什么想法、有什么意图，或者见到各部门的奏疏，他也往往写上几个字或批上几句话。因为酷信道教，以与上天对话为乐，所以嘉靖皇帝的这几个字或几句话又往往暗藏机锋，道家的情、佛家的性、儒家的理，就在里面。他的字龙飞凤舞，行不行草不草，实在令人难以辨识。

严嵩虽然也聪明，嘉靖皇帝想要什么、想做什么，他也能猜个八九不离十。但对于嘉靖皇帝龙飞凤舞的书法，特别是书法后面隐藏的种种玄机（或者根本就不是什么玄机，而是词不达意），严嵩却缺乏悟性。而严世蕃虽然只有一只眼睛，但不管嘉靖皇帝的文字多么潦草、怎么故弄玄虚，他都能一目了然、猜无不中。这可帮了严嵩的大忙。嘉靖皇帝认为，他的意图只有严嵩才知道，这才真正是君臣一心。但嘉靖皇帝怎么也想不到，严嵩后面竟然有一个有如此本领的儿子。

儿子贡献越大，严嵩对他的信赖程度也就越大，对他的胡作非为也就越纵容，严世蕃的胆子也就越来越大了。这就造成了他的第三大本领：捞钱。

严世蕃最拿手的捞钱路子有两条。第一，通过官员的任命捞钱。由于熟悉典章制度、通晓时务政局，所以哪个职务重要、哪个岗位艰辛，哪个地方贫瘠、哪个衙门肥实，统统都在严世蕃的心中。地区不同、部门不同、岗位不同，都标出价钱，按价授官。第二条，通过卖弄人情捞钱。有人得罪皇帝被抓起来，严世蕃便放出风声，说除非我们家老爷子出面，否则是死路一条；若人被放出来，严世蕃又放出风声，说这是我们家老爷子做了皇帝的工作，你们得感恩。十年、二十年下来，严世蕃借此收受的贿赂之巨难以想象。

但是，严世蕃的本领越大，得罪的人越多，招致的怨气也越大，而所有这些怨气，全都对准了严嵩。可以说，严嵩在如履薄冰地伴君，严世蕃却在嬉笑怒骂地弄权；严嵩在赔笑脸结善缘，严世蕃却在随心所欲招怨气。

三部曲的第三部，是老百姓的评价和社会舆论的推动。

老子长期在位，高官厚禄却无所建树，甚至助纣为虐，在官场的腐败过程中随波逐流乃至推波助澜；儿子仗着老子的权势，拉帮结派、卖官鬻爵，视国家大事、百姓生计为儿戏。在中国老百姓的眼里，你不下地狱，谁下地狱？你不是奸臣，那天底下哪里还有奸臣？这种情绪、这种认识，通过小说和戏曲表达出来。形成强大的社会舆论。

大家要问，小说戏曲能形成舆论、推导舆论？当然可以。因为在当时，小说、戏曲是当之无愧的“主流媒体”。

明朝到嘉靖时期，由于经济发展和社会财富的积累，文化生活比较丰富。读书人凑在一起，大抵上会有三件事：酒、妓、戏。大家见了面，推杯换盏，交流最近听到、看到的朝廷轶事，招来艺人、艺妓，唱一段戏曲、说一段小说。而普通老百姓的业余爱好，也有三桩事：赌博、看戏、听小说。

那时的小说，主要不是由文人写给人们看的，而是说书人说给人们听的，即使文人写出来，传播也主要是靠说唱。

而明朝的人编戏、编小说，往往把当代的人、当代的事编进去。不管什么人，一旦被编进了小说、戏曲，一夜之间，可能就天下闻名，不是流芳千古，就是遗臭万年。

在明朝的后期和清朝的前期，至少有几十种小说和戏曲在演绎着严嵩。其中有隐去姓名的，如《金瓶梅》。《金瓶梅》以北宋末年为背景，但当时的人们认定，它其实是挂宋朝的羊头，卖本朝的狗肉。比如，《金瓶梅》中的蔡京父子，就是影射严嵩父子。更多的小说和戏曲，则是真名真姓。如《大红袍》《鸣凤记》，等等。严嵩之所以遗臭万年，就是因为在这些小说和戏曲中，他总是反面人物，而且常常是反一号，是大奸臣。

这样一来，根本不需要《明史》定案，戏曲小说代表着普通老百姓的认识，形成强大的舆论，把严嵩定格为无恶不作的大奸臣。

四

在将严嵩“定格”为“奸臣”的所有小说和戏曲中，《鸣凤记》有着重要意义。

《鸣凤记》产生于明穆宗隆庆年间（1567年—1572年），即严嵩去世后不久。其作者已不可知，有人认为是明代“后七子”的领袖王世贞所作，也有人认为是王世贞门人、幕僚所作，吕天成的《曲品》等，直接把《鸣凤记》列为无名氏作品。《鸣凤记》是一个有40多出的多本剧，在明朝后期和清朝前期，已是妇孺皆知。

《鸣凤记》的主要人物有两个：一个是"奸臣"严嵩，一个是"忠臣"杨继盛。作为戏剧、小说人物，杨继盛视死如归，充分发挥自己的聪明才智，并得到众多正义人士的支持，和奸臣严嵩进行殊死斗争，最终被严嵩构陷致死。那么，作为历史人物，杨继盛是怎样的呢？

杨继盛是北直隶容城（河北今县）人，从小立志报效国家，考中进士后，做了南京吏部的主事，一个没什么事情可干的职位。杨继盛喜欢音乐，本可以在南京这个仙都、文化中心快快乐乐地吹拉弹唱，但他是一个时刻把国家放在心上的人，所以选择了另外一条人生道路。

上任不久，杨继盛就因为上疏弹劾嘉靖皇帝的一个宠臣，被贬谪到远离中原的"狄道"为吏。狄道是当时陕西布政司临洮府所在地，位于今甘肃省兰州市的南边。

在当时，官员因为犯事贬官是十分正常的事情。但杨继盛由南京的官贬为狄道的吏，就不是小事了。因为在明朝，吏和官的身份大不一样。官是从举人特别是从进士这条路进入官场的，这是"读书下正途"，以道德教化为本。吏是"杂役"，如官府收税时的司秤、登记田亩量的手书、破案验尸的仵作，等等。由于他们要和钱粮、犯罪打交道，"心术"已坏，所以受到歧视，一些有前途的、代表正义形象的职务，如翰林院、都察院、六科等，是决不允许吏员染指的，所以他们的升迁也受到极大的限制。

当时有一首民歌，唱的是男女青年谈恋爱，发誓永不分离。为了加强誓言的力量，以三件不可能发生的事情作比喻：第一，“除非天变成地”；第二，“除非东变成西”。第三，“除非官变成吏”。在明朝人的眼里，这官与吏的差别，竟然和天与地、东与西一样难以转换。

杨继盛就由这个官贬谪成了吏，从天上到了地下。这对于官员来说，不仅是职务上的贬谪，还是身份上、人格上的打击。但杨继盛并不气馁，他本来就有思想准备，这也是明朝士大夫的一种气节。

“狄道”是一个多民族聚居的地方，杨继盛虽然是从内地贬谪到这里的吏，却自觉承担起了教化的责任，协调民族矛盾、传授农业技术，得到当地汉族居民的爱戴，更被少数民族同胞称为“杨父”。

但是，“杨父”在狄道并没有滞留太长时间。因为被杨继盛弹劾的那个宠臣不久就被嘉靖皇帝处死了，杨继盛成了英雄。于是在一年之内，连升四级，升得杨继盛自己都不好意思。皇恩浩荡，更加需要感恩和回报。

杨继盛这一辈年轻官员和老一辈官员不同，老一辈的官员经过和嘉靖皇帝的交锋，深知皇帝的性格和狠劲，他们上疏、他们死于“谏”，都是针对皇帝的。但年轻一辈的官员，如杨继盛等人进入仕途时，嘉靖皇帝已经移居西苑，他做的坏事，都是由严嵩们代理执行的。所以人们开始认为，皇帝并没有管事，坏事都是严嵩们干的。

这种感觉也很容易理解。因为杨继盛那一代的官员根本就见不到皇帝。他们看到的是，各部门的主要负责人，包括六部的尚书、侍郎，都察院的都御史，都在向严嵩请示工作，都在听严嵩的指示；他们听说的是，内阁的其他成员也和他们一样见不到皇帝，皇帝说什么、皇帝要干什么，都是严嵩传达的。他们还看到，严嵩的儿子严世蕃也在向各部门发号施令，并且大肆收受贿赂。所以他们认为，皇帝应该是圣明的，可惜身体不好，没办法亲自管事，一直被严嵩欺骗。

五

杨继盛因为连续升官，激动、感恩之余，更思念报答皇帝、报答国家。所以，即使是粉身碎骨，他也要为皇帝清除严嵩这个毒瘤。

抱着这个目的，杨继盛在经过一番酝酿之后，写了一道义正词严、措辞尖锐的奏疏，名为《请诛贼臣疏》，历数严嵩的罪行。

由于事情重大，杨继盛在写好奏疏之后并没有立即呈上，而是“斋戒”了三天。

古人遇到重大事情的决策，往往有“斋戒三日”之说。在这三天之中，不仅饮食要清淡，而且要远离一切欲望，包括生理和心理上的欲望。除了必要的公务，谢绝一切人际交往，包括和家人的接触。通过这种方式，表示事情的严重，表示对天、对命的敬畏。所谓“谋事在人，成事在天”，尽的是人力，能否成功，就得听天由命了。

“斋戒三日”的另一重意义，是要反复衡量利害得失，反复掂量前因后果，用时下的话来说，就是进行可行性论证。这个论证可以是自己拿定主意，也可以和志同道合者共同拿主意。三天之后，可能按既定方针办，也可能取消或推迟行动，当然，还可能有新的加盟者，共同行动。

史料记载，杨继盛在三天斋戒的过程中没有和任何人商量。也许是因为事情过于重大，他不愿泄露风声，以免严嵩事前欺瞒皇帝；也许是因为敌我力量过于悬殊，明知不可为而为之，但不能连累他人。这就是君子和小人的区别。小人是有好处自己先捞或独占，有麻烦找人垫背；君子是好事成全别人，有麻烦自己承担责任。杨继盛就是这样的君子。

三天之后，杨继盛怀着为国除害、与奸臣决一死战的心情，义无反顾地来到了左顺门，来到这个可以直通皇帝的地方，投进了自己的《请诛贼臣疏》。他希望皇帝能够在第一时间看到，以免严嵩预先防范。

杨继盛在这个《请诛贼臣疏》的开篇写道：我杨继盛生性耿直，无师无友，幸蒙皇上奖拔，委以重任。今日天下正值多事之秋，国家处于生死存亡之际，所以我日夜思虑，希望能够报效国家。当今之时，要做的事情太多太多，但没有哪件事情比诛杀贼臣更紧急了。

这是明朝人，特别是明朝的“忠臣”上疏的一个普遍套路，先强调事情的严重性，强调事情的十万火急，以引起皇帝的重视。

接着，杨继盛直奔主题，历数严嵩的十大滔天罪行，这就是著名的“十大罪”：

坏祖宗之成法，大罪一也；窃君上之大权，大罪二也；掩君上之治功，大罪三也；纵奸子之僭窃，大罪四也；冒朝廷之军功，大罪五也；引背（悖）逆之奸臣，大罪六也；悞国家之军机，大罪七也；专黜陟之大柄，大罪八也；失天下之人心，大罪九也；敝天下之风俗，大罪十也。

在杨继盛的这个奏疏中，从明朝开国皇帝朱元璋制定的基本国策，到当今皇帝的绝对权威，到天下人心、天下风俗，这些立国的根本无不受到严嵩的破坏、践踏。

在杨继盛看来，所揭露严嵩的种种罪行，都是证据确凿，再加上上纲上线的理论分析，任何一条都足以把严嵩置于死地。如果皇帝英明，严嵩肯定逃脱不了惩罚。

但是，嘉靖皇帝不仅没有惩罚严嵩，反倒认为杨继盛纯粹是无中生有、没事找事，虽然是在责骂严嵩，其实是在揭自己的短。

怎么会是这样呢？因为第一，杨继盛并不清楚嘉靖皇帝和严嵩之间的关系，他也没有办法弄清楚这个关系。所以，他对严嵩的抨击往往成了对嘉靖皇帝的揭短。第二，为了突出严嵩的罪行，杨继盛把当时所有的政治、社会问题全都加在了严嵩的身上。所以，他对严嵩的抨击就显得空洞无物、文不对题了。

我们列举杨继盛所说的严嵩“十大罪”中的几条，进行分析。

第一条，杨继盛说严嵩“坏祖宗之成法”，理由是当年太祖皇帝为了预防奸臣当道，废除了宰相制度，所以明朝是没有宰相的，严嵩等大学士在制度上只不过是为皇帝提点建议、写个文书而已。但是，严嵩俨然以宰相自居，各部门向皇帝打报告、汇报工作之前，都要先得到严嵩的首肯或指示，致使天下人知道有严嵩，不知道有皇上。

被杨继盛列为严嵩第一大罪的这个罪行，不但是嘉靖皇帝，就是当时所有实事求是的人们，也都会觉得杨继盛是在没事找事。

虽然明太祖朱元璋杀了当时的宰相，并且下令，子孙后代做了皇帝，不得再设宰相；如果做臣子的有人敢提出重新设立宰相，本人腰斩、全家充军。但他儿子朱棣夺取皇位不久，就设立了内阁，内阁后来竟然成了宰相府，首辅成了事实上的宰相。因为日常事务、各部门的协调，总要有一个人、一个机构来协调，总不能事无巨细都让皇帝亲自操办。

由于“祖训”，宰相是不能公开设置的，所以大学士属于名不正、言不顺的宰相，时时要受到批评，其实也很委屈。还有，由于明朝的皇帝大多不上朝，常常发生宦官专权的事情，大学士们总是带领文官们反对宦官专权。在文官们看来，首辅早已经是他们的首领，是没有宰相之名的宰相。

就连嘉靖皇帝也一直把杨廷和称为“首辅”“元辅”，把严嵩称作“夫子”“相公”。皇帝自己要修炼，要养生，国家的日常事情当然要依靠他们来管理。再说，内阁首辅成宰相，这个账怎么可以算在严嵩的头上呢？如果要追究，该追究成祖皇帝，追究解缙、杨士奇、杨廷和、张璁。

杨继盛第一炮就哑了火，在嘉靖皇帝看来，后面的“罪状”就更是吹毛求疵、不值一提了。

我们再看第十条，杨继盛说严嵩“敝天下之风俗”。

杨继盛说：自从严嵩当权以来，风气大变。只要对严嵩行贿，即使像孔子批评的盗跖那样的坏人，照样升官发财。如果不向严嵩行贿，即使像孔子点名表扬的伯夷、叔齐那样的好人，也要终身受压制。这样一来，风气就坏了。遵守国家法度的被视为迂腐，善于钻政策空子的被视为灵活；廉洁奉公的被视为假装清高，善于阿谀奉承的被视为精明能干。风气坏到什么程度？杨继盛评价："自古风俗之坏，未有甚于今日者。"

这个罪行在嘉靖皇帝看来，直接就是在抨击自己。这天下不是严嵩的天下，是皇帝的天下。杨继盛说自古以来，风气此时最坏？也太言过其实、危言耸听了，难道嘉靖皇帝比夏桀、商纣还坏？比隋炀帝、宋徽宗还糟糕？这不是给皇帝脸上抹黑吗？

事实上，明朝官场、社会风气之坏，也不是从嘉靖时代、从严嵩执政才开始的。洪武时期风气不错，但开国皇帝朱元璋仍然杀了那么多的贪官污吏，而且还剥皮塞草。最后还不是杀一个出十个、杀十个出百个？正德时期风气已经不好了，那时出了个名叫刘瑾的宦官，图谋不轨，又有多个宦官干坏事。但当大学士向正德皇帝告状，说宦官干坏事、破坏风气时，"儿戏"皇帝朱厚照却反问了一句让大学士们目瞪口呆的话：你们以为天下的事情都是宦官弄坏的吗？我看未必，就拿你们文官来说，十个里面，有三四个好人就算不错了。

嘉靖皇帝虽然不上朝，但他并不糊涂，他在琢磨道、琢磨养生的同时，仍然在琢磨人，在琢磨大权独揽，在琢磨如何使人敬畏。对严嵩的了解，嘉靖皇帝远远超过杨继盛。其实大批官员都是皇帝亲自提拔的，大批官员也是皇帝亲自下令惩罚的，杨继盛说都是贿赂或得罪严嵩的结果，嘉靖皇帝的怒气可想而知。

在《请诛贼臣疏》中，杨继盛不但列举了严嵩的“十罪”，还列举了严嵩的“五奸”：皇帝的身边，全是严嵩的间谍；皇帝的喉舌，全是严嵩的鹰犬；皇帝的爪牙，全和严嵩有瓜葛；皇帝的耳目，全是严嵩的奴隶；皇帝的臣子，全是严嵩的心腹。当然，杨继盛凡是说到严嵩时，都是用“贼嵩”二字替代。杨继盛指出，正是因为严嵩有五种奸诈，所以他干了那么多坏事，皇上却发现不了，才被他蒙蔽。

杨继盛说得痛快，却一竿子打倒一船人。这“五奸”一出，嘉靖皇帝的身边、嘉靖朝的庙堂，几乎就没有好人了。古今中外提意见的，倒还真没有发现像杨继盛这样不顾后果的。

杨继盛和中国历史上的所有“忠臣”一样，有着强烈的忧国忧民之心，为了国家的利益，他们可以将生死置之度外，表现出视死如归的精神。但在这个过程中，杨继盛也和中国历史上所有的“忠臣”一样，对于要抨击的对象，对于想要改变的现实，显得力不从心。因而时时感到空有一腔热血，却不知洒向何方。因为他们所面对的，是强大得多的对手，而对手的后面，往往集结着一个巨大的群体、一股巨大的势力。所以，他们只能以个人的力量，与看上去很明白、很直观，但实际上又摸不准、看不透的人和事进行宣战。但是，他们所代表的，是一种道德的正义、一股大爱的精神。

他们个人的身躯可能消失，他们代表的正义、体现的精神，却是一个民族文化的脊梁。

为了扳倒严嵩，杨继盛不惜得罪任何人，后果很严重，他被下到锦衣卫狱，重杖一百。

杨继盛不愧是条硬汉。有记载说，杨继盛在受杖刑之前，朋友悄悄送给他一颗蚺蛇胆，据说吃了蚺蛇胆可以增加胆气。杨继盛笑道："我自己有胆，要这蛇胆何用?"受刑之时，观者塞途，大家都为这条汉子惋惜落泪。在受刑的过程中，杨继盛昏死过去，送回监狱后醒来，《明史》中记载了他的表现："夜半而苏，碎瓷碗，手割腐肉。肉尽，筋挂膜，复手截去。狱卒执灯，颤欲坠。继盛意气自如。"铮铮铁骨，令人动容。

在诏狱中关了两年多后，杨继盛被处死。但死因是一个谜。因为在判决书中，杨继盛的名字附在两个和他无关的官员之后。这就使人们猜测嘉靖皇帝本来没有杀杨继盛的意思，是严嵩搞了鬼，把杨继盛的名字添加在那两个将要处死的官员名字后面，嘉靖皇帝也没看清，或者杨继盛死不死已经与他无关，杀了就杀了。

六

但是，杨继盛的故事并没有因为杨继盛的死而结束，因为杨继盛有一个和他一样刚烈的妻子。

得知丈夫被判处死刑的消息后，杨继盛的妻子张氏呈上了自己给嘉靖皇帝的亲笔信。信中说，丈夫杨继盛是个一心报国但又认死理的迂腐书生，因为误信市井传闻，胡乱发表狂论。皇上圣明，没有将其处死，是要给他一个改过自新的机会。但忽然听说附在别人的名字之后，奉旨处决，这不能不令臣妾疑惑。既然皇上已经下旨，那杨继盛就是该死。臣妾只有一个要求，请皇上恩准臣妾代夫而死，留下丈夫的性命，让他去疆场杀敌而死，以报君父知遇之恩。

张氏其实比丈夫杨继盛更有政治智慧，他决不表示怨恨皇帝，也不把矛头指向任何人，只是代丈夫承认错误，要求代夫受死。但她向皇帝要求宽宥丈夫，不是请求留下丈夫的性命，而是希望给他一个更有价值、更体面的死的方式，是战死疆场、马革裹尸。

嘉靖皇帝或许根本就没有见到这封信，或者见了不以为意。据记载是“报闻”，即“知道了”，再无下文，杨继盛如期被杀。但张氏的这封信传遍天下。人们相信，如果嘉靖皇帝看到这封入情入理的信，肯定会潸然动容，赦免杨继盛。人们相信，嘉靖皇帝肯定没有看到这封信，因为张氏没能像杨继盛一样，到左顺门去递信。她只可能通过正常的渠道，从通政司呈上这封信。而掌管通政司的，又是严嵩的死党，他们肯定没有将信呈送给皇帝。所以，又一笔账算在了严嵩的头上。

临刑前，杨继盛还念了一首诗：“浩气还太虚，丹心照千古。生平未报恩，留作忠魂补。”据说，这首诗被“天下相与涕泣传诵之”。诗传到哪里，哪里就知道有一个忠臣被杀了，而杀这个忠臣的，是奸臣严嵩。

嘉靖四十一年（1562年），严嵩被罢官，并于嘉靖四十五年（1566年）无声无息地死在南昌的一处租赁住所，他那个招摇一世的儿子严世蕃，也在几年前被处死。嘉靖皇帝死后，儿子隆庆皇帝继位，立即给杨继盛平反，谥号“愍忠”，并且在杨继盛的家乡保定府建了“旌忠祠”，供人们祭奠。

所有这些，都使得杨继盛的故事比其他死于“谏”的故事更具有戏剧性，更令人扼腕叹息，令人同情，也给了戏曲家、小说家、戏曲表演家和说书艺人更多的想象和演绎空间。于是，多个戏班以忠臣杨继盛弹劾奸臣严嵩为题材，开始在全国各地以各种方式上演，或者在各个书场说讲。其中最为著名、影响最大的，就是前面说到的《鸣凤记》。

正如中国人知道诸葛亮的足智多谋、知道曹操的奸诈无比，大抵上都是通过《三国演义》而不是《三国志》一样，严嵩成为家喻户晓的“奸臣”，也主要不是因为《明史·奸臣传》。因为在《明史》成书的一个半世纪之前，《鸣凤记》之类的小说和戏曲，就已经在鞭挞“奸臣”严嵩，歌颂“忠臣”杨继盛。

《鸣凤记》从外地演到北京、从明朝演到清朝，演得顺治皇帝都很受感动。顺治皇帝还亲自去了保定，祭奠杨继盛的“旌忠祠”，并且写下了一篇感人肺腑的《杨继盛论》。

在《杨继盛论》中，顺治皇帝对杨继盛的评价是：“重公室、藐权门，慷慨叫阍、从容就义……可谓富贵不能淫、贫贱不能移、威武不能屈者矣。”而对于杨继盛所抨击的“贼臣”严嵩，顺治皇帝则作了这样的评论：“逆臣严嵩父子，盗执大柄，浊乱王家，威福擅专，纪纲荡废。”

顺治皇帝对杨继盛和严嵩的评价，显然是受到《鸣凤记》以及其他相同内容小说和戏曲的影响。而顺治皇帝的这个评价，又铁板钉钉地宣告了严嵩在清朝官修《明史》中的“奸臣”结局。

从杨继盛决心以死殉国，到后来被视为“忠臣”，至少有四大要素在其中起作用。而这些要素，几乎可以说是中国历史上所有“忠臣”的共同特点。

第一，出身贫寒，但志向高远。希望能够通过自己的力量，致君为尧舜，致天下于太平。第二，忧国忧民，但报国无门。为了报答朝廷的恩情，不惜付出生命。第三，被一个昏君杀害，被一个明君平反。第四，获得了老百姓的同情、社会舆论的褒扬。

其实，以“忠”“奸”作为评价历史人物的标准并不完全合理，没有被列入正史《奸臣传》的，也未必没有坏人。但是，正史中的《奸臣传》，却体现了传统的是非观、正邪观。而“忠臣”和“奸臣”，也成为中国最普通最广大民众判断是非、褒贬人物的最朴素的分野。

事实上，入正史《奸臣传》的，大多都曾在政治腐败中起过推波助澜的作用，编撰者一般在这方面也有较多的考虑。比如，王安石在北宋被认为是大规模为朝廷聚财的始作俑者，却以其人格的力量折服时人和后人，所以在元朝修《宋史》时，没人敢把他放进《奸臣传》。入《奸臣传》的，是他的助手吕惠卿。再比如清朝修《明史》，大臣“威福自操”是进《奸臣传》的标准之一。而整个明朝，在这方面没有比得过张居正的，张居正却以义无反顾的胆识和魄力，兴利除弊，令时人和后人肃然起敬。所以虽然死后被追削谥号、抄没家产，却也未入《奸臣传》，可见公道自在人心。

（原载《东方文化》2018年第4期）

鸡缸杯影：多情的皇帝、开放的时代

一

一只从香港被带到内地的斗彩鸡缸杯，把我们带回到它产生的时代：明朝成化年间（1465年—1487年）；也把一个人物推到了我们的面前：明成化皇帝朱见深。

由于媒体的关注，“成化”和“鸡缸杯”迅速成为当时尽人皆知的新闻。距今500年前留下的一只由当年景德镇御窑厂生产的通高4厘米、口径8厘米的小瓷杯，竟然抵得上今日上海滩一座2000平方米的豪宅。一句时髦语也同时流传：“有钱就是任性。”这句时髦语的“版权”，属自称为“土豪”的上海收藏家刘益谦。

我本来只是“围观”，后来发生的一件事情，使这只鸡缸杯和我发生了一点关系。2014年8月的一天傍晚，南昌盛夏，接到一个来自北京的电话，对方自称是北京匡时国际拍卖公司的副总谢晓冬。我奇怪了，家中没有收藏，怎么惊动了拍卖人？谢晓冬先生在电话中问我，是否关注到上海收藏家刘益谦先生从香港苏富比拍得成化斗彩鸡缸杯的事情？我说知道啊，地球人都知道。谢晓冬先生说，刘益谦先生委托匡时拍卖在上海龙美术馆策划一个关于鸡缸杯的特展。这好玩，但听说展厅为2000平方米，我大吃一惊，围绕这个掬手可捧的鸡缸杯，竟然要2000平方米的展厅？

正是因为这个电话，我上了“贼船”，成了这个特展的“文化顾问”，在2014年12月18日出席了特展的开幕式并致辞，随后又围绕鸡缸杯和成化时代做了一场学术报告。和鸡缸杯、和谢晓冬、和刘益谦夫妇及龙美术馆的“缘分”，使我在《历史研究》2007年第1期发表了一篇论文——《“传奉官”与明成化时代》（《新华文摘》2007年第4期转载），以及1994年出版了一部人物传记——《成化皇帝大传》。

谢晓冬先生的工作态度令我感动，一位1980年出生的拍卖人，读一部36万字的皇帝传记不奇怪，竟然还反复读一篇35000字的历史学论文，并且在国庆长假的8天时间里，编写出84页图文并茂的陈展大纲。我每每以谢晓冬为例教训自己的学生：你们总想过好日子，先看看别人是怎么工作的！

2014年12月18日15时，“朱见深的世界：一位中国皇帝的一生及其时代”的“鸡缸杯”特展在上海龙美术馆开幕。我在开幕式的致辞是以这样一段话开始的：“2014年4月8日，在中国收藏界是一个值得纪念的日子，在中国明代研究中也是一个值得纪念的日子。因为这一天，有一个人物，通过一件尤物，穿越时空，把今日的中国和500多年前中国明朝的成化时代联系在一起。这个人物，是刘益谦先生，还有本馆馆主王薇女士；这件尤物，是大家已经看到的成化斗彩鸡缸杯。”

二

明朝万历时期的玩家沈德符说当时的瓷器："最贵成化，次则宣德。"成化窑又以白地青花间以五色者斗彩最为珍贵，名目有八吉祥、五供养、一串金、西番莲，特别是斗鸡、百鸟及人物故事等。沈德符说这些斗彩酒杯的价格："初不过数金，余儿时尚不知珍重。顷来京师，成窑酒杯每对至博银百金，余为吐舌不能下。"（《万历野获编》）十年之间，价值飞涨。

晚明时期的另一位著名玩家张岱在他的《夜航船》中说，在成化诸"斗彩"中，"五彩鸡缸"为其代表。而方以智在《物理小识》中所记载看到的鸡缸杯则是："成窑草虫可口子母鸡劝杯，曰鸡缸。"清乾隆时期的朱琰在《陶说》也说："成窑以五彩为最，酒杯以鸡缸为最。神宗时尚食御前，成杯一双值钱十万，当时已贵重如此。"明朝千钱值银一两，朱琰所说万历时期的"钱十万"与沈德符所说万历时期的"银百金"，大抵是等价的。而刘益谦拍得并为其办特展的，便是方以智说的"成窑草虫可口子母鸡劝杯"，简称"鸡缸杯"。

如果以米价为中介，今日人民币的购买力约当万历后期的200—400元，如果取中间值300元，一对成化鸡缸杯在当时值人民币3万元。400年过去，其间动乱不断，能存世者寥寥，据称，明朝成化时代的斗彩鸡缸杯目前存世的有16只，包括刘益谦拍得的在内，由私人珍藏的只有4只。其余的，均为各代的仿制品。

清代的玩家乾隆皇帝是斗彩鸡缸杯的粉丝，其《成窑鸡缸歌》咏：

> 李唐越器人间无，赵宋官窑晨星看。殷周鼎彝世颇多，坚脆之质于焉辨……宋明去此弗甚遥，宣成雅具时犹见。寒芒秀采总称珍，就中鸡缸最为冠。牡丹丽日春风和，牝鸡逐队雄鸡绚……落霞彩散不留形，浴出长天霁色青。成化鸡缸夸五色，椎轮于此溯仪型。

能让乾隆皇帝爱不释手、反复吟咏的尤物，即使排除所有的附加价，刘益谦以2.8亿港币收藏的这只“成化斗彩鸡缸杯”，也是物有所值。

明清中国瓷器以景德镇为佳，景德镇瓷器又以出于御窑者为珍。以明朝为例，洪武窑、永乐窑、宣德窑、成化窑、万历窑皆为名品，但又以宣德、成化最为珍贵。沈德符讲到了其中的原因：“盖两朝天纵，留意曲艺，宜其精工如此。”宣德皇帝、成化皇帝都是大玩家，也是大艺术家。两位皇帝不但是大玩家、大艺术家，而且通过官府半买半夺搜罗天下艺术品，特别是不惜代价烧制精瓷，宣德窑、成化窑名扬中国，享誉海外，而成化窑又甚于宣德窑。

近年来关于明代白银的研究有诸多成果问世，而明代后期的白银，多通过海上贸易得于吕宋、日本，其产地更多在美洲，于是有“海上丝绸之路”的说法。但实际上，当年出口的丝绸，多为半成品和原丝，而真正为中国带来真金白银的大宗出口商品，实为瓷器。所以，与其说是“海上丝绸之路”，毋宁说是“海上丝瓷之路”更为确切。

从明太祖朱元璋定都南京，到明宪宗朱见深即位，明朝正迈向它的“百年”诞辰。社会财富的积累、社会生活的富足已经到了一个新的阶段，明代社会也开始从单纯的官本位社会，进入官本位、财富本位、文化本位并存的多元化社会，进入一个“好玩”的时代，

在这个多元化的“好玩”时代，产生了许多我们现在耳熟能详的人物：祝枝山、唐伯虎、文徵明、王阳明、李梦阳……发生了许多我们现在完全陌生当时却十分新鲜的事情：人无分男女，出门多服“马尾裙”；地无分南北，处处传唱“山坡羊”；身无分职业，头衔尽是“传奉官”……

成化皇帝即位前出生的祝枝山（1460年）、成化六年（1470年）出生的唐伯虎在一把扇面上挥挥毫，这把折扇的主人立即身价百倍。谁能求到唐寅的一幅《春山图》，或者文徵明的一幅字，一只脚便踏入了小康日子。

成化九年（1473年）出生的“前七子”领袖李梦阳不仅以诗文著名，书法也别具一格。谁能预测到，成化八年（1472年）出生的王阳明，日后将成为有明一代立德、立功、立言“三不朽”第一人？再看看成化皇帝朱见深的御制书画，或许也可以跻身于当时二、三流艺术家的行列。作为君主，明宪宗成化帝朱见深在中国历史上是默默无闻、无所作为的。即使在明代十六位皇帝中，他也并不引人注意。但作为人，他又是有血有肉有情感有个性的。一方面，他不得不接受命运的安排，以及祖宗法度、圣贤道理的限制；另一

方面，他又不甘心受命运的摆布和陈规的束缚，时有令人瞠目结舌的举动。

作为一个时代，明宪宗成化时期是一个没有权威、被人忽视的时代，但又是一个充满活力、极富特色的时代。明朝乃至明清两代的历史，正是在这一时期开始发生转折。由于这种转折不是由叱咤风云的伟人所推动，也不是以惊天动地的事件为标志，而是由社会内部自身的矛盾运动并通过无数琐细小事所表现，故而滑出了人们的研究视野。

在这个多元化的时代，发生了一起看来十分畸形但又十分真挚的爱情，18岁的皇帝视后宫三千粉黛为无物，专一爱着比自己大18岁的贵妃万贞儿，不允许任何人对贵妃不敬，尽可能满足贵妃一切喜好。而万贵妃又恰恰是一位“好玩”而且喜欢奇异珍宝的女人，包括斗彩鸡缸杯在内的、具有成化“小资情调”的宫廷艺术品也由此而生。

三

回过头来，我们再看看这只正在展示的“鸡缸杯”。

有报道说，刘益谦曾经介绍过这只鸡缸杯的构图：正宗的鸡缸杯上画了两组8只鸡，一组的公鸡头向前看，显得安详自信；另一组的母鸡正在回头看，有一只小鸡飞起来了，它好像很诧异。最大的难点在于母鸡的翅膀，是带点红色的，以当时的技术水平，能在青花上烧出其他颜色来就是巨大进步，而烧出红色来更是天大的难题，鸡缸杯上的母鸡翅膀颜色是姹紫红，这种颜料配方后世已经失传。

不少朋友问我，这只鸡缸杯的图案代表着“吉祥”，既象征国家和社会的吉祥，也象征成化皇帝和万贵妃以及皇室的吉祥，那么，这只雄鸡毫无疑问暗喻成化皇帝、母鸡自然就暗喻万贵妃了。

我的看法恰恰相反，雄赳赳的公鸡才是万贵妃，安详自在的母鸡倒是成化皇帝。第一，这样的解释才符合成化皇帝和万贵妃的性格。皇帝性格内向，从成化八年（1472年）开始不再接见大臣；万贵妃则个性张扬，喜欢出风头。第二，万贵妃是成化皇帝的保护神。成化皇帝一岁十一个月的时候，父亲正统皇帝被蒙古军俘虏，母亲周氏是个悍妇，是万贵妃从小将其带大。做了皇帝之后，只要万贵妃在身边，皇帝就有安全感。皇帝出游，万贵妃身着戎装为前驱。59岁的万贵妃去世半年，41岁的成化皇帝也随之而去。第三，万贵妃曾经生有一子，但随即夭亡，她将自己的母爱、姊爱、情爱化为一体，倾注在成化皇帝身上。她把成化皇帝的皇子，也都当作是自己的儿子，倾力将他们和成化皇帝一起保护起来。

回到开始的问题，成化“斗彩鸡缸杯”具体产生在哪一年？得看看成化时代什么事情和“鸡”有关？第一，成化时期有两个鸡年，成化元年乙酉年和十三年丁酉年。第二，和“鸡缸杯”相关的人物，恰恰有一位属“鸡”，那就是万贵妃。《明史·恭肃贵妃万氏传》说：“宪宗年十六即位，妃已三十有五。”宪宗即位为天顺八年（1464年）正月，如果按照这个年龄推算，万贵妃成化二十三年（1487年）正月去世时是58岁，出生则应该是宣德四年己酉即1429年，这一年正是鸡年，万贵妃属鸡也是可以确定的。之所以有人（包括

“百度”）把万贵妃的生年说成是宣德三年戊申年（1428年），是因为只知道宪宗的年号“成化元年”在1465年，却没有注意宪宗即位是在天顺八年，即1464年的正月。宪宗出生于正统十二年丁卯（1447年）十一月，天顺八年（1464年）正月即位时按周岁是16岁，虚岁是17岁。为了说明二人年龄悬殊，贵妃用的是虚岁，而皇帝用的是周岁。这也是历代史家的有意为之，是今日关心者所不查者。

（原载《东方文化》2019年第1期）

“词宗先生”戚继光

一、戚大将军

如果要在明代军事将领中排座次，推选影响力最大的名将，戚继光恐怕是很有竞争力的人选之一。

明朝的名将很多，比如追随明太祖南征北战的徐达、常遇春，比如先在明成祖“靖难之役”中奋勇当先、后又带领庞大舰队游弋南太平洋和印度洋的郑和（尽管是宦官），比如与戚继光齐名、在剿灭倭寇的战争中屡建战功的俞大猷，等等。但是，很难有人能够像戚继光那样，不但在南北两条战线都取得赫赫战功，而且在军队建设中，也给后人提供理论上和实践上的榜样。当然，也没有哪一位能够像戚继光那样，让当代的人们至今还在受惠于他的贡献。

我们先看《明史·戚继光传》是如何历数戚继光贡献的。

《明史·戚继光传》先说戚继光在南方剿倭的贡献：“（戚）继光为将，号令严，赏罚信，士无敢不用命，与（俞）大猷均为名将，操行不如而果毅过之。大猷老将务持重，继光则飙发电举，屡摧大寇，名更出大猷上。”

这样一段评价，让每个读《明史》的振奋不已。只有号令严、赏罚信，公平公正，才可能使士兵奋勇争先、无不用命。但这还不够，还需要士兵的信任感，让士兵有跟着戚将军就能打胜仗的信任感。治军严、军队训练有素，是打胜仗的基本保证，但能否真正打胜仗，还要靠将领的指挥艺术，以及敌我双方的力量对比。当戚继光训练出了一支纪律严明、奋勇争先的军队，并且将这支部队融入明朝剿倭的战争机器之中时，面对着本来就是乌合之众、以掠夺财产为目的的日本海盗，其战斗力就表现出来了，所以能够“屡摧大寇”。前辈将领俞大猷也不得不感叹“长江后浪推前浪”。

但是，戚继光的伟大事迹，远远不能仅用剿倭以蔽之，他的贡献是多方面的。平定“倭患”之后，新的考验又在等着他。

明朝嘉靖年间的边患，主要是“南倭”和“北虏”，“南倭”的问题解决了，“北虏”的问题又等着戚继光去解决，但不是等着他一个人，而是等着以他为代表的剿倭战车。人们常说：“养兵千日、用兵一时。”但说起来容易做起来难。“养”兵是需要费用的，养的时间长了，又没有战争，人们自然会感到成本太高，认为这些钱是否可以用在发展经济上、用在生活享受上。而且，久无战事，“兵”也容易养成“骄兵”，一旦发生战争，未必有用。特别是在社会财富积累、官场风气腐败的时候，军队的腐败也不可避免，吃军饷的很多，召之即来、来之能战的却很少，人到哪里去了？有的被豪强贵族占用了，成为他们的公费劳动力；有的为了谋求外快，到各地经商、打工去了；还有的，则完全是被军官吃了空饷。这样，真正遇上较大的战争，战之能胜的情况就很少了。唐朝“安史之乱”、北宋的“靖康之难”，以及明朝剿“倭”的旷日持久，都是养兵无数、用时捉襟见肘的明证。更何况，“养兵”不仅仅是养着一批穿军装、领军饷的人，而是养战斗力，包括高素质的将领、战士，以及战略战术、后勤保障、武器装备、军情谍报，等等。

“养兵”固不易，一旦战争机器开动起来，停顿下来又困难了。人们对永乐年间“郑和下西洋”的原因有种种分析，却忽略了一个十分重要的因素。那就是，“靖难之役”的战争机器正在运行，战争却因为明成祖直捣南京戛然而止。将领和士兵都还在战争的兴奋之中，因战争而带来的利益和荣誉还没有满足、军人复员又极易发生问题，所以，这个战争机器就需要继续运转。郑和下西洋其实是“靖难之役”这台战车的一个车轮，是“靖难之役”战争机器的惯性运行。永乐前期所发生的一系列战事，也大多与此相关。

同样的道理，由于承平日久，军备废弛，发生“倭患”时，明朝猝不及防，民众没有心理准备，战争状态进入极慢，所以本来是乌合之众的真假“倭寇”得以蹂躏江南。而当剿倭的战争机器真正开动起来，戚继光的“戚家军”、俞大猷的“俞家军”士气高昂、斗志正酣，“倭患”平息了，战车却仍然在运行。这就需要改变它的运行方向。改变到哪个方向？由南方改变到北方。

这样，在剿倭中声名赫赫的两广总督谭纶、福建总兵戚继光，奉诏北上。谭纶为蓟辽总督，戚继光先为“神机营”副将，总理蓟州、昌平、保定三镇练兵，三镇总兵、副将皆受节制，后又为蓟镇总兵，负责京师北京的北边防务。根据谭纶和戚继光的建议，戚继光在剿倭中组建的“戚家军”也陆续北上，成为蓟州、宣府二镇边军的骨干。按谭纶的说法，这支军队是“召之可立至、用之可立效”的。

《明史》接着说戚继光在北方的贡献：“继光在镇十六年，边备修饬，蓟门宴然，继之者踵其成法，数十年得无事。”从隆庆二年（1568年）初至蓟镇练兵，到万历十一年（1583年）二月离开蓟镇，前后16个年头，戚继光和谭纶以及其他将领一道，训练士兵、研修战术、砌筑边墙、构筑堡垒，并且根据地形地貌和敌我态势，打造出一支多兵种的混成部队。这支部队由“南兵”也就是在剿“倭”战争中训练出来的浙江、福建、广东部队为中坚，包括步兵、骑兵、战车、火器、辎重在内多个兵种，虽然没有远征漠北的能力，却倚仗长城这一长达数千里的工事，阻挡着蒙古军南下的铁蹄，并且在后来的援朝战争中打出了威风。

《明史》还说了戚继光在军队建设和战术战法上的贡献：“所著《纪效新书》《练兵实纪》，谈兵者遵用焉。”这两部著作，前者作于嘉靖后期在浙江备倭、御倭、剿倭的时候，后者则成于总理蓟州、昌平、保定练兵并为蓟镇总兵抵御蒙古的时候，分别记载了戚继光在南北两条战线上根据地形、地貌及敌我双方的活动特点，制定的临战阵法及军纪、军规，特别是军队的训练方法。《四库全书》的编撰者认为，以这些著作来印证戚继光当年的用兵、练兵及守边事迹，无不相符。所以他的著作，绝非纸上谈兵者可比。

《明史》的作者多为晚明大儒们的弟子及再传弟子，所以《明史》的评价，既是清朝的人们对戚继光的评价，更是明朝人对戚继光的评价。《明史》如此不惜溢美之词对一个军事将领进行如此的评价，并不多见。而这位明朝将领的作为，仍然在为今天的我们做贡献，就更为罕见。

伟大的万里长城，是中华民族万众一心的精神象征。《义勇军进行曲》的核心内容是："把我们的血肉，筑成我们新的长城。"三十年前一部香港电视连续剧《霍元甲》，主题歌最著名的歌词是："万里长城永不倒。"这道万里长城，同时也是当前中国最具吸引力的景点。每年来长城的国内外游客到底有多少？我没有看到有关资料，但有一个数字是确定的，根据《八达岭—十三陵风景名胜区总体规划（2007—2020）》要求，这一区域日最高游人量应该控制在5.33万人次以内，年游人量要控制在1600万人次以内。这仅仅是八达岭长城的数字，多年前已经饱和了。众所周知，今天看到的从山海关到嘉峪关的万里长城，已经不是秦始皇时代的长城，而是明代的长城。其中最雄伟壮观、最具观赏性的山海关到居庸关的长城，则是谭纶和戚继光，特别是戚继光主持修建的。

二、华丽转型

对大众而言，通常他们熟悉的戚继光，是作为明代乃至中国历史上最伟大将领的戚继光。但还有一个人们所不熟悉的戚继光，一个由"戚大将军"转型为"词宗先生"的戚继光。这个转型，从戚继光由福建总兵北上开始，由当时两位大名鼎鼎的文化人促成。当然，也和戚继光自身对文化的追求和向往有关。

这两位大名鼎鼎的文人，一位是王世贞，一位是汪道昆。他们和张居正同一科，都是嘉靖二十六年（1547年）的进士，而且都做过兵部侍郎，所以有“两司马”之称。

两司马之一的王世贞是苏州太仓人，字元美，中进士的时候只有19岁，比同年中进士的张居正小了四岁。王世贞是活跃在嘉靖至万历年间的文学群体“后七子”的领袖，也是嘉靖后期和万历前期的文坛领袖。如果有人所作的诗文得到他的表扬，比如说“填补了某某空白”或“我当避此人一头地”，等等，此人立即声名鹊起、身价百倍。鉴于王世贞的名气，有人认为，明代“四大奇书”之一的《金瓶梅》应该就出自王世贞之手，而书中的蔡京父子，暗指的就是王世贞的仇人严嵩父子。

两司马的另一位汪道昆是徽州歙县人，字伯玉，也是非常有名的文化人，同样有人推测，《金瓶梅》或出其手。王世贞曾经把汪道昆和“后七子”的另一位领袖李攀龙并称，说：“繁而有法者于鳞，简而有法者伯玉。”于鳞是李攀龙的字，伯玉是汪道昆的字。正是有了王世贞的这个评价，比王世贞年长一岁的汪道昆名声大噪。

汪道昆和戚继光的交情，早在嘉靖剿倭的时候就开始了。当时，戚继光为福建总兵，汪道昆以都察院右佥都御史的身份巡抚福建，二人在剿倭的战争中成了莫逆之交。

隆庆元年（1567年），40岁的戚继光奉诏北上，正在赋闲的汪道昆陪同而行，带着戚继光去拜访自己在太仓的朋友。这个朋友是汪道昆的“石友”——元美先生王世贞。

汪道昆比戚继光大三岁，王世贞比戚继光大两岁，年龄相仿的两大文人、一位大将军，在王世贞太仓的别墅聚了三天。在这三天时间里，不知道喝了多少美酒，也不知道讨论了多少共同关心的家事国事和天下事，戚继光于是和王世贞也成了“石友”，和汪道昆的友谊更加深了一层。

天下无不散的筵席。三天过去了，戚继光和汪道昆恋恋不舍地离开了太仓，王世贞还在回味相聚的欢快，悄声问他的弟弟——大文人王世懋：这几天我不是在做梦吧？否则，怎么遇上了神仙呢？戚继光和汪道昆，这两人哪里是人啊？他们应该是天上的神仙吧？

这一次拜访，也令戚继光大开眼界。号称“人间天堂”的苏州的繁荣，昆曲发源地苏州太仓的娱乐，王世贞那个号称“弇园”的别墅的豪华，和文化人在一起的风趣与雅致，都使戚继光感叹不已：自己戎马半生，荣誉无数，自以为读了不少书，并且享受了天下的荣华富贵，和这些人比较起来，自己原来是个土包子，是乡下人。

从此以后，戚继光在工作之余、军务之暇，投入了大量的时间和精力，和文化人交往与欢聚。

自那以后，在戚继光的总理衙门、总兵府，对于王世贞、汪道昆以及其他文化人介绍来的朋友，戚继光来者不拒，热情款待，帅府中总是高朋满座。戚继光和这些文化界的友人吟诗作赋、相互唱和。王世贞和汪道昆也时时书信往来，对戚继光不断进步的文章和诗词进行褒奖。

文人们开始像尊重王世贞一样尊重戚继光，尊称戚继光为“元敬词宗先生”，戚继光对这个称号也十分得意。

要知道，“元敬词宗先生”这个称号不是轻易可以得到的。王世贞字“元美”，人们把王世贞称为“元美词宗先生”。因为王世贞是当时的文坛领袖、首屈一指的大文豪，是后辈文人的祖宗，所以称其为“词宗先生”。由此可知，戚继光的“元敬词宗先生”头衔，分量有多重。

戚继光作为当时首屈一指的军事天才，的确当之无愧，但要论吟诗作赋，虽然也有一定的造诣，却还达不到“词宗”的层面，只是因为戚继光给了王世贞的众多追随者看得见的物质利益，又把作为明朝“九边”之首的蓟镇，建设成了文化人聚会的文化中心，所以大家感谢他，才给了他至高无上、与王世贞平起平坐的文化尊号。

在人们的欢呼声中，戚继光也完成了他的角色转型，由纯粹的军事将领，转型为热衷于吟诗作赋的文化人。军功对他来说，得来轻而易举，已没有太大的推动力。追求文化，追求文化人的认可，成为他人生中的快事。

但是，戚继光得到这个新的荣誉称号、这个至高无上的文化尊号，也是花了大价钱的。在蓟镇的16年，人人都知道“戚大将军”好客，都知道“戚大将军”尊重知识、尊重人才。于是，慕名前来拜访的，希望在总兵府谋得一份差事的，希望来蓟镇打秋风的，希望从“元敬词宗先生”那里获得一点盘缠或创作经费的，从京师到蓟镇，络绎不绝、道路相望。

时间长了，戚大将军也感到压力大了。修筑长城、坚固堡垒、招募军队、精良武器，需要大量的银子；孝敬皇帝、孝敬内阁大学士、孝敬司礼监太监、孝敬兵部和户部及都察院官员，也需要银子；为了满足各方面朋友的需求，为了不让远道而来的朋友失望，更需要大量的银子。尽管戚继光竭尽所能弄银子，但进银子的渠道远远没有从北京到蓟镇的道路宽广，进银子的速度远远没有成群结队的朋友来得快捷。正如前文提到《明史》对戚继光的那段评价，有戚继光和俞大猷两大将领的比较，其中一句说戚继光比之俞大猷，“操行不如而果毅过之”。为什么说戚继光操行不如？因为戚继光缺钱。

清朝在雍正时推行“养廉银”制度，类似戚继光这个级别的官员，一年有“养廉银”三至五万两（《清世宗实录》卷五四），除了自己的开销之外，还可以用来迎来送往。但在明朝，在万历时期，戚继光这个级别的官员，每年实支的岁俸，仅12石米、200多两银子[①]。那么，送皇帝、送张居正、奖赏各色人等的银子从哪里来？不言而喻，他得四处弄钱，人们开始对他的操行表示怀疑。当然，若干年后，人们又对戚继光弄钱表示理解。因为戚继光坐镇蓟州16年，遏止蒙古军南下，“不知省国家几千百万钱粮、全边塞几千百万赤子！”（董应举《崇相集选录·严海禁疏》）他花的钱，比起他节省的钱，几乎可以忽略不计。

虽然有华丽的转身，但戚继光其实仍有些烦恼。作为一代名将，要进入文人圈子还真不容易。因为像王世贞、汪道昆这样身居高位，又家有良田、室有美姬的文人其实并不太多，在文人里面，爱钱但是缺钱、爱权但是无权的人实在太

①杜婉言、方志远著：《中国政治制度通史·明代卷》，北京：人民出版社，1996年。

多。王世贞、汪道昆只会给戚继光增身价而不会添麻烦，但来找戚继光的，多为既缺银子又缺地位的，戚大将军既然愿意和他们亲近，愿意接纳他们，他们也就顺着竿子爬。而且，欲望的沟壑，越来越无法满足。

戚继光却毫无办法，谁让他头上顶着一个“词宗先生”的尊号呢？

万历十年（1582年）六月，戚继光在中央的坚强后盾张居正病故，张居正的政敌们开始把讨伐的矛头对准了张居正的“圈子”，当然也包括戚继光。一位名叫张鼎思的给事中上书朝廷，说戚继光在南方剿倭，屡立战功，自从移镇北方，整天只见修城筑墙，未见有摧敌拓土之功，可见宜南而不宜北。

这个言论给新的当权者们提供了让戚继光挪位的借口。万历十一年（1583年）二月，戚继光改任广东总兵。聚集在北方的文化人因为戚继光的离开而痛心疾首，这等于断了他们一条财路，但南方的文化人则因为戚继光的到来而欢呼雀跃。王世贞兄弟、汪道昆兄弟，在杭州安排盛宴，为南下的戚继光接风洗尘。

三、跨界的代价

这一天来赴宴的都是著名人物：苏州名士王世贞、王世懋兄弟，徽州名士汪道昆、汪道贯兄弟，还有浙江杭州、嘉兴、金华等地的名士，不一一历数，只说其中一位，名叫胡应麟。

这位胡应麟字元瑞，浙江金华府兰溪县人。胡应麟自幼善于吟诗作文，有“神童”之称，故自视甚高。但是运气却不怎么好，万历四年（1576年）26岁中举人。比起史上第一牛举人范进，胡应麟中举的年龄并不晚。但比起同时代的一些“神童”，这个年龄就稍微晚了一些。

更令人不爽的是，如果中了举人很快考上进士，中举的时间晚一些也不要紧，但胡应麟屡试不中。好在此时的明朝已经步入多元化社会，无论体制内外，都可以闯出名头，所以胡应麟干脆放弃科举，在家乡金华府兰溪县建了一个读书楼，取名为“少室山房”，买了四万卷书，开始“躲进小楼成一统，管它春夏与秋冬”。

当年司马迁说是读万卷书、行万里路，而胡应麟是实实在在买了四万卷书。司马迁的时代读书是一种奢侈，没有几个人能够读得起书，而且，书是刻在竹片上或写在丝绢上的，得来十分不易。到了明朝的嘉靖至万历年间，读书人多如牛毛，造纸业和雕版印刷业十分发达，印的书也非常多，在金华周边，南直隶的苏州、浙江的杭州、福建的建阳，都是版刻中心，只要有钱，买四万卷书并不是太困难的事情。

胡应麟也真是把这四万卷书利用到了极致。就强闻博记、著述丰富而言，明朝人首推杨慎，就是《三国演义》开篇词“滚滚长江东逝水”的作者。如果说杨慎读书之博、著述之富是明朝的第一人，那么第二人是谁？没有人排过座次，但有几个人很有竞争力。其中就有身居高位的文坛领袖王世贞和没有考中进士的举人胡应麟。当然，来到杭州西湖湖心亭赴会的胡应麟，还处在积蓄内功、增强竞争力的阶段，和王世贞兄弟、汪道昆兄弟比，他还是晚辈。

这样，一帮既想一睹“元敬词宗先生”戚大将军的风采，又给足“元美词宗先生”王世贞面子的当时的和未来的顶级文化人凑在了一起，自然是十分热闹。当然，大家主要还是奔着王世贞来的。在这种场合下，只要他多喝了两杯，给某位到场的文化人几句褒奖，此人又是身价立涨。

但是，这样一帮文化人凑在一起，也容易发生问题。文人相轻是中国知识界的陋习，据说最近这些年好了很多，因为大家都读了金庸的《鹿鼎记》，学习了韦小宝的优秀品质，“花花轿子好抬人”，“千穿万穿，马屁不穿”，所以大家都开始相互吹捧。明朝虽然也吹捧，但总有人不合时宜地想批评人，想表现自己比别人高。

当时在湖心亭为戚继光接风的人中，还有一位远道而来的客人——“两司马”之一的汪道昆的弟弟汪道贯。汪道贯是个天才文人，但运气还不如胡应麟，连个举人也不是，加上身体一直不是太好，所以脾气就特别大。由于兄长汪道昆罩着，大家给他面子，甚至有人把他和王世贞的弟弟王世懋相提并论，就像把汪道昆和王世贞相提并论一样。

几杯酒下肚，汪道贯的少爷脾气出来了。他扫了一眼酒席上的来客，个个声名卓著，感到很有面子。只是有一人他看着很不顺眼，觉得今天是英雄聚会，这小子怎么也混迹其中？他看不顺眼的是谁？就是胡应麟。用东北话说，汪道昆的这个弟弟有点二，你看别人不顺眼少搭理或者不吭气不就完了吗？酒席散后，拍拍手大家走人，都有面子多好。但汪道贯不是这样，他憋不住。

酒过三巡，大家正在兴头，汪道贯冷不丁向王世贞发难："公奈何遽以诗统传元瑞？此等得登坛坫，将置吾辈何地？"（沈德符《万历野获编》卷二三）意思是：元美先生，您怎么这样抬举这个胡应麟呢？你看这小子得意忘形的样子，哪天他来领导文坛，我们这些人还有什么面子呢？

竟然有这么不懂事的人。他不仅看不惯胡应麟，对王世贞也有意见。因为王世贞过于抬举胡应麟，不仅在各种场合公开称赞胡应麟，说胡应麟将来是自己的接班人，而且把胡应麟带到各种场合，给他介绍各路朋友，帮助他建立人际关系。胡应麟也在各种场合拍王世贞的马屁，说大明的诗坛有元美先生，就好像我们读书人有孔夫子一样。

胡应麟对王世贞的吹捧，王世贞对胡应麟的提携，其实有很多人看不惯，其中当然也包括汪道贯的哥哥汪道昆。王世贞不断提携胡应麟，显得汪道昆身边没人；"两司马"本来齐名，胡应麟如此吹捧王司马，那把汪司马置于何地？或许二汪兄弟平时就和人们议论过这件事情，甚至嗤之以鼻。

当然，还有一层关系，尽管王世贞和汪道昆互相称为"石友"，说他们之间的友谊万古长青、牢不可破，但王世贞有意无意把他和汪道昆并称为"两司马"，汪道昆并不是太舒服。

这些瓜葛，这些微妙，人与人之间是常见的。只是谁也不会把这一层纸捅破，一经捅破，其乐融融的气氛就破坏了。但汪道贯今天当众把这层纸捅破了。

汪道贯的不懂事，不仅破坏了酒宴上的气氛，也把二汪兄弟对王世贞的不满当众挑开。因为，他说的"吾辈"显然不只是表示他个人的不满，也代表着兄长汪道昆乃至更多的文坛“同志”的不满。

汪道贯是同时向王世贞和胡应麟两人发难。王世贞虽然感到不快却没有表露，但胡应麟血气方刚，怒目相视。

胡应麟平生只服两个人，一个是王世贞，一个是“后七子”的另一位领袖李攀龙，把其他人根本不放在眼中。这大概是所有狂妄自大之人的通病，他们总是以自己的长处去比别人的短处，认为自己读书读得多，博闻强记，罕遇对手。但他也不想想，就凭着汪道昆20岁中进士、历任福建巡抚、兵部侍郎，和戚继光一道打倭寇，他比得了吗？戚继光的“词宗”头衔尽管不那么名副其实，但他的主业是带兵打仗，吟诗作赋，只是副业。

胡应麟不管那么多，冲上去就要和汪道贯干仗。汪道贯尽管有病在身，也不示弱。眼看两人就要由文斗变为武斗，主宾戚继光坐不住了。

戚继光这次是由汪道昆兄弟陪着到杭州的，读书人他也接触得多了，知道越是没有本事的，脾气越是大，自以为读了几本破书、编了几本破书，就乾坤在胸中。而在这个宴会上的文化人中，论文采，最有本事的是王世贞兄弟，论处理政务，最有本事的是汪道昆，他们的涵养多好。汪道贯虽然也有点本事，但和他的名气比起来，未免不符。胡应麟比大家晚了一辈，虽然名气也大，但还没有大到可以大动肝火的份上。这个时候汪道昆是56岁，王世贞55岁，戚继光53岁，这么多长辈在这里，轮得上你32岁的胡应麟如此激动吗？

因为王世贞、汪道昆等当事人不便出面，所以戚继光挺身而出。因为自己是局外人，比较超脱，又是远道而来的主宾，大家得给面子。当然这也是戚继光的性格，什么时候都是挺身而出。但这一次没有想到遇上了愣头青，遇上了麻烦。戚继光先是劝了劝胡应麟，让他冷静；然后又把汪道贯按到座位上，回过头来再用“软语”劝说胡应麟。

但是，胡应麟不知哪根筋搭错了，或者因为戚继光和二汪兄弟关系密切，又是一起来的杭州，所以他把戚继光看成了汪氏兄弟的人，看成戚继光在劝偏架，把戚继光划到了“敌对势力”那一边。他放下主要的对手汪道贯，向着戚继光开火，对戚继光破口大骂，这在当时，就叫“文人骂座”。有人追记了当时的情形：

> （戚继光）出软语两解之。胡大怒移骂，至目为粗人，戚惊避，促舆度岭去。满座不欢而罢。（沈德符《万历野获编》卷二三）

戚继光好言相劝，胡应麟却将矛头转向戚继光。骂得最难听的，是骂戚继光为“粗人”。这可能是戚继光有生以来，特别是最近20年来第一次被人这样骂。

这些年来，人们都对他极其敬重，不仅称赞他剿灭南倭、抵御北虏，对国家有大贡献，还说他的诗写得如何有情趣，他的文章写得如何有气势。大家都尊称他为“元敬先生”，这还不够，还要加上“词宗”两个字。怎么突然就有人骂自己是“粗人”呢？是这个人过于粗鲁，还是自己本来就还没有进入文化人的圈子。过去人们这样尊称自己，或者是把自己当成武人中的文人、当成粗人之中的细人？如果是这样，那在本质上，还是武人，还是粗人。戚继光哪里受过这种窝囊气，当即起身，离席而去。不但离席，直接离杭州而去。

好事不出门，坏事传千里。无事生非之人很快就把这件事情渲染开来，还添油加醋，编成了剧本到处演出。这出戏的名字也格外吸引人，叫作《胡学究醉闹湖心亭，戚总兵败走万松岭》。

看来，一个行当有一个行当的界限，“跨界”可以，但得付出“跨界”的代价，戚继光也不例外。当然，即使有这个插曲，也丝毫不影响戚继光的伟大。而另外一个关于戚继光的插曲，则表现出人们对这位伟大将领的怀念。

几年之后，戚继光去世。当时京城北京流传一条“飞语”（即传言），把一些人品不好的言官称为“八犬”“三羊”，说是“若要世道昌，除去八犬与三羊”。“八犬”中的一位，是上疏称戚继光宜南而不宜北、导致戚继光郁郁不欢离开蓟镇的给事中张鼎思。其实张鼎思还是比较敢言的言官，对皇帝、对宦官、对佞幸都提出过不少批评意见，所以对自己被人编入“八犬”之列，十分意外、十分委屈。张鼎思又是个较真的人，书读多了，也读傻了，竟然就这种传言向皇帝上疏，说身正不怕影子斜，一定是有人陷害，把别人的名字换成自己的名字，使自己进入了“八犬”，结果，人们又给他取了个外号，叫“张换狗”。张鼎思大概做梦也没想到，他进入“八犬”的原因无他，只是因为他弹劾过戚继光。

（原载《东方文化》2019年第3期）

明朝“吃货”说“吃货”

一、有钱没钱，回家过年

今天人们所说的“吃货”，是把“货”拟人化，指的是美食喜好者。我们今天所说的明朝的“吃货”，既是指“人”，这是“吃货”的衍生义，也是指“物”，这是“吃货”的原生义。

中国人有句古话，说是：“有钱没钱，回家过年。”还有一句：“挣不完的钱，过不完的年。”无论家境是贫是富，无论事业是成是败，过年的时候都应该和家人在一起，都应该和父母、长辈在一起。过年是一种信仰，也是一个情结。什么信仰？这些天发生的事情，这些天自己的行为，有可能影响一年，甚至影响一生。什么情结？全家团聚、孝敬长辈的情结，自我放松、友善邻里的情结。所以过年不能发脾气，过年要善待家人，过年要答谢邻里。

过去日子穷，小孩子天天盼过年，因为只有到过年，才有好东西吃，才有新衣服穿；因为只有过年才可以肆无忌惮地闹、肆无忌惮地玩，闹过了头、玩过了头，也不会挨骂挨打。但是，在许许多多的贫苦家庭，为了使孩子过年能够吃上好的东西、穿上新的衣服，大人得承担更多的生活压力。

现在情况发生了变化。人们的生活水平提高了，只要愿意，天天可以有好东西吃，天天可以换着衣服穿。过去过年才有的东西，现在天天可以有，所以，天天可以过年。但是，为了保护环境、避免污染，鞭炮、焰火在许多城市不可以放了；由于生活节奏加快、人们都在忙事业，过去那样从“小年”玩到“元宵”的热闹也没有了。所以，对于传统意义上的“过年”，剩下的就是家人团聚、吃团圆饭了。

但是，现在的许多家庭，儿子心疼母亲、丈夫心疼妻子，于是，“年夜饭”成为各家饭店的商机。好一些的饭店的“年夜饭”，要提前一个月乃至更长的时间才能预订上。但就我看来，最不好吃，就是这个“年夜饭”，虽然钱花了很多，质量却是旅游景点“经济团”的标准。如果要我选择，与其在饭店订一桌“年夜饭”，还不如一家人在家里包一顿饺子、炒一盆花生米、喝两杯小米酒，或者干脆煮一碗面条吃。

二、明朝人的餐桌

有朋友问：你是研究“明史”的，明朝人过年的时候吃什么？这个问题很有意思，但有一个前提。这个前提就是，明朝人有什么可以吃？所以，我们先说说明朝有什么可以吃，明朝人的餐桌上会有哪些吃的东西。

明末清初的李渔，既是大艺术家，又是一位“吃货”。

坦率地说，不“好吃”的人是成不了艺术家的，你连“吃”都不“好”，你怎么可能“好玩”？你不“好玩”，怎么可能体验不同人群的生活，你的艺术灵感从何而来？李渔是“吃货”，能吃会玩，所以在他那部著名的《闲情偶寄》中，从戏曲、歌舞，说到服饰、器物，从园林、建筑，说到饮食、养生，一句话，说的就是吃喝玩乐、饮食男女。其中的《饮馔部》，向我们历数了明朝的人们、清朝前期的人们吃什么，餐桌上有什么可吃的。

李渔把明朝可吃的东西分为三大类：蔬食类、谷食类、肉食类。

蔬食类有：笋、蕈、莼、菜、瓜茄、瓠、山药、葱、蒜、韭、萝卜、芥辣汁。当然，“菜”里面又有许多种菜。

谷食类有：饭、粥、汤、糕饼、面、粉。同样，“汤”里面也有许多种汤，“饼”里面也有许多种饼。

肉食类有：猪、羊、牛、犬、鸡、鸭、野禽、野兽、鱼、虾、蟹、零星水族。地上跑的、天上飞的、水里游的，也是多种多样。

李渔如此排列，有他的讲究。他是一个可以把艺术和饮食打通的人，所以从艺术感悟饮食。先以“声音”为例：“丝不如竹，竹不如肉。”什么意思？丝弦弹拨出来的声音，不如用竹器吹奏出来的声音；竹器吹奏出来的声音，不如人体歌唱出来的声音。为什么？“为其渐近自然。”李渔认为，越是接近自然的，越是纯粹而优雅。第一，无论丝弦还是竹器，都是身外之物，唯有歌喉，才是人的本体。第二，丝弦弹拨靠的是手指，竹子吹奏靠的是嘴唇，但人体歌唱，发自肺腑，是自然流露。

李渔用音乐比食物：“吾谓饮食之道，脍不如肉，肉不如蔬。”驯养的猪、羊、牛、犬、鸡、鸭，不如野生的禽与兽、鱼与虾。肉类的禽与兽、鱼与虾，又不如草木的谷食、蔬食，原因还是“亦以其渐近自然也”。李渔特别纠正了一个观点，草衣木食，本是中国的“上古之风”，是炎黄、尧舜时代的遗风，后世竟然将“蔬食”称为“素食”，以为是佛教的倡导，这就大错而特错了。

对于蔬食类，李渔极力推崇笋、菇。说到“笋”，李渔极力说其“自然”，称为“第一品”，称为“熊掌”：

> 惟山僧野老躬治园圃者，得以有之，城市之人向卖菜佣求活者，不得与焉……此蔬食中第一品也，肥羊嫩豕，何足比肩！但将笋、肉齐烹，合盛一簋，人止食笋而遗肉，则肉为鱼而笋为熊掌可知矣。（《闲情偶寄·饮馔部》）

笋之外，李渔将蕈即菇类排在第二位：

> 至鲜至美之物于笋之外，其惟蕈乎？蕈之为物也，无根无蒂，忽然而生，盖山川草木之气，结而成形者也，然有形而无体。凡物有体者必有渣滓，既无渣滓，是无体也。无体之物，犹未离乎气也。食此物者，犹吸山川草木之气，未有无益于人者也。（《闲情偶寄·饮馔部》）

李渔给我们推荐的第三个“最净”食物，十分便宜，那就是豆芽。我们看看他是怎么说的：“蔬食之最净者，曰笋，曰蕈，曰豆芽。”

有“最净”的，自然有“最秽”的。李渔认为，在“蔬食”中，家里种的菜是最“秽”的，因为要催长，要加肥，肥以人和动物的排泄物即粪尿为主，一瓢之下，无论是叶、茎还是根，无一幸免。洗菜之人又偷懒，洗两遍了事。李渔问：这洗得干净吗？能把粪便除去吗？当然，我们现在的蔬菜已经无粪尿可施了，用的是化肥，还要用农药。我们也可以用李渔的话：用水洗一两遍，洗得干净化肥和农药吗？

那怎么办？“吃货”李渔告诉我们该如何洗。第一，先用清水漂洗，把能够洗干净的污渍洗干净；第二，用水浸透。蔬菜经过浸透，已经固化的残留物才容易软化；第三，再次用清水洗，并且用刷子刷，高低、曲折处才可以刷干净。我们现在哪里有这样洗菜的？

在诸多的蔬菜中，李渔最推崇的是“黄芽”，也就是黄芽白、黄芽白菜，认为这是除了笋、蕈、豆芽之外，“菜”中的“第一品”。一直到现在，地无分南北，黄芽白菜也都是人们喜欢的蔬菜，不但营养丰富，便于储存，而且味道鲜美。李渔说吃着黄芽白，可以忘记肉是什么味道。

一边历数各地美食，“吃货”李渔一边悠然神往：“物之美者，犹令人每食不忘，况为适馆授餐之人乎？”（《闲情偶寄》）

说到这里，我们会发现，李渔的这个“食谱”，缺漏了三类食物：酒、茶、水果。但李渔不是遗忘、疏漏，而是有意为之，所以特别加了一段说明，叫“不载果食茶酒说”：

果者酒之仇，茶者酒之敌，嗜酒之人必不嗜茶与果，此定数也。凡有新客入座，平时未经共饮，不知其酒量浅深者，但以果饼及糖食验之。取到即食，食而似有踊跃之情者，此即茗客，非酒客也；取而不食，及食不数四而即有倦色者，此必巨量之客。

这倒有意思，以后如果有人假装谦虚说不会喝酒，那我们在喝酒前先上水果和糖果进行测试。对水果和糖果感兴趣的，真是没什么酒量；不感兴趣的，那一定是海量。但李渔所说，恐怕也有一些绝对，我的一位已故老师，自称是烟、酒、茶“三好学生”，只是好像不吃糖、少吃果。但是，按李渔的说法，“茶”也是“酒”之敌啊，是否因为“烟”协调了酒和茶之间的关系，不但烟酒不分家，茶酒也不为敌了？那个时候烟草已经从海外传到了福建、江西一带，或者李渔还没有开始食用，所以只知道酒和茶的关系，不知道烟、茶、酒的关系。

当然，像李渔这样“食不厌精、脍不厌细”的人，还真是不多。

三、明朝人的“过年”

李渔是明朝浙江金华府兰溪县人，出生在南直隶通州雉皋县，长期居住在杭州、南京，又游历北京及北方各地。如果按传统的说法，以淮河划分南北，李渔是游历过各地的南方人。通过李渔的介绍，我们大概知道明朝各地人特别是明朝的南方人有什么可吃、餐桌上有些什么食物，我们再看看明朝北方的“吃货”，是怎么介绍明朝的宫中、明朝的北京、明朝的北方、明朝的中国是怎么过年的，过年的时候都吃什么、怎么吃。

过年是大事，各家商铺年前筹备大量的年货供消费者采购。人们从腊月二十四日“祭灶”，即从我们通常说的“小年”开始置办年货，主要是肉类和食品，这些要从除夕吃到上元即元宵节。因为“挣不完的钱、过不完的年”，消费者要过年，商家和伙计也要回家过年，所以许多商铺从正月初一到正月十五是要“歇业”的。

腊月三十日或二十九日是除夕夜，也就是我们所说的“三十晚上”，明朝的人没有“春晚”可看，也没有电视围观，他们从那个时候开始做以下事：第一，“互相祝拜”，名为“辞旧岁”；第二，“大饮大嚼”，名为“吃年夜饭”；第三，请得起吹鼓手的家庭，则鼓乐齐鸣，以示庆贺。第四，在门旁挂上桃木符、立起将军炭，室内张贴鬼判及钟馗等画，这些是为了“驱鬼”的。第五，室内和床头，贴上福神，悬挂起金银八宝，以及藏族和尚销售的“经轮”，这些是为了祈福的。第六，在屋檐下、门楹上插上芝麻秸，在庭院里焚烧柏枝柴，这叫“煱火”，表示节节高、步步高，事业“跑火”。当然，这些都是家庭内部的事情，通过做这些事情，表达心愿，祈盼来年全家平安，趋福避祸。

正月初一，当时称为“元旦”或“正旦节”。这天从五更即快要天亮但尚未天亮的时候，按农历的说法，是寅正四刻，按公历的时钟，大约凌晨四点四十八分。其实并没有那么标准，城镇是听“更夫”敲更，乡村则是听鸡叫。从这个时候开始，焚香放鞭炮，并且在开大门的时候，跑到庭院中，把门闩或门杠向上抛三次，并让其掉落地上，这叫“跌千金”，犹如“天上掉馅饼”。随后，全家吃早餐。吃什么？喝“椒柏酒”、吃“水点心”。这些倒不是明朝特有，都是流传下来的习俗。东汉崔寔《四民月令·正月》就有“椒柏酒”的说法，“正日进椒柏酒”。“椒”是花椒，“柏”为柏汁，因为“辣椒”“胡椒”东汉还未进入中国。“椒柏酒”属“药酒”，也可以说是“养生酒”。“水点心”就是水饺，表示一家人团团圆圆。有些家庭喜欢在水饺中包一小块银子或一枚铜钱，说是吃到的有福气，这种做法现在偶尔能见到，只为图吉利、好玩而已。有的研究说，称水饺为“水点心”是在清朝，其实不然，明朝已如此。接着就是互相“拜年”了，叫“贺新岁”，以别于除夕的“辞旧岁”。

北方正月初一时兴吃“百事大吉盒儿”，装的是柿饼、荔枝、圆眼、栗子、熟枣，都是表示祝福的。另外有个小盒，装的是驴头肉，北方称驴为“鬼”，吃驴头肉就是“嚼鬼”。不知四川人吃兔头肉、江西人吃猪头肉，是否也是这个意思。

初七被称为“人日”，时兴吃春饼和菜，并且以绵塞耳，说是可以使人聪明，当然也是一种期待。现在的人不会这样做，本来就不怎么聪明，把耳朵塞住，不是更愚蠢了？

初九开始，有些商家开始卖灯，为过元宵节做准备，同时也开始吃“元宵”。以核桃仁、白糖为馅，一面洒水，一面将馅在糯米细面上滚，滚成核桃大小，这就是北方人的

“元宵”、南方人的“汤圆”。

正月十五为“上元节”，也就是“元宵节”，灯市从这一天开始。有个自然现象，说是“十五的月亮十六圆”，为了呼应天象，十六的灯市也比十五更盛。由于是都城，明朝北京的灯市犹如隋唐的长安、洛阳，两宋的开封、杭州，为天下之极盛，所以说“天下繁华，咸萃于此”。

正月十九，北京称为“燕九”，当时北京宫城的西南、现在北京西客站东北的白云观，车水马龙，凡是想修长生不死术者，都来这里寻丹祈福。这个地方据说是元朝丘处机得道之处。

一直到正月二十五日，才是过年的最后一顿醉酒饱肉之日。

这是从除夕到正月，整个“过年”的“吃程”。但是，我们还得回过头来，历数一下当年北京以及各地的“吃货”，当然，这个“货”是指物，而不是指人。

第一，吃各地时鲜。那时过年的时鲜有：当地的冬笋、银鱼、鸽子蛋、麻辣活兔，塞外的黄鼠、半翅鹖鸡，江南的密罗柑、凤尾橘、漳州橘、橄榄、小金橘、风菱、脆藕，西山的苹果、软籽石榴等，以及鲜鱼活虾之类，等等。

第二，吃本地特色。北京过年通常吃的有：烧鹅、烧鸡、烧鸭、烧猪肉、冷片羊尾、爆炒羊肚、猪灌肠、大小套肠、带油腰子、羊双肠、猪膂肉、黄颡管（也就是我们南昌人说的黄芽头、脆团子）、冬笋烧鹅、酱爆鹅、酱爆鸡、炸鱼、蒸鱼、煎鱼、卤煮鹌鹑、鸡醢汤、米烂汤、八宝攒汤、羊肉包、猪肉包，枣泥卷、胡油蒸饼、乳饼、奶皮，等等。

第三，吃各地特色。各地运进北京的年货有：云南的鸡枞菌、山西的天花羊肚菜及鸡腿银盘等，这都属菇类；东海的石花海白菜、龙须、海带、紫菜，这属海鲜类；江南的蒿笋、糟笋、香蕈，辽东子松子，苏北的黄花、金针，淮南的山药、土豆，南京的苔菜，武当山的鹰嘴笋、黄精、黑精，北山的榛、栗、梨、枣、核桃、黄连茶、木兰芽、蕨菜、蔓菁，等等。

当时的好茶，有六安松萝及天池，绍兴的岕茶，以及径山虎丘茶。好酒不知道有没有考古学家认定的中国最早的“烧酒”，江西进贤的“李渡高粱”，四川成都的“水井坊”，还有泸州老窖1572？前者说是始于元末，后者说是始于明中后期。

对于明朝的“吃”，宫中“吃货”，万历、天启时期的宦官刘若愚用了四个字：“不可胜数”（《酌中志》）。同时特别说到，“先帝”即明熹宗最喜欢吃的，是炙蛤蜊、炒鲜虾、田鸡腿及笋鸡脯，以及将海参、鲍鱼、鲨鱼筋、肥鸡、猪蹄筋烩成一锅的“混炖”，这应该是我们现在所说的“佛跳墙”之类的高档“混炖”，不知道是否因为吃得过于讲究，过于奢侈，所以吃到22岁就吃完了一生。

所以，李渔的观点还是有道理的，无论是平日还是过年，吃的食物越接近“自然”的越好。

附记：这是我在央视《百家讲坛·春节》中做的一个节目的讲稿，播出时间好像是2020年的春节，初几忘了。